Dr. Manfred Marquardt

Einführung in die Kinder- und Jugendliteratur

11. Auflage

Bestellnummer 8121

Bildungsverlag EINS - Stam

Die in diesem Werk aufgeführten Internetadressen sind auf dem Stand der Drucklegung. Die ständige Aktualität der Adressen kann von Seiten des Verlags nicht gewährleistet werden. Darüber hinaus übernimmt der Verlag keine Verantwortung für die Inhalte dieser Seiten.

www.bildungsverlag1.de

Gehlen, Kieser und Stam sind unter dem Dach des Bildungsverlags EINS zusammengeführt.

Bildungsverlag EINS
Sieglarer Straße 2, 53842 Troisdorf

ISBN 3-8237-**8121**-9

Vorwort zur 11. Auflage

Die vorliegende **Einführung in die Kinder- und Jugendliteratur** ist für Leserinnen und Leser bestimmt, die sich in einer pädagogischen Ausbildung befinden. Sie ist insbesondere für künftige Erzieherinnen und Erzieher sowie Sozialpädagoginnen und Sozialpädagogen konzipiert. Sie bietet aber auch den bereits praktizierenden pädagogischen Fachkräften und interessierten Eltern grundlegende Informationen, Hinweise und Anregungen.

Der Akzent dieser Einführung ist pädagogischer Natur. Gleichwohl werden aber auch die ästhetischen Momente dieses Mediums nicht gering geschätzt. Der Gegenstandsbereich *Kinder- und Jugendliteratur* wird insofern in einem angemessenen Verhältnis von literaturwissenschaftlichen und pädagogischen Aspekten der Einschätzung und Beurteilung erörtert.

In den 13 Kapiteln des Buches wird in die wichtigsten Gattungen der Kinder- und Jugendliteratur eingeführt. Dabei konnte es nicht das Ziel sein, jede Gattung erschöpfend darzustellen. Wesentlich war, im Rahmen einer handlichen Gesamtdarstellung des Bereiches Kinder- und Jugendliteratur die grundlegenden Informationen zu vermitteln, Denkanstöße zu liefern und praktische Vorschläge und Anregungen für die sozialpädagogische Arbeit einzubringen.

Da dieses Buch in erster Linie für die Ausbildung künftiger Erzieherinnen und Erzieher sowie Sozialpädagoginnen und Sozialpädagogen gedacht ist, sind den einzelnen Kapiteln neben dem Lernziel auch Anregungen zur vertiefenden Bearbeitung des Themas zugeordnet. Weiterhin erfolgt zum Schluss eines jeden Kapitels eine Zusammenfassung, und es werden Hinweise auf die weiterführende Fachliteratur gegeben. Die Marginalien am Buchrand und das übersichtliche Layout sorgen für eine gute Lesbarkeit und schnelle Orientierung.

Die Überarbeitung der vorliegenden 11. Auflage hat die bewährte Struktur und Konzeption des Buches unverändert gelassen. Sie führte jedoch zu zahlreichen Ergänzungen und Aktualisierungen. Neu wurde eine Einleitung erarbeitet, die die gegenwärtige Diskussion um eine stärkere Lese- und Literaturförderung aufgreift und die die Perspektive dieser Einführung aktuell akzentuiert. Neu wurde darüber hinaus eine CD-ROM beigefügt, die vielfältige Informationen (Institutionen, Verlage, nützliche Internetadressen u.v.m.) zur Kinder- und Jugendliteratur und weitere Unterrichtshilfen/Unterrichtsanregungen beinhaltet.

Hannover, im September 2004

Dr. Manfred Marquardt

Zur Erleichterung des Leseflusses wird im Text die männliche Berufsbezeichnung verwendet; selbstverständlich sind auch alle weiblichen Personen angesprochen.

Inhalt

Einleitung   8

Das Bilderbuch   10

Formale Merkmale des Bilderbuches   12
Leserkreis des Bilderbuches   13
Typen und Themengruppen   13
Zur Bilderbuchgestaltung   29
Die pädagogische Bedeutung des Bilderbuches   34
Die Vermittlung des Bilderbuches   41
Zur Auswahl der Bilderbücher für eine Bilderbuchbetrachtung   44
Zusammenfassung   45
Diskussionsvorschläge   46
Anmerkungen   47
Weiterführende Literatur   47

Kinderlyrik   48

Zum Begriff Kinderlyrik   50
Zur Entstehung der Kinderlyrik   51
Entstehungsprozess des Kindervolksliedes   52
Themenfeld der Kinderlyrik   56
Psychologische und soziologische Aspekte der Kinderlyrik   61
Zur Didaktik der Kinderlyrik   64
Sammlungen/Anthologien   65
Zusammenfassung   67
Diskussionsvorschläge   68
Anmerkungen   70
Weiterführende Literatur   71

Das Märchen   72

Zur schriftlichen Fixierung und Unterscheidung der Märchen   74
Entstehung, Form und Wesen der Volksmärchen   76
Variationen und Abweichungen zu bekannten Volksmärchen   77
Märchen und Kind   78
Didaktisch-methodische Überlegungen   80
Märchensammlungen und Märchenausgaben   82
Literatur zur pädagogischen Arbeit mit Märchen   83
Zusammenfassung   85
Diskussionsvorschläge   86
Anmerkungen   88
Weiterführende Literatur   89

Das Kinderbuch   90

Das Kinderbuch und seine Leser   92
Bereiche der erzählenden Kinderliteratur   93
Realistische Kindergeschichten   98
Phantastische Kindergeschichten   99
Didaktisch-methodische Kriterien für den Umgang mit Kinderbüchern 100
Anthologien 100
Zusammenfassung 102
Diskussionsvorschläge 102

Anmerkungen 104
Weiterführende Literatur 104

Das Mädchenbuch — 106

Begriff und Eigenart des Mädchenbuches 108
Charakteristik des Mädchenbuches 109
Das Mädchen und seine Welt im Mädchenbuch 110
Zur Beurteilung des Mädchenbuches 111
Zusammenfassung 112
Diskussionsvorschläge 113
Anmerkungen 114
Weiterführende Literatur 114

Das Jugendbuch — 116

Zum Begriff Jugendbuch 118
Entwicklungspsychologische Aspekte zum Leserpublikum 119
Themen und Inhalte der problemorientierten Jugendbücher 120
Aspekte der Beurteilung 127
Zusammenfassung 128
Diskussionsvorschläge 129
Anmerkungen 130
Weiterführende Literatur 130

Das Abenteuerbuch — 132

Zum Begriff Abenteuerbuch 134
Formen des Abenteuerbuches 134
Aspekte der Beurteilung 141
Zusammenfassung 143
Diskussionsvorschläge 143
Anmerkungen 144
Weiterführende Literatur 144

Das Sachbuch — 146

Zum Begriff Sachbuch 148
Formen des Sachbuches 148
Das Kinder-Sachbuch 149
Das Jugend-Sachbuch 151
Aspekte der Beurteilung 153
Zusammenfassung 154
Diskussionsvorschläge 155
Anmerkungen 156
Weiterführende Literatur 156

Das religiöse Kinder- und Jugendbuch — 158

Begriff und Eigenart des religiösen Kinder- und Jugendbuches 160
Das religiöse Kinderbuch 161
Das religiöse Jugendbuch 165
Aspekte der Beurteilung 165
Zusammenfassung 167
Diskussionsvorschläge 167
Literaturhinweise für die religionspädagogische Arbeit des Erziehers 168

Kataloge, Zeitschriften 168
Anmerkungen 169
Weiterführende Literatur 169

Comics 170

Geschichte der Comics 172
Gestaltungselemente der Comics 175
Comic-Arten und Motive 176
Zur Beurteilung der Comics 177
Didaktisch-methodische Anregungen 180
Zusammenfassung 181
Diskussionsvorschläge 182
Anmerkungen 184
Weiterführende Literatur 185

Kinder- und Jugendliteratur multimedial 186

Kinder- und Jugendliteratur auf Film/Video 188
Kinder- und Jugendliteratur zum Hören 189
Kinder- und Jugendliteratur auf CD-ROM 191
Zur Beurteilung von Filmen/Hörbüchern/CD-ROMs 192
Didaktisch-methodische Überlegungen zum Einsatz von Video/Hörbuch 192
Zusammenfassung 193
Diskussionsvorschläge 194
Anmerkungen 194
Weiterführende Literatur 195

Kinder- und Jugendzeitschriften 196

Zum Begriff Kinder- und Jugendzeitschriften 198
Zur Geschichte der Kinderzeitschriften 199
Zur Marktsituation der Kinderzeitschriften 201
Zur Beurteilung der Kinderzeitschriften 203
Didaktisch-methodische Anregungen 204
Zusammenfassung 205
Zur Marktsituation der Jugendzeitschriften 206
Zur Beurteilung der Jugendzeitschriften 210
Didaktisch-methodische Anregungen 214
Zusammenfassung 214
Diskussionsvorschläge 215
Anmerkungen 216
Weiterführende Literatur 217

Kinder- und Jugendtheater 218

Geschichte des Theaters für Kinder und Jugendliche 220
Gegenwärtige Situation des Kindertheaters 223
Aspekte der pädagogischen Beurteilung 223
Zusammenfassung 225
Diskussionsvorschläge 226
Anmerkungen 226
Weiterführende Literatur 227

Bildquellenverzeichnis 228

Einleitung

Leseförderung im Kontext von Kinder- und Jugendliteratur ist auch Literaturförderung, sie beinhaltet alle Einfluss- und Beschäftigungsmöglichkeiten zu nutzen, die darauf abzielen, die Beschäftigung mit den Printmedien (Buch, Zeitung, Zeitschrift) bei Kindern und Jugendlichen zu fördern, um Lesemotivation und Lesefreude zu entwickeln, aufzubauen und zu vertiefen.

Eine nachhaltig wirkende Leseförderung sollte möglichst früh einsetzen, also bereits im Kleinst- und Kleinkindalter beginnen, um notwendige und wichtige erste Grundlagen für eine Lesemotivation und Lesekompetenz im Schulalter zu legen, die so im Verlauf der Sozialisation gefestigt und ausgebaut werden kann. Dabei gilt die Schule als der Ort, an dem die Lesefertigkeit gelernt und gefestigt wird, also Leseerziehung stattfindet. Wobei die Leseerziehung eng mit der Schreiberziehung zusammenhängt. Lesen und Schreiben beherrschen lernen sind für den Erfolg in der Schule und im Beruf von zentraler Bedeutung.

Darüber hinaus bietet Lesenkompetenz aber noch sehr viel mehr, z. B. sich selbst Wissen aneignen, in andere Lebens- und Erlebniswelten eintauchen, sich entspannen, Träume und Wünsche im Geist wahr werden lassen, um nur einige Möglichkeiten zu benennen.

Nun werden die Mediengewohnheiten sehr maßgeblich in der Familie geprägt. Dies gilt für das Fernsehen, den Computer und das Buch. Insofern müssen Überlegungen zur Leseförderung auch in der Familie ansetzen, die der primäre Ort der Mediensozialisation ist. Vor dem Kindergartenbesuch, vor dem Schulbesuch „erhalten Kinder in ihrer jeweiligen familiären Situation Einblick in die unterschiedlichen Funktionen der Medien und ihr Image bei den Eltern. So lernen Kinder schon sehr früh, ob auch Bücher, Lesen, als unterhaltend und spannend oder eher als langweilig empfunden werden."[1] Durch das gemeinsame Betrachten von Bilderbüchern, dem Vorlesen von Geschichten und auch dem Erzählen von z.B. Märchen „können schon vor der Schule Barrieren für Buch und Lesen abgebaut und die motivationalen Grundlagen für lebenslanges Lesen geschaffen werden."[2] In diesem Sinne sollten Eltern durch gezielte Elternarbeit von den pädagogischen Fachkräften in den Einrichtungen der Elementarerziehung ermuntert und bestärkt werden, mit ihren Kinder gemeinsame Bucherlebnisse, gemeinsame Schau- und Vorleseerfahrungen zu machen, die dann im Kindergarten bzw. in der Kindertagesstätte fortgesetzt und vertieft werden können.

In den Kapiteln „Das Bilderbuch", „Kinderlyrik", „Das Märchen" und „Kinder- und Jugendliteratur multimedial" werden neben den theoreti-

---

1. Stiftung Lesen (Hrsg.): LESEN. Grundlagen, Ideen, Modelle zur Leseförderung. Mainz 1996 (6.Aufl.) S. 6.5
2. Ebenda S. 6.5

schen Grundlagen vielfältige Anregungen für eine Lese- und Literaturförderung gegeben.

In den sozialpädagogischen Praxisfeldern der außerschulischen
Jugendbildungsarbeit ist die Leseförderung auf den Freizeitbereich
gerichtet. Dabei können von den sozialpädagogischen Fachkräften
Wege und Möglichkeiten aufgezeigt und erprobt werden, das Buch und
das Lesen als sinnvolle und spaßmachende Freizeitbeschäftigung zu
erleben. Gleichzeitig sollte sie aber auch darauf gerichtet werden, die
Medienkompetenz, also das Beurteilungsvermögen, zu entwickeln und
zu stärken. In den Kapiteln „Das Kinderbuch", „Das Abenteuerbuch",
„Das Sachbuch", „Das religiöse Kinder- und Jugendbuch", „Comics",
„Kinder- und Jugendliteratur multimedial" sowie „Kinder- und Jugendzeitschriften" werden verschiedene Ideen vorgestellt und Anregungen
für eine Leseförderung im vorgenannten Sinne gegeben.

Das Bilderbuch

Formale Merkmale des Bilderbuches 12

Leserkreis des Bilderbuches 13

Typen und Themengruppen 13

Zur Bilderbuchgestaltung 29

Die pädagogische Bedeutung des Bilderbuches 34

Die Vermittlung des Bilderbuches 41

Zur Auswahl der Bilderbücher für eine
    Bilderbuchbetrachtung 44

Zusammenfassung 45

Diskussionsvorschläge 46

Anmerkungen 47

Weiterführende Literatur 47

Das Bilderbuch

Ziel und Bedeutung

Die Bedeutung des Bilderbuches, insbesondere für Kinder zwischen zwei und acht Jahren, ist unbestritten. Bilderbücher können Kinder anspruchsvoll unterhalten und künstlerische Erstbegegnungen ermöglichen. Sie können Mittel sein, um die Sprach- und Denkleistungen zu fördern und zu trainieren. Schließlich können Bilderbücher auch – durch die Bilderbuchgestalten und den Handlungsablauf – Kindern bei der Realitätsbewältigung helfen.

Um die vielfältigen erzieherischen Funktionen zu nutzen, sollen die Studierenden einen systematischen Überblick über die gegenwärtige Bilderbuchproduktion gewinnen. Sie sollen die erzieherische Bedeutung des Bilderbuches kennen lernen und die Fähigkeit erwerben, diese Kenntnisse in die sozialpädagogische Praxis umzusetzen.

Formale Merkmale des Bilderbuches

Bilderbücher sind reich illustrierte Bücher, die speziell für Kinder gemacht wurden. Nicht das Wort, sondern das Bild nimmt die dominierende Stellung ein. Inhalt und Handlungsablauf werden im Wesentlichen visuell vermittelt.

Bilderbucharten Es lassen sich formal gesehen drei Gruppen von Bilderbüchern unterscheiden:

> 1. Bilderbücher ohne Textbeigabe,
> 2. Bilderbücher mit kleinen Textbeigaben,
> 3. Bilderbücher, in denen Text und Abbildung gleichbedeutend nebeneinander stehen.

1. Textfreie Bilderbücher beschränken sich ausschließlich auf das Bild, um entweder den noch nicht lesekundigen Klein- und Vorschulkindern entgegenzukommen oder um die Bilderbuchaussagen ausschließlich visuell zu vermitteln.
2. In Bilderbüchern mit kleinen Textbeigaben übernimmt der Text die Hilfsfunktion, die Bilder näher zu verdeutlichen. Die Textbeigaben sollen helfen, die visuellen Eindrücke in gesprochene Sprache umzusetzen.
3. Hier ist der Text nicht die Bildergänzung, sondern Bild und Text bilden in ihrem Verbund eine Einheit, die zum Verstehen des Geschehens bzw. des Handlungsablaufes von gleichrangiger Bedeutung sind.

Leserkreis des Bilderbuches

Das Bilderbuch wendet sich vorwiegend an Kinder, die noch nicht lesen können (Klein- und Vorschulkinder), und an die, die im Begriff sind, das Lesen zu erlernen (Grundschulkinder in den ersten beiden Schuljahren). Daraus ergibt sich eine ungefähre Alterseingrenzung des Leserpublikums zwischen dem ersten und achten Lebensjahr. Allerdings darf diese Alterseingrenzung nicht starr gesehen werden, da seit einigen Jahren Bilderbuchproduktionen auf den Markt gekommen sind, die unter Einbeziehung neuer Gestaltungselemente (z. B. Comic-Rezeption im Bilderbuch) diese Eingrenzung sprengen und damit das Leserpublikum erheblich erweitern.

Bilderbuchalter

Wenngleich nun das Bilderbuch so durchaus als Vorläufer des Textbuches gelten kann, so ist es doch mehr als nur dieses. Es ist ein eigenständiges Medium mit einer **vorwiegend visuellen Ästhetik**, das über andere Möglichkeiten als die der Textliteratur verfügt und insofern nicht von den Kindern nach dem Lesenkönnen überwunden ist, indem Textliteratur quasi auf eine höhere Stufe gestellt wird. Zahlreiche Bilderbücher sind eben auch für ältere Kinder konzipiert und können diesen künstlerische Erstbegegnungen ermöglichen.

Bei den Bilderbüchern, die in erster Linie für Klein- und Vorschulkinder gedacht sind, ist die unterstützend-begleitende, wenn man so will, die helfende Gegenwart der Mutter, des Vaters, eines älteren Geschwisterteiles im häuslichen Rahmen und im pädagogisch-institutionellen Rahmen die helfende Gegenwart der Erzieherin bzw. des Erziehers unerlässlich.

Die Erwachsenen als Bilderbuchpartner der Kinder

Das Kind braucht den Erwachsenen als Bilderbuchpartner, da der Begleittext vorgelesen werden muss und die Abbildungen z. T. näher erläutert werden müssen. Das Kind braucht den Erwachsenen aber auch als geduldigen Zuhörer, um sich über die Bilder auszusprechen, um die gewonnenen Empfindungen und Eindrücke zu artikulieren.

Dieses schließt natürlich nicht aus, dass sich Kinder auch allein oder in der Gruppe mit Bilderbüchern beschäftigen können und sollten, doch kommt der **Verstehens- und Verarbeitungshilfe der Erwachsenen** ganz generell eine wichtige und kaum zu unterschätzende Funktion zu.

Typen und Themengruppen

Die Vielfalt und Fülle der verschiedenen Bilderbücher im Rahmen einer systematischen Typologie zu ordnen, ist durch die außerordentliche inhaltliche und formale Breite der gegenwärtigen Bilderbuchproduktion erschwert. Bisherige Gliederungsversuche blieben insofern vom Standpunkt einer widerspruchsfreien und exakten Systematik unbefriedigend. So kann auch die im Nachfolgenden entwickelte Typologie

Die Schwierigkeit einer systematischen Typologie

die Gliederung der Arten nicht widerspruchsfrei lösen, sie ist aber vom Standpunkt der praktischen Brauchbarkeit für die Erzieherin und den Erzieher gut begründet.

Die ersten Bilderbücher

Das Kind erkennt und benennt Bilder in der Regel zum ersten Mal im Laufe des zweiten Lebensjahres. Kennzeichnend für diese erste Stufe des Bildbetrachtens ist, dass die vertrauten Dinge des täglichen Umgangs vom Kind wieder erkannt und von ihm daran das Sprechen-lernen und die Begriffsbildung geübt werden können. In dieser Entwicklungsphase sollten **textfreie Bilderbücher** im Vordergrund stehen, die auf **Einzelbildern** (zumeist Einzelbilder pro Seite) alltägliche Dinge, wie Spielzeug und Gebrauchsgegenstände, aus der konkreten Erfahrungswelt der Kinder dieser Altersstufe bringen.

Bilderbücher aus Pappe, Plastik, Stoff und Holz

Das Anschauen, Benennen und spielerische Hantieren des Kindes mit dem Bilderbuch macht es erforderlich, dass diese ersten Bilderbücher möglichst robust und unzerreißbar sein sollten. Denn für das Kleinkind haben sie zunächst noch den Charakter von Spielzeug. Insofern kommen besonders Bilderbücher mit funktionellen Möglichkeiten wie Leporellos, Aufstellbilder und Kombinationsbilder dem Bedürfnis des Kleinkindes am spielerischen Hantieren entgegen.

Zwei gelungene Beispiele, die alle diese Möglichkeiten vereinigen, sind die Pappleporellos von Michael Schober (Mein Krabbeldeckenbuch / Tiere auf der Wiese – Loewe Bindlach) und von Klaus Bliesener/Rosemarie Künuler-Behncke (Alles dreht sicht, alles rollt! – Ravensburger Ravensburg).

Beispiele für die Kleinsten (0–12 Monate) aus Stoff, Plastik und Pappe

Altegoer, R.: Mein Wickeltisch / Spielsachen (Loewe Bindlach). – Neubacher-Fesser, M.: Meine Sachen (Ravensburger Ravensburg). – Racher, M.: Die Wassertierparade (Esslinger Esslin22

gen). – Pfannenmüller, S.: Am Strand (Buchverlag Junge Welt Berlin). – Leiber, L.: Klapperlapapp Das ist doch kein Bagger! (Loewe Bindlach). – Rübel, D.: Kullernasen-Tiere (Ravensburger Ravensburg). – Lustiges Stoffbilderbuch in Tierform (Esslinger Esslingen). – Kämpf, Chr.: Eine Seefahrt, die ist lustig (Coppenrath Münster). – Kämpf, Chr.: Ein kleiner Fisch im Meer (Coppenrath Münster).

Beispiele für Kinder vom 1. Lebensjahr an

Rübel, D.: Mein Schmusetuch (Ravensburger Ravensburg). – Müller, B.: Das liebe Schaf (Carlsen Hamburg). Senner, K.: Ich gehe in den Streichelzoo (Ravensburger Ravensburg). – Völker, K.: Alles, was ich kenne (Coppenrath Münster). – Höppner, G.: Kati auf dem Spielplatz (Coppenrath Münster). – Bliesener K.: Gute Fahrt! (Ravensburger Ravensburg). – Van der Put, K.: Der Hund (Carlsen Hamburg).

Den textfreien Bilderfolgen schließen nahtlos die **Bilderbücher mit kleinen Handlungsfolgen, kurzen und einfachen Geschichten** an, die mit kleinen Begleittexten die nächste Stufe des Bildbetrachtens und Bildverstehens anbahnen. Auch diese Bücher sind noch aus unzerreißbarem Material, sind aber vom Inhalt schon anspruchsvoller.

Beispiele für Kinder vom 2. Lebensjahr an

Kullermann, S.: Hörst du´s rascheln, kleiner Bär? (Esslinger Esslingen). – Kaup, U.: Guck mal, sagte der Bär (Coppenrath Münster). – Carle, E.: Was gibt's zu Mittag? (Gerstenberg Hildesheim). – Moost, N.: Kleiner Krümel – Großer Bär (Esslinger Esslingen). – Moost, N.: Alles wächst! (Esslinger Esslingen). – Henkel, Chr.: Was gibt uns dieses Tier? (Loewe Bindlach). – Wittenburg, Chr.: Die Farbenmaus (Loewe Bindlach).

Neben den Dingen des alltäglichen Umgangs haben aber auch phantastische und spielerische Elemente bereits Bedeutung für das Kleinkind. Dieses gilt für den Inhalt sowie für die Form der Bilderbücher zum Aufklappen und der Bilderbücher mit ausgestanzten Szenen und Panoramen, die die Handlung oder Geschichte optisch und manuell erweitern.

Bilderbücher zum Aufklappen, mit Greiflöchern bzw. ausgestanzten Szenen

Beispiele für Kinder vom 2./3. Lebensjahr an

Wissmann, M.: Kleine Ente Nelli (Coppenrath Münster). – Ondracek, C.: Klapp auf und entdecke das Schiff (Loewe Bindlach). – Carle, E.: Die kleine Raupe Nimmersatt (Gerstenberg Hildesheim). – Metzger, W.: Schau, mein Bagger (Ravensburger Ravensburg). – Pradellam R.: Mein schöner bunter Schmetterling (Loewe Bindlach). – Wüstenhagen, C.: Mein kleines Buch von der Kirche (Coppenrath Münster). – Baumann, S.: Ene, mene Müll! (Ravensburger Ravensburg).

Szenenbilderbücher

Im Laufe des dritten Lebensjahres beginnen Kinder, inhaltsreichere Bilder zu betrachten. Sie sind jetzt zu **dynamischen Bildbetrachtungen** fähig, sie beginnen, Vorgänge und Veränderungen zu erfassen. Das Szenenbilderbuch bzw. das Fabulierbilderbuch bringt textlos einen Bereich der alltäglichen Umwelt: die Straße, den Spielplatz, den Wald, die Stadt, das Dorf usw. Dieses sind Einheiten, die vom Kind mühelos erfasst werden können. Die dargestellten Szenen regen das Kind zum Erzählen und Fabulieren an. Die Initiative liegt bei der Bilderbuchbetrachtung nicht beim Erwachsenen, sondern bei den Kindern, die die Einzelheiten nicht nur erkennen, sondern auch zusammenbringen können.

Szenenbilderbücher/ Fabulierbilderbücher

Die Szenenbilderbücher von Ali Mitgutsch sind Klassiker, an denen sich mittlerweile bereits die Kinder der ersten Betrachter erfreuen können. In seinen Bilderbüchern präsentiert er Szenen, die voller Ideenreichtum zahllose informative Details sowie amüsante und witzige Situationen darstellen.

Beispiele für Kinder vom 3. Lebensjahr an

Mitgutsch, A.: Bei uns im Dorf / Unsere große Stadt / Auf dem Lande / Alle spielen mit / Hier in den Bergen / Komm mit ins Wasser / Rundherum in meiner Stadt / Komm mit ins Wasser (Ravensburger Ravensburg). – Berners, R.-S.: Frühlings-Wimmelbuch / Das Winter-Wimmelbuch (Gerstenberg Hildesheim). – Noahs großes Boot (Buchverlag Junge Welt Berlin).

Großformatige Szenenbilderbücher

Für die Arbeit mit größeren Kindergruppen eignen sich die **großformatigen Szenenbilderbücher**, sie sind aber auch für die Kleingruppe und Einzelkindbeschäftigung von besonderem Beschäftigungsanreiz.

Beispiele für Kinder vom 3. Lebensjahr an

Mitgutsch, A.: Das Riesenbilderbuch von Ali Mitgutsch / Das riesengroße Spielpanorama / Mein großes Bilderbuch – Auf dem Lande / Das neue Riesenbilderbuch / Mein großes Tierbilderbuch / Mein großes Indianerdorf (Ravensburger Ravensburg).

Kinderlyrik im Bilderbuch

Überlieferte Kinderreime, Kinderlieder und Kindergedichte mit Hilfe von Bildern Kindern vertraut und verständlich zu machen, hat eine lange Tradition im Bilderbuchschaffen. **Bilderbücher mit überlieferter und moderner Kinderlyrik** erweitern das sprachliche Erfahrungsfeld der Kinder.

Reime und Gedichte

Für die Kleinkinder sind besonders die **Spielreime** und ersten **Kinderverse**, die zum **Mitmachen, Nachsprechen und Nachahmen** anregen, interessant. Für die Eltern bringen diese ersten Reime eine Fülle von Möglichkeiten, mit ihren Kindern fröhlich zu sein, sie aufzumuntern oder zu beruhigen und nicht zuletzt sie zu trösten, Möglichkeiten also für den spielerischen Umgang mit Sprache in denkbar vielen Situationen. Die Verse werden über die Bilder schneller vertraut und verständlicher, als wenn sie nur erzählt und vorgesprochen werden können.

Eltern und Erzieher erhalten über die Bildergeschichten Anregungen und Hilfen zur spielerischen Umsetzung der Verse mit den Kindern.

Als gutes Beispiel kann „Klitzekleine Rätsel für klitzekleine Leute" von Gerlinde Wiencirz und Marlis Scharff-Kniemeyer (aus Edition München) angeführt werden. Rätsel, Kinderlieder, Reime, Gebete und Fingerspiele sind in diesem Buch für die Kleinsten zusammengestellt.

Beispiele für Kinder vom 2./3. Lebensjahr an

Droop, C.: Meine ersten Kinderreime (Ravensburger Ravensburg). – Cratzius/Winterhager: Has, Has, Osterhas. Die schönsten Verse, Rätsel und Lieder rund um Frühling und Ostern (ars Edition München). – Winterhager, D.: Hoppe, hoppe, Reiter (ars Edition München). – Stiefenhofer/Döring: Eia Popeia, was raschelt im Stroh (Kerle Verlag Freiburg). – Dröge, N.: Das dicke Bärenbuch (Coppenrath Münster). – Seelig, R.: Fröhliche Weihnachten (Ravensburger Ravensburg).

Für die Kinder vom dritten Lebensjahr an werden Bilderbücher interessant, die den Text selbst zum spielerischen Hauptelement machen. So kommt es z. B. in Bilderbüchern nach Gedichten und Rätseln nicht mehr so stark auf das spielerische Nachvollziehen im Handlungsbereich an, da es hier vorrangig darum geht, den Text mitzuerzählen, den bekannten Wortschatz wieder zu finden und zu erweitern, mit Worten zu spielen oder einfach nur nachzusprechen.

Als gelungenes Beispiel kann „Dunkel war's, der Mond schien helle" von R. S. Berner und E. Jacoby (Gerstenberg Hildesheim) angeführt werden. Reich bebildert werden Verse, Reime und Gedichte in gelungener Form dargeboten.

Beispiele für Kinder vom 3./4. Lebensjahr an

Blesius, S./Schmid, S.: Ich und du ... Die schönsten Kinderreime (Patmos Düsseldorf). – Berner, R. S.: Apfel, Nuss und Schneeballschlacht (Gerstenberg Hildesheim). – Maske, U.: Jetzt fängt das schöne Frühjahr an (Loewe Bindlach).

Liederbücher in Bilderbuchform sind grundsätzlich für den gemeinsamen Gebrauch von Erwachsenen und Kindern, die noch nicht lesen können, gedacht. Für die Erwachsenen sind sie Text- und Notengrundlage, für die Kinder ergibt sich der Zugang zu den Liedern mit Hilfe der Bilder, die die Themen und Motive visualisieren.

Liederbilderbücher

Zwei Grundformen lassen sich unterscheiden: Entweder begleiten ganze Bildszenen den Liedtext oder es steht jeweils ein Bild für ein Lied da, auf dem das tragende Liedmotiv zu erkennen ist. Die guten Liederbilderbücher lassen sich daher für die Musikerziehung im Kindergarten sinnvoll einsetzen und nutzbar machen.

Das große Ida Bohatta Liederbuch von Ida Bohatta (ars Edition München) enthält eine Vielzahl der beliebtesten Kinderlieder mit Noten, Gitarrengriffen und allen Strophen. Es eignet sich insofern gut für den Einsatz im Kindergarten.

Mi-ma-muh macht die bunte Kuh von Sabine Hirler und Sigrid Leberer (Coppenrath Münster) bietet Geschichten und Lieder zum Mitmachen an, die die Sprachentwicklung, Motorik und Wahrnehmung fördern. Es eignet sich gut für den Einsatz im Kindergarten.

Das *Kinderliederbilderbuch* von Antje Vogel (Coppenrath Münster) enthält 45 Volks- und Kinderlieder, die besonders liebevoll und individuell illustriert worden sind. Es ist ein Buch, das sich hervorragend für die Familie eignet, also sich für Eltern anbietet, die mit ihren Kindern singen möchten und eine Text- und Notengrundlage brauchen. Es ist für Kinder vom dritten Lebensjahr an geeignet.

Beispiele für Kinder vom 2./3. Lebensjahr an

Faggiol-Herold, M.: Alle Vögel sind schon da (Coppenrath Münster). – Stiefenhofer/Schwandt: Schlaf, mein Kindchen, schlaf ein. Die schönsten Einschlaflieder und Verse (Kerle Verlag Freiburg). – Gider, I.: Das große bunte Liederbuch (Loewe Bindloch).

Liederbilderbücher werden zunehmend im Medienverbund mit einem Tonträger (MC/CD) herausgegeben, so dass die Lieder auch über das Zuhören und Mitsingen gelernt werden können. Dieses ist besonders bei neuen Liedern von Bedeutung.

Beispiele vom 2. Lebensjahr an

Jöcker, D.: Im Kribbel Krabbel Mäusehaus (Buch/CD Menschenkinder Münster). – Jöcker, D.: 1, 2, 3 wir singen mit (Buch/CD Menschenkinder Münster).

Beispiele vom 3. Lebensjahr an

Oberdieck, B.: Alle meine Entchen (Bilderbuch: ars Edition München / MC oder CD: Jumbo Hamburg). – Grüger, H. u. J.: Weihnachtsliederfibel (Bilder/Lieder-heft und CD: Patmos Düsseldorf). – Jöcker, D.: 1, 2, 3 im Sauseschritt (Buch/CD Menschenkinder Münster). – Zuckowski, R.: Rolfs bunte Liederreise (Buch und CD Coppenrath Münster).

Beispiele vom 4. Lebensjahr an

Gruttmann, I.: Das große Felix-Liederalbum (Buch/CD Coppenrath Münster). – Singt alle mit (Buch/CD Friedrich Bischoff Frankfurt).– Zuckowski, R.: Rolfs Hasengeschichte (Buch/CD/MC Coppenrath Münster). – Kiwitt, R.: Ich freue mich noch mehr (Buch/CD Ökotopia Münster). – Kreusch-Jacob, D.: 10 kleine Musikanten (Buch/CD Schott Mainz).

Neben dem Buch und dem Tonträger gewinnt nun auch die DVD in die-sem Zusammenhang an Bedeutung. So kommen Filme und Filmse-quenzen zusätzlich als Motivationshilfen zum Einsatz.

Beispiele vom 3./4. Lebensjahr an

Zuckowski, R.: Rolfs Vogelhochzeit (Buch/CD/MC/DVD Coppenrath Münster). – Zuckowski, R.: Schau mal, hör mal, mach mal mit (Buch/CD/MC/DVD Cop-penrath Münster).

Bilderbücher als Spielmittel

Spielbilderbücher, POP-ups

Bilderbücher, die durch die funktionellen Möglichkeiten eher zu Spiel-mitteln der Kinder werden, nehmen eine Sonderstellung ein.

Im gewissen Sinne gehören zwar auch schon die Leporellos und Kulis-senbilderbücher sowie die Aufklapp- und Greiflochbücher für die Kleinsten zu dieser Bilderbuchgruppe, doch sind diese immer noch vorrangig Bilderbücher oder führen zur Aufnahme von Bildern und Bil-dergeschichten hin.

Die hier gemeinten Bücher sind eine Zwischenform von Spielmittel und Bilderbuch, so genannte Pop-ups. Mit dem Aufklappen bzw. Aufstellen erweitern sie sich auf drei Dimensionen und werden zu Lese- und Spielbüchern, die durch vielerlei bewegliche Funktionen einen ganz besonderen Reiz auszuüben vermögen.

Auch Bilderbücher, die zusammen mit einem Spielmittel (z. B. Buch und Spielauto) angeboten werden, gehören in diese Gruppierung.

Beispiele vom 2./3. Lebensjahr an

Schulte, T.: Mein kleiner Roter Flitzer (Coppenrath Münster). – Das kleine Ferkel (Kosmos Stuttgart). – Zeidler, E.: Mein Streichelbuch – der kleine Hund (Coppenrath Münster).

Beispiele für Kinder vom 3./4. Lebensjahr an

Williams/Mc Quade: Ein Weihnachtsbaum für die drei Bären (ars Edition München). – Crowther, R.: Farben (ars Edition München). – Daves, K.: Noah und das Schiff der Tiere (Brunnen Gießen). – Tim macht, was er will: Zu Hause (Betz Wien).

Beispiele für Kinder vom 5./6. Lebensjahr an

Murphy, Ch.: Eins bis zehn (ars Edition München). – Murphy, Ch.: Schau mal, Farben (ars Edition München). – Dinos (ars Edition München). – Mennen, P.: Tick-Tack-Traktor-Uhr (ars Edition München). – Archipowa, A.: Und sie folgten einem hellen Stern (Esslinger Esslingen).

Beispiele für Kinder vom 8./9. Lebensjahr an

Rust, G.: Der geheime Garten. Ein Bühnenbilderbuch mit beweglichen Spielfiguren zum gleichnamigen Kinderbuch von F. H. Burnett (Gerstenberg Hildesheim). – Naturspaß Strand / Naturspaß Garten – Buch und Erlebnis-Set (Kosmos Stuttgart).

Bilderbücher nach Volks- und Kunstmärchen und Fabeln

Für Kinder im vierten Lebensjahr (oft auch schon im Laufe des dritten Lebensjahres) werden Bildergeschichten mit einfachen Handlungen interessant. Zu diesen gehören die Bilderbücher nach Volksmärchen und Sagen.

Bilderbücher nach Volksmärchen

Volksmärchen kommen dem Frage- und Verstehenshorizont der Kinder, besonders im Alter zwischen vier und sieben Jahren, entgegen. Sie ermöglichen durch ihre Symbol- und Bildsprache, eine Bewusstseinsschicht bei den Kindern zu aktivieren, die ihnen hilft, tiefere Einsichten über das Leben und über die Welt zu gewinnen. Soll diese besondere Möglichkeit der Märchen nicht zerstört werden, müssen die Abbildungen genügend Spiel- bzw. Freiraum für die Phantasie der Kinder, für ihre eigenen Vorstellungen lassen. Bild und Text müssen in dieser Hinsicht stimmig sein.

Beispiele für Kinder vom 3./4. Lebensjahr an

Grimm/Ernsting: Die Bremer Stadtmusikanten (Lappan Oldenburg). – Grimm/Ray: Die zertanzten Schuhe (Kerle Freiburg). – Grimm, I./Grimm, W./Sönnichsen, I.: Frau Holle (Thienemann Stuttgart). – Heseler, A.: Der dicke fette Pfannkuchen (Coppenrath Münster).

Beispiele für Kinder vom 4./5. Lebensjahr an

Grimm/Schroeder: Der Froschkönig oder Der eiserne Heinrich (Nord-Süd Zürich). – Grimm/Zelinsky: Rumpelstilzchen (Esslinger Esslingen). – Grimm/Ray: Hänsel und Gretel (Urachhaus Stuttgart). – Grimm/Zwerger: Rotkäppchen (Neugebauer Zürich). – Grimm/Sauvant: Allerleirauh (Nord-Süd Zürich). – Grimm/Sauvant: Die sieben Raben (Nord-Süd Zürich).

Bilderbücher nach Kunstmärchen

Bilderbücher nach **Kunstmärchen** haben einen entsprechend ihren Vorlagen differenzierteren Handlungsablauf, die bildnerische Darstellung ist freier und vielschichtiger. Sie kommen daher erst für Kinder vom 5. Lebensjahr an in Frage. Ein Kunstmärchen mit guten Einsatzmöglichkeiten in der sozialpädagogischen Arbeit ist *Der Bucklige* von Georg Dreißig. In diesem Märchen geht es um die Kraft des Herzens eines Armen und Behinderten, die mehr erreicht als Glanz und Reichtümer der Angesehenen und Begabten. Das Zeitgemäße, der sozial- und heilpädagogische Wert liegt darin, dass von der Hauptfigur die Last des Schicksals positiv angenommen wird und dass gerade daraus die Kräfte sich entwickeln, die in die Zukunft führen. Die zart und sensibel ausgeführten doppelseitigen Aquarelle von Strüning erzählen in einer differenzierten Schichttechnik im Spiel von Licht und Schatten und in einer unaufdringlichen Farbigkeit die Ereignisse des Märchens vor einer historischen Kulisse.

Beispiele für Kinder vom 4. Lebensjahr an

Andersen/Tharlet: Die Prinzessin auf der Erbse (Neugebauer Zürich). – Andersen/Tharlet: Däumelieschen (Neugebauer Zürich). – Funke/Meyer: Der geheimnisvolle Ritter Namenlos (Fischer Frankfurt/Main). – Storm/Blume: Der kleine Häwelmann (Coppenrath Münster).

Beispiele für Kinder vom 5. Lebensjahr an

Hauff/Capek: Die Geschichte von Kalif Storch (bohem press Zürich). – Hauff/Zwerger: Der Zwerg Nase (Neugebauer Zürich). – Hauff/Reach: Die Geschichte vom kleinen Muck (Aufbau Berlin). – Ray, J.: Der glückliche Prinz (Kerle Freiburg).

Beispiele für Kinder vom 6./7. Lebensjahr an

Wilkon, J. u. P.: Gold für König Otokar (bohem press Zürich). – Müller, J.: Der standhafte Zinnsoldat (Sauerländer Aarau).

Bilderbücher nach Fabeln und Beispielgeschichten

Die **Fabel** erscheint zwar äußerlich als eine Geschichte aus der Tierwelt, doch geht es in ihr nicht um das Wesen des Tieres, es ist vielmehr der Mensch gemeint. Menschliche Charakterzüge werden somit in der

Fabel auf Tiere übertragen. Die knappe Erzählweise gipfelt fast immer in einer moralischen Pointe. Diese verdichtete Form der Sprache erfordert entsprechend stimmige Bilder.

Beispiele für Kinder vom 3./4. Lebensjahr an

Kinder, M.: Du bist nicht allein, Benji Bär (ars Edition München). – Van Genechten, G.: Nicki und Anni (Betz Wien). – Van Beersel/Skibbe: Oh Noah. Schön, dass du mein Freund bist (Kerle Freiburg). – Herfurtner/Michl: Rosa (Oetinger Hamburg). – Vaugelade, A.: Steinsuppe (Moritz Frankfurt/Main).

Beispiele für Kinder vom 5. Lebensjahr an

Ensikat/Könner: Kieselchen (Altberliner Berlin). – Cools/Streich/Schami: Der Schnabelsteher (Nord-Süd Zürich). – Kasparavicius/Jüssen: Reinicke Fuchs (Coppenrath Münster). – Jüssen/Kasparavicius: Reineke Fuchs (Coppenrath Münster). – Wiesner, D.: Die drei kleinen Schweinchen (Carlsen Hamburg).

Wirklichkeitsnahe Bildergeschichten

Wirklichkeitsnahe Bildergeschichten setzen sich mit den realen Verhältnissen der möglichen und gegenwärtigen Welt auseinander. Sie schließen damit unmittelbar an die Szenenbilderbücher an. Neben dem Interesse an märchenhaften Bildergeschichten entwickeln die vierjährigen Kinder ebenso ein ausgeprägtes Interesse für die sie real umgebenden Dinge und Vorgänge.

Erzählte Realität im Bilderbuch

So werden die in den Szenenbilderbüchern dargebotenen Bildeinheiten (Markt, Straße, Kaufladen usw.) zu **Umwelt-Episoden** erweitert. Themen sind beispielsweise: Kinder in der Familie, Kinder im Dorf oder in der Stadt, Kinder im Umgang mit Tieren usw.

Ein schönes und gleichzeitig typisches Beispiel für diese Bilderbuchgruppe ist der Titel *Endlich kann ich allein einkaufen gehen* von Katrin Engelking und Achim Bröger (Oetinger Hamburg). In diesem Buch wird anschaulich erzählt, wie die kleine Lena zuversichtlich und unternehmungslustig einkaufen geht. Die Geschichte macht Kindern Mut und hilft beim Selbstständigwerden.

Ein ebenso schönes Beispiel ist *Bist du schon wach* von R. S. Berner und H. Johannsen (Hanser München). Im Mittelpunkt dieser Geschichte steht die kleine Dodo, die neugierig und erwartungsfroh den neuen Tag beginnt. In einfühlsamen und warmen Bildern wird der Alltag und die Geborgenheit in der Familie erzählt.

In *Ein richtig schöner Tag* von B. Blume und J. Gleich (Bajazzo Zürich) werden familiäre Szenen, in dem der durchweg realistische Familienalltag in heiterer gelassener Ironie erzählt wird, ausgezeichnet dargeboten. Es ist für Kinder ab 4 Jahren geeignet.

Beispiele für Kinder vom 3./4. Lebensjahr an

Bergström, G.: Bist du feige, Willi Wiberg / Was sagt dein Papa, Willi Wiberg? / Wer rettet Willi Wiberg?/ Wir bauen eine neue Welt, Willi Wiberg (Oetinger Hamburg). – Torrudd/Widerberg: Das Mädchen, das nicht in den Kindergarten wollte (Oetinger Hamburg). – Gleich/Orlev: Der haarige Dienstag (Beltz & Gelberg Weinheim). – Müller, B.: Fin kocht (Neugebauer Zürich). – Klose, M.: Jens mal so, mal so (OZ Velber Freiburg).

Beispiele für Kinder vom 5. Lebensjahr an

Probst/Schultheiss: Mit Jule durch den Tag (Thienemann Stuttgart). – Forslind, A.: Kleine große Schwester (Oetinger Hamburg). – Maar/Ballhaus: Alles falsch, Tante Hanna (Atlantis Zürich). – Knorr/Boie: Du wirst schon sehen, es wird ganz toll (Oetinger Hamburg). – Beurenmeister, C.: Komm mit auf den Bauernhof (OZ Velber Freiburg).

Das Wetter und die Jahreszeiten

Bilderbücher, die das **Wetter** und die **Jahreszeiten** zum Thema haben, gehören natürlich ebenso zu den wirklichkeitsnahen Bildergeschichten. Als Hilfe für das Verstehen elementarer Naturvorgänge können sie von großer Bedeutung sein.

Beispiele für Kinder vom 4. Lebensjahr an

Probst/Schultheiss: Wie lange ist ein Jahr (Thienemann Stuttgart). – Wittkamp/Hofmann: Sonnenschein und Pusteblume / Blättertanz und Schneegestöber (Ellermann Hamburg). – Mettler, R.: Die Natur. Eine Entdeckungsreise durch das Jahr (ars Edition München).

Die Uhrzeit

Thematisch schließt sich die Tageszeit, das erste Erlernen und Verstehen der **Uhrzeit** an.

Beispiele für Kinder vom 3./4. Lebensjahr an

Baetgen/Andresen: Die Uhr und die Zeit (Ravensburger Ravensburg). – Quest/Schubert: Meine erste Kinderuhr (Bajazzo Zürich). – Boddin, H.: Herr Gackermeier und wie die Zeit vergeht (Middelhauve München).

Farben, Zahlen, Buchstaben

Farben, Zahlen, Buchstaben in der Einkleidung von Bildergeschichten ermöglichen Kindern einen ersten spielerischen Umgang, wobei die Unterhaltung eindeutig Vorrang vor der Wissensvermittlung hat.

Beispiele für Kinder vom 3./4. Lebensjahr an

Haen, W.: Zähl mal (Bajazzo Zürich). – Bliesener, K.: Alle meine Farben (Ravensburger Ravensburg). – Seelig, R.: Mein erster Brockhaus. Ein buntes Bilder-ABC (Brockhaus Leipzig). – Steinmeyer/Goossens: Zahlen-Zirkus Nummerelli (OZ Velber Freiburg). – Hille/Schäfer: Wie viel ist viel? (OZ Velber Freiburg). – Bones, A.: Zauber-Zahlenschule (Xenos Hamburg). – Bones, A.: Zauber-Buchstabenschule (Xenos Hamburg).

Wirklichkeitsnahe Tiergeschichten kommen der Neigung der Kinder entgegen, das wahre Wesen der Tiere zu erfahren, also ihre Eigenart und wie sie leben.

Tiergeschichten

Beispiele für Kinder vom 4. Lebenjahr an

Der Delfin / Der Löwe / Der Panda / Der Elefant (Betz Wien). – Schmid/Nyncke: Tiere in der Stadt (Kosmos Stuttgart). – Mein kleiner Kinderkosmos: Alle meine Vögel (Kosmos Stuttgart). – McDonald/Fox-Davies: Der kleine Biber und das Echo (Freies Geistesleben Stuttgart). – Fuhr/Sautai: Der Esel (Meyers Mannheim). – Carle, E.: Ganz, ganz langsam, sagte das Faultier (Gerstenberg Hildesheim).

Bildergeschichten mit problemorientierten Inhalten oder gesellschaftskritischen Themen geben den Kindern eine erste Vorstellung von den gegenwärtigen und zukünftigen Problemen unserer Gesellschaft bzw. unseres Lebens, um schon im Vorschulalter eine kritische Bewusstseinsbildung zu fördern.

Wirklichkeitsnahe Bildergeschichten mit problemorientierten Inhalten

Ein gelungenes Beispiel ist *Als die Farben verboten wurden* von Antoni Boratynski (Illustr.) und Monika Feth (Patmos Düsseldorf). Es ist eine wundersame Geschichte von Unterdrückung und Macht, von Angst und Zerstörung, die ästhetisch gelungen umgesetzt ist. Es ist eine hochaktuelle, politische Bildergeschichte, die schon für Vorschulkinder verständlich ist.

Grundsätzlich ist es aber sehr schwierig, Kindern einen Begriff gesellschaftlicher Zusammenhänge verständlich zu interpretieren. Insofern überwiegen in dieser Gruppe auch die Bilderbücher, die Einzelthemen wie menschliche Vorurteile, Einsamkeit, Tod, Angst, Krankheit und deren Bewältigung ins Blickfeld rücken. Diese Themen und Problemkreise sind den Kindern näher und für sie mindestens ebenso wichtig. Ein gelungenes Bilderbuchbeispiel zum Thema **Tod** ist *Abschied von Rune* von Marit Kaldhol und Wenche Øyen (Ellermann München). Das Bilderbuch erzählt die einfache, anrührende Geschichte über den Tod des kleinen Rune, so wie er aus der Sicht der kleinen Sara, seiner Freundin, erlebt wird. Dieses Buch ist für die Arbeit im Kindergarten sehr gut geeignet.

In *Vater und Tochter* von Michael Dudok de Witt (Freies Geistesleben Stuttgart) wird die Themenpalette **Abschied, Schmerz, Freundschaft, Liebe** in eindringlich einfachen Bildern mit knappem Begleittext in ausgezeichneter Form dargeboten. Es bietet vielfältige Einsatzmöglichkeiten im Elementar- und im Primarbereich.

Ein gelungenes Bilderbuchbeispiel zum Thema **Scheidung** ist *Paul trennt sich* von Martin Baltscheit (Alibaba Frankfurt/M.). Das Buch erzählt von Paul, dessen Eltern sich trennen. Die starken Gefühle, die diese Trennung auslöst, werden in dieser sehr emotionalen Bildergeschichte überzeugend in einem zeitgemäßen Stil dargeboten.

Ein geglücktes Bilderbuch zum Thema **Fremdenfeindlichkeit** ist *Neben mir ist noch Platz* von Verena Ballhaus (Illustr.) und Paul Maar (dtv München). Es ist eine gelungene problemorientierte Bildergeschichte über Freundschaft und Toleranz eines deutschen Mädchens mit Kindern aus fremden Kulturen.

Beispiele für Kinder vom 5. Lebensjahr an

Browne, A.: Stimmen im Park (Lappan Oldenburg). – Vanmechelen/De Maeyer: Juul (Anrich Weinheim). – Ellermann/Meißner-Johannknecht: Die Puppe Bella (Lappan Oldenburg). – Masurel/Mac Donald Denton: Ich hab euch beide lieb (Brunnen Gießen). – Ruillier, J.: Einfach farbig (bohem press Zürich).

Zum Thema **Sexualität** sind erfreulicherweise einige gute Bilderbücher entstanden, die Eltern und Kindern bzw. Erzieher/innen und Kindern helfen, alle wichtigen Fragen zur Sexualität frei und ehrlich zu besprechen. Wesentlich ist, dass neben der aufklärerischen Funktion auch die emotionalen Aspekte und die soziale Umwelt einbezogen werden.

Beispiele für Kinder vom 4./5. Lebensjahr an

Hansson/Fagerström: Peter, Ida und Minimum (Ravensburger). – Doney/Butterworth: Vater, Mutter und ich (Brunnen Gießen). – Cole, B.: Mami hat ein Ei gelegt (Sauerländer Aarau). – Labrosse/Hebert: Auf die Welt kommen (Lappan Oldenburg). – Andrae/Cabban: Ein Baby wohnt in Mamas Bauch (OZ Velber Freiburg). – Rübel, D.: Woher die kleinen Kinder kommen (Ravensburger Ravensburg). – Schneider/Weber: Mama, woher kommen die Babys? (Betz Wien). – Merz/ Paule: Weißt du, woher die Babys kommen (Kerle Freiburg).

Ein bemerkenswertes Bilderbuch zum Thema sexueller Missbrauch ist *Ich dachte, du bist mein Freund* von Marie Wabbes (Brunnen Gießen). Dieses Bilderbuch bietet Eltern und Erziehern eine Hilfe, mit Kindern ab vier Jahren über die Gefahr des sexuellen Missbrauchs zu sprechen.

Phantastische Bildergeschichten

Phantasie im Bilderbuch

Neben den wirklichkeitsnahen Bildergeschichten dürfen Anregungen der kindlichen Phantasie nicht zu kurz kommen. Sicher geschieht dies auch in den Märchenbilderbüchern, doch steht in den phantastischen Bildergeschichten die Realität in einem engeren Zusammenhang zu den phantastischen Elementen. So haben Wunschvorstellungen, Träume und Projektionen in phantastischen Bilderbüchern die Funktion, dass Kinder das tun können, was sie möchten. Es wird das objektiv Mögliche überschritten, und Kinder können ihre Wünsche und Träume in den Gestalten dieser Bildergeschichten ausleben.

Beispiele für Kinder vom 3./4. Lebensjahr an

Corentin, P.: Papa (Moritz Frankfurt/M.). – Engelking, K.: Anne im Tal der tausend Tropfen (Ravensburger Ravensburg). – Waechter/Haentjes: Schaf ahoi (Ellermann Hamburg). – Bydlinski/Rassmus: Der Zapperdockel und der Wock (Dachs

Wien). – Ruck-Pauquet/Baier: Habibi (OZ Velber Freiburg). – Burningham, J.: Das Zauberbett (Carlsen Hamburg). – Jung/Hübner: Anders ist auch schön (Carlsen Hamburg).

Beispiele für Kinder vom 5. Lebensjahr an

Märtin, C.: Die Fliege (Lappan Oldenburg). – Maar/Mölck-Tassel: Pozor (Bajazzo Zürich). – Lum/Johnson: Waas! (Bajazzo Zürich). – Waechter, P.: Heimspiel (Ellermann München). – Karau/Treskatis: Jakob der Träumer (Aufbau Berlin). – Kemmler, M.: Der hölzerne Mann (Aufbau Berlin). – Poznanski/Rassmus: All diese Zahlen (Dachs Wien). – Rost, G.: Lars vom Mars (GT Würzburg). – Tison/Tyler: Barbapapas Ferien (Titania Stuttgart).

Eine gelungene phantastische Bildergeschichte ist *Bauer Enno und seine Kuh Afrika* von Jens Rassmus (Sauerländer Aarau). Bauer Enno ist von einer seltsamen Traumkrankheit befallen, die ihn jede Nacht von einer Fahrt über dem Meer träumen lässt. Erst als der Traum Wirklichkeit wird, ist er geheilt. Die Geschichte bietet einen psychologisch glaubwürdigen Perspektivwechsel zwischen Traum und Wirklichkeit. Sie ist eine Einladung zur Suche nach eigenen Traumbildern.

In den **phantastischen Tiergeschichten** werden die Tiere vermenschlicht. Thema sind häufig die emotionalen Beziehungen innerhalb der Familie. So sind besonders Bären, aber auch Mäuse beliebte Familientiere, die innerfamiliäre Konflikte durchmachen und zumeist in versöhnlicher Weise lösen.

Phantastische Tiergeschichten

Aber auch außerfamiliäre Konstellationen, wie Freundschaft, Vorurteile und Anderssein, sind oft Themen in diesen Bildergeschichten. Dabei wird das Spektrum der Tiere auch schon erheblich erweitert, so dass Frosch, Hund, Schwein, Hase und Elefant, um nur einige zu nennen, die vermenschlichten Akteure sind.

Beispiele für Kinder vom 4. Lebensjahr an

Ungerer, T.: Flix (Diogenes Zürich). – Robin-Zimermann/Gernhardt: Bertolt Biber (Hammer Wuppertal). – Albertine/Germano Zullo: Marta mit dem Fahrrad (Atlantis Zürich). – Hämmerle/Weber: Trau dich, Ente (Betz Wien). – Friester/Smajic: Ich kann das! (Nord-Süd Zürich). – Weninger/Tharlet: Großer Pauli, kleiner Pauli (Neugebauer Zürich).

Beispiele für Kinder vom 5. Lebensjahr an

Wilharm/Giordano: Ein Huhn, ein Ei und viel Geschrei (Fischer TB Frankfurt/M.). – Wagner/Stoebe: Ein Hund für Oma Malwina (Lappan Oldenburg). – Schwitters/Märtin: Die Geschichte vom Hasen (Lappan Oldenburg). – Cratzius/Neuendorf: Das Winterfest der Waldtiere (Betz Wien). – Miler/Doskocilova: Der Maulwurf und der Fernseher (Leipziger Leipzig). – Reider/Bücker: Trüffel und Rosalie (Hanser München).

Ein gelungenes Beispiel ist *Die Schreimutter* von Jutta Bauer (Beltz & Gelberg Weinheim). Das Gekreische seiner Mutter zerreißt den kleinen Pinguin – und das nicht im übertragenen Sinne. In dieser Geschichte werden die Erfahrungen der zutiefst erschreckten Kinderseele sichtbar.

Zwar näht die Pinguin-Mutter ihren Sprössling wieder zusammen und entschuldigt sich, eine Narbe in der erschreckten Kinderseele wird wohl trotzdem bleiben. Eine nicht selten von Kindern gemachte Alltagserfahrung wird so auf pointierte Weise in Aquarellzeichnungen dargeboten.

In vielen phantastischen Bildergeschichten schießt die Phantasie der Bilderbuchmacher üppig ins Kraut und bringt mitunter seltsame Blüten hervor. Doch kommt dieses unbekümmerte Fabulieren und Phantasieren dem Kind entgegen, da die Vermengung von Wirklichkeit und Phantasie der Erlebniswelt des Kindes entspricht, denn Wirkliches und Unwirkliches wird noch nicht eindeutig getrennt.

Sachbilderbücher

Wissensvermittlung
im Bilderbuch

Das Sachbilderbuch will Wissen vermitteln. Es hat ein weit gespanntes Themenfeld und reicht von der unmittelbaren Umwelt der Kinder bis zu Themen aus der Technik, der Kultur und der Wissenschaft. Bei Sachbilderbüchern gilt zu bedenken, ob die dargestellten Inhalte das Kind im Bilderbuchalter nicht überfordern und ob nicht bestimmte Inhalte erst in der Schule ihren Platz haben sollten.

Ein gutes Beispiel ist *Mit der Feuerwehr unterwegs* von Wolfgang Metzger (Illustr.) und Claudia Toll (Ravensburger Ravensburg). Das Spektrum der Aufgaben der Feuerwehr wird in diesem Bilderbuch mit informativen, erzählenden Illustrationen kindgerecht dargeboten.

In *Vom Ochsenkarren zur Autobahn* von Nicolas Harris und Peter Dennis (Meyers Mannheim) wird eine Zeitreise geboten. Kinder können in diesem ansprechend gestalteten Sachbilderbuch die Entwicklung der Fortbewegungsmittel über die Jahrtausende bis heute miterleben bzw. nachvollziehen. Das Buch ist chronologisch aufgebaut mit einer Zeitleiste versehen. Die detailreichen und großformatigen Ponoramabilder laden zum Schauen und Entdecken ein.

Sachbilderbücher über Tiere sind am häufigsten. Es soll daher noch ein besonders gelungenes dazu angeführt werden. Es ist *Das Schimpansen-Kinder-Buch* von Jane Goodall (Neugebauer Zürich). Die Autorin vermittelt das Verhalten frei lebender Schimpansen wissenschaftlich präzise, vor allem aber auch warmherzig und humorvoll, so dass dieses Buch Kinder und Erwachsene gleichermaßen anzusprechen vermag.

Beispiele für Kinder vom 2./3. Lebensjahr an

Lautenschläger, U.: Die Wiese / Am Wasser (Tivola Berlin). – Lenz, G.: Mein erstes Bestimmungsbuch Insekten / Blumen (Tivola Berlin). – Kitzing/Morisse: Mein Autowerkstatt-Buch (Xenos Hamburg).

Beispiele für Kinder vom 3./4. Lebensjahr an

Bones/Jung: Piraten / Ritter und Burgen (Xenos Hamburg). – Riha, S.: Komm mit in den Zoo (Betz Wien). – Golluch/Tust: Wir entdecken das Hotel (Betz Wien). – Mein erstes Kosmos-Buch im Wald (Kosmos Stuttgart). – Mein erstes Kosmos-Buch vom Teich (Kosmos Stuttgart).

Beispiele für Kinder vom 4./5. Lebensjahr an

Steinbacher, J.: Unterwegs mit Schiffen und Booten (Kosmos Stuttgart). – Richarz, K.: Eine Fledermaus wird groß (Kosmos Stuttgart). – Krekeler/Wendt: Was Kinder wissen wollen (OZ Velber Freiburg). – Zappe, M.: Mein erstes Wiesenblumenbuch (Betz Wien). – Greune/Burghardt: Oscar entdeckt die Tiere des Waldes / Oscar entdeckt die Tiere der Wiese (Tivola Berlin). – Petterson und Findus. Das große Gartenbuch (Xenos Hamburg). – Kersten, D.: Wie spült die Klospülung? (OZ Velber Freiburg).

Beispiele für Kinder vom 5./6. Lebensjahr an

Schwarz, A.: Kommst du mit in die Schule (Loewe Bindlach). – Piel, A.: Flugzeuge (Loewe Bindlach). – Dowswell, P.: Die große Welt der Tiere (Loewe Bindlach). – Kersten, D.: Wie viele Höcker hat ein Kamel (OZ Velber Freiburg). – Roß, T.: Mein großes Indianerbuch (Coppenrath Münster). – Haag/Suess: Komm mit an die Küste (Coppenrath Münster).

Beispiele für Kinder vom 6./7. Lebensjahr an

Horwarth, W.: Die Erde (Gerstenberg Hildesheim). – Tessloffs Buch der FAKTEN UND REKORDE (Tessloffs Nürnberg). – Kyrieleis, A.: Evolution (Gerstenberg Hildesheim). – Golluch/Ignjatovic: Mein großer Atlas zur Europäischen Union (Betz Wien). – Mein großer Kosmos Tieratlas (Kosmos Stuttgart). – Clausen/Tebbenhoff: Meise, Spatz und Nachtigall (Patmos Düsseldorf).

Literaturklassiker als Bilderbuch

Weltliteratur über das Bilderbuch Kindern nahe zu bringen ist ein neuer Trend im Bilderbuchschaffen einiger exponierter Verlage (der Kindermann Verlag Berlin ist besonders hervorzuheben, der bereits in kurzer Zeit erstaunliche Werke hervorgebracht hat.) So bestechen die jeweiligen Nacherzählungen besonders durch gelungene Illustrationen der jeweiligen Vorlagen. Kleine Leser können so an Literatur herangeführt werden, die Ihnen sonst erst als Jugendliche oder Erwachsene – wenn überhaupt – zugänglich gemacht werden könnte.

Weltliteratur im Bilderbuch

Beispiele für Kinder vom 6. Lebensjahr an

Hermann Löns/Willi Glasauer: Mümmelmann (Aufbau Berlin). – Kindermann/Hein nach G. Keller: Kleider machen Leute (Kindermann Berlin). – Alexandre Dumas: Die drei Musketiere (Gerstenberg Hildesheim).

Beispiele für Kinder vom 7. Lebensjahr an

Kindermann/Mölck-Tassel nach J.W. von Goethe: Götz von Berlichingen (Kindermann Berlin). – Theodor Fontane/Bernd Streiter: Herr von Ribbeck auf Ribbeck im Havelland (Aufbau Berlin). – Kindermann/Unzner nach W. Shakespeare: Romeo und Julia (Kindermann Berlin). – Mitchell, A.: Die Irrfahrten des Odysseus (Gerstenberg Hildesheim).

Beispiele für Kinder vom 8. Lebensjahr an

Kindermann/Ensikat nach J.W. Goethe: Faust (Kindermann Berlin). – Kindermann/Ensikat nach F. Schiller: Wilhelm Tell (Kindermann Berlin).

Religiöse Bildergeschichten

Christliche
Überlieferung im
Bilderbuch

Die Idee, biblische Geschichten Kindern in Bildergeschichten nahezubringen, ist mindestens so alt wie die Geschichte des Bilderbuches. Den Kindern Bibelaussagen allerdings auch verständlich zu interpretieren, den symbolhaften Inhalt der sprachlichen Erzählung in einfachen Farben und klaren Formen auszudrücken, ist schwierig und in nicht wenigen Beispielen und Versuchen in dieser Richtung missglückt. Erfreulicherweise setzte sich in den letzten Jahren eine neue Tendenz durch, künstlerisch anspruchsvolle Bildergeschichten zu schaffen, die der besonderen Problematik der Darstellung von religiösen Motiven besser gerecht wird.

Das Bilderbuch *Gute Nacht, Anna* von Regine Schindler mit Bildern von Ivan Gantschev (Kaufmann Lahr) kann als gutes Beispiel angeführt werden, christliche Überlieferung mit unserer Lebenswirklichkeit zu verbinden. Von elf Alltagsgeschichten aus wird eine Brücke zum Gebet geschlagen: Ein Gute-Nacht-Buch, das mit humorvoll-hintergründigen Texten und stimmungsvollen Bildern ermuntert, auf unkonventionelle Weise christliche Erziehung zu gestalten. Ein Nachwort für Eltern und Erzieher gibt hilfreiche Anregungen.

In *Adam und Eva und das Paradies* von Jane Ray (KeRLE Freiburg) wird die biblische Geschichte von Adam und Eva im wunderbaren Garten Eden Kindern ab 4 Jahren nahe gebracht. Gelungene Illustrationen vermitteln den Inhalt dieser Geschichte und bieten vielfältige Anreize, um mit den Kindern vertiefende bzw. weiter verstehende Gespräche zum Inhalt dieser Geschichte zu führen. Von Jane Ray sind bei KeRLE auch *Noahs Arche*, *Die Schöpfungsgeschichte* und *Die Weihnachtsgeschichte* erschienen.

Gott hat unsere Welt gemacht von Gertrud Piesch-Köchel und Mirek Baranski (Tyrolia Innsbruck-Wien) ist ein Bilderbuch für Kinder ab 4, in dem detailreich und spielerisch die Schöpfungsgeschichte erzählt wird. Dieses originelle und anregende Bilderbuch bietet einen spielerischen Zugang zum religiösen Verständnis für unsere gesamte Lebensumwelt.

Beispiele für Kinder vom 2./3. Lebensjahr an

Barger/Grindley: Bibelgeschichten für die Kleinsten (Gabriel Wien). – Meine ersten Bibelgeschichten/Meine ersten Geschichten von Jesus (Brunnen Gießen). – Noahs Arche (Brunnen Gießen). – Schnitzer/Marquardt: Gott rettet Noah (Bischoff Frankfurt). – Schneider/Bagdaschwilli: Die Geschichte vom Heiligen Nikolaus (Coppenrath Münster). – Hol/Schönfeldt: Das Geheimnis des Sterns (KeRLE Freiburg).

Beispiele für Kinder vom 4./5. Lebensjahr an

Heyduck-Huth/Schindler: Martinus teilt den Mantel (Kaufmann Lahr). – Konsek/Landa: Die Nacht der Wunder (Kerle Freiburg). – Gantschev/Mayer-Skumanz: Die Weihnachtskatze (Patmos Düsseldorf). – Hafermaas, G.: Wie fröhlich bin ich aufgewacht. Die schönsten Kindergebete (Patmos Düsseldorf). – Mayer-Skumanz/Piepenbrink: Sebastians Weihnachtskrippe (Patmos Düsseldorf). – Quadflieg/Gantschev: Franziskus (Patmos Düsseldorf). – Fussenegger/Fuchshuber: Die Arche Noah (Betz Wien).

Beispiele für Kinder vom 6. Lebensjahr an

Zwerger/Janisch: Die Arche Noah (Neugebauer Zürich). – Zavrel/Bollinger: Das Hirtenlied (bohem press Zürich). – Capek, J.: Ein Kind ist geboren (bohem press Zürich). – Güntze-Horatz/Rehberg: Und es wurde alles gut (Patmos Düsseldorf). – Frisch/Piepenbrink: Sonne und Mond sind Geschwister. Geschichten und Gebete für Familien (Patmos Düsseldorf). – Grosche/Teich: Jona und der Wal (Thienemann Stuttgart).

Zur Bilderbuchgestaltung

Bei der Sichtung der gegenwärtigen Bilderbuchproduktion ergibt sich ein kaum noch überschaubares Angebot aller nur erdenklichen Stile. Die Variationsbreite des bildnerischen Stils der künstlerisch konzipierten Bilderbücher lässt sich wie folgt andeuten: „Zu finden sind Anklänge an Naturalismus, fotografischen und magischen Realismus, Spielarten des Expressionismus und des Surrealismus sowie abstrahierende, stilisierende und dekorative Tendenzen. Auch die bildnerischen Techniken wechseln im anspruchsvollen Bilderbuch häufig: Neben gemalten Bildern sind vor allem Zeichnungen vertreten, aber auch Holzschnitt und Radierung sowie Misch- und Montagetechniken."[1]

Die künstlerisch konzipierten Bilderbücher

Nicht alle diese interessanten Ansätze und Versuche können die Interessen und Bedürfnisse der Kinder erreichen, ohne dass Eltern und Erzieher Hilfen der Vermittlung und des Verstehens geben.

Vom Verkaufserfolg stehen nicht ohne Grund den interessanten und künstlerisch anspruchsvollen Bilderbüchern die Bilderbücher gegenüber, die vornehmlich in Kaufhäusern und Supermärkten angeboten werden.

Die künstlerisch
konzipierten
Bilderbücher

Diese Bilderbücher sind phantasielose, kitschige Billigproduktionen, die die kreative, soziale und intellektuelle Entwicklung der Kinder eher hemmen, als Impulse dazu vermitteln. Es sind besonders Ausmalbücher, alte Bücher wie *Der Struwwelpeter* von Hoffmann oder die Häschenschule von Albert Sixtus, aber auch Märchenbilderbücher, die überkommene Erziehungs- und Moralvorstellungen konservieren.

Grundsätzlich gilt bei den inhaltlich guten Bilderbüchern, dass sie sich auch durch eine differenziertere Gestaltung auszeichnen. Deshalb müssen Erzieher und Eltern Vermittlungs- und Verstehenshilfen leisten, um den Kindern die künstlerisch anspruchsvollen Bildergeschichten zugänglich zu machen, um der einseitigen Entwicklung ästhetischer Wahrnehmungsfähigkeiten entgegenzuwirken.

Erziehern und Sozialpädagogen, die sich vertiefend mit Fragen der bildnerischen Qualität und der spezifischen Bild-Text-Sprache der Bilderbücher beschäftigen wollen, können folgende Fachbücher dazu empfohlen werden: Jens Thiele (Hrsg.): *Bilderbücher entdecken*, Jens Thiele (Hrsg.): *Neue Erzählformen im Bilderbuch* und Jens Thiele (Hrsg.) *Das Bilderbuch*. Alle Titel sind im Isensee Verlag Oldenburg erschienen. Ergänzend sei noch dazu das Kapitel „Das Bilderbuch" aus dem *Handbuch Kinderliteratur*, hrsg. von Jens Thiele und Jörg Steitz-Kallenbach (Herder Freiburg) empfohlen.

Um die Bandbreite der künstlerisch konzipierten Bilderbücher nach diesen eher grundsätzlichen Überlegungen wenigstens an einigen ausgewählten Beispielen zu verdeutlichen, werden im Folgenden **vier Bilderbuchbeispiele** aufgeführt.

In diesem Zusammenhang soll nicht unerwähnt bleiben, dass die überwiegende Anzahl der im Abschnitt „Typen und Themengruppen" angeführten Bilderbuchbeispiele zu den künstlerisch konzipierten Bilderbüchern gehört.

**1. Beispiel:
Aufstand der Tiere
oder Die neuen
Stadtmusikanten**

Aufstand der Tiere oder Die neuen Stadtmusikanten von Jörg Müller und Jörg Steiner. © 1989 Verlag Sauerländer Aarau und Frankfurt/M.

Eule, Pinguin, Krokodil und Panda beschließen, ihr Leben zu ändern. Sie sind es leid, sich weiterhin in der Werbung verschleißen zu lassen. Die Figuren sind Werbetiere.

Müller und Steiner haben mit diesem Bilderbuch eine völlig neue Version der Bremer Stadtmusikanten entwickelt, die den Leser nicht in eine Märchenwelt, sondern in eine Welt hineinführt, die vom Fernsehen und von der Werbung bestimmt wird.

„Die stereotyp gezeichneten Werbetiere sind in eine Umgebung aus Hochhäusern, Technik und Neonlicht hinein gestellt. Manchmal wirken sie ein wenig verloren, ein wenig traurig – aber sie gehören in diese Welt, in der sie erfunden wurden und weiterleben werden. Die Lichtreize, die Tag und Nacht auf uns einströmen, sind auf den Bildern geschickt verstärkt und ziehen den Leser – trotz der scheinbaren Kühle und Distanz der Darstellung – mitten hinein ins Geschehen. Auch die Sichtweise (z. B. schräg von oben!) und die Komposition der Bildseiten ist überaus geschickt der Dramatik der einzelnen Situationen angepasst."[2]

Zwar wird von Müller und Steiner in diesem, in Text und Bild ungewöhnlichen, Bilderbuch keine Lösung angeboten, gleichwohl ist die Geschichte nicht ohne Perspektive. Sie stellt ein Erkenntnisangebot mit einem guten Stück Gesellschaftskritik dar, das sich die Leser, wenn auch durch Brechungen und Spiegelungen verschlüsselt, erlesen können.

Otto Karotto von Chiara Carrer – aus dem Italienischen von Dorothea Löcker und Alexander Potyka übersetzt. © 2000 Picus Verlag Wien.

2. Beispiel: Otto Karotte

Otto Karotto steht auf Karotten, was bei einem Hasen eigentlich nicht verwundert. Doch seine Leidenschaft wird zum Problem, den ganzen Tag denkt Otto bald an nichts anderes mehr als nur an Karotten. So wachsen Otto die Karotten schon förmlich aus den Ohren, und seine Mitschüler knabbern daran herum. Dieses bringt ihn zur Besinnung, und er beschließt: Keine Karotten mehr! Kurz entschlossen tauscht er seinen Fetisch gegen einen neuen aus – Spinat. Ab sofort will er nur noch Spinat essen, auf alle Arten und zu jeder sich bietenden Gelegenheit.

Gekonnt verbindet Chiara Carrer, die in Rom lebt und arbeitet und bereits mehr als 50 Kinderbücher illustriert hat, Collage, Zeichnung, Acryl-, Öl- und Pastellmalerei. Die eher schlichte Grundstruktur der Geschichte wird durch die außergewöhnlich gelungene Illustration, in die die Eigenständigkeit der freien Malerei spürbar eingeflossen ist, zu einem echten Bilderlebnis. Wie Bühnen, auf denen sich Otto Karotto und seinesgleichen bewegen, wirken die farbig gestalteten Hintergründe, Schriftfelder und Kritzelzeichnungen. Text und Bild wirken spielerisch zusammen und bilden eine sehr originelle und ungewöhliche Einheit, die Erwachsenen und Kindern gleichermaßen Spaß macht.

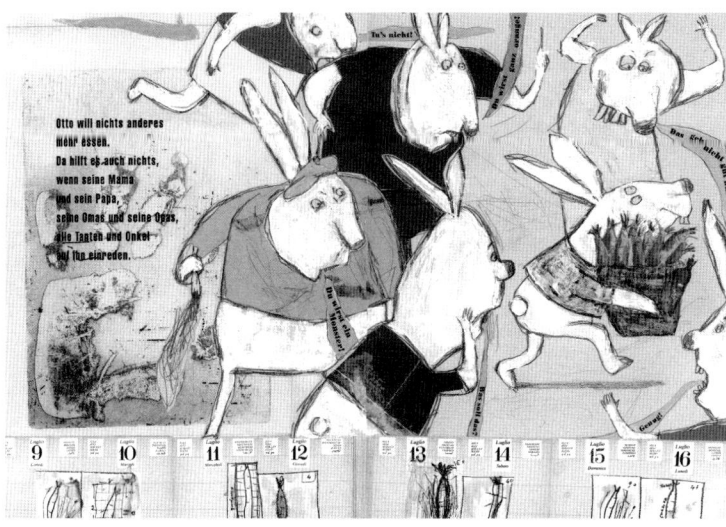

Glücklich, traurig, ärgerlich ... so fühl ich mich von Jamie Lee Curtis, illustriert von Laura Cornell. © 2001 Edition Riesenrad Hamburg.

Das Bilderbuch thematisiert Stimmungen in Reimform, aus dem Englischen von Gabriele Haefs übersetzt. So können Kinder in diesem Bilderbuch ihre unterschiedlichen Stimmungen von „himmelhochjauchzend" bis „zu Tode betrübt" wiederfinden. Es legt den normalen Alltagswahnsinn der Gefühle dar. Es ist eine Hommage an die Höhen und Tiefen des menschlichen Lebens in all seinen Facetten. Es spricht Kinder durch seine skurrilen Zeichnungen direkt an und hat auf der letzten Innenseite eine Drehscheibe, auf der die Kinder Stimmungen wie albern, ärgerlich, verdreht, aufgeregt, glücklich und traurig selbst einstellen können.

Die skurrilen und humorvollen Illustrationen nutzen die Farben gekonnt, um die unterschiedlichen Stimmungen auszudrücken. Die Figuren zeigen ihre jeweiligen Stimmungen unmissverständlich, mal schweben sie auf den Wolken, mal liegen sie trübsalblasend auf dem Bett. Sie laden durch ihre gelungen dargestellte Mimik und Gestik zum Mitfühlen und Nachfühlen ein. Die Aquarelltechnik lässt Raum für eigene Gefühle und Vorstellungen, oft sind die Seiten auch als „Wimmelbilder" gestaltet, die vielfältige Details von den Schauenden entdecken lassen, ohne dabei die jeweils thematisierte Gefühlslage aus den Augen zu verlieren.

Heut schweb ich auf Wolken, kannst du das sehen?
Ich hab jetzt ein Fahrrad, brauch nicht mehr zu gehen.
Beim Fußball hat meine Mannschaft gewonnen
und meine Eltern sind beide zu meinem Auftritt gekommen.

Spinne Spinnerin von Adelheid Dahiméne, illustriert von Heide Stöllinger. © 2004 NP Buchverlag St. Pölten–Wien–Linz.

**4. Beispiel:
Spinne Spinnerin**

Spinnen sind zweifellos nützliche Tiere. Sie spinnen feine Netze und befreien dadurch die Welt von lästigen Insekten wie Fliegen und ähnlichem Getier. Die Spinne Spinnerin entdeckt in diesem Bilderbuch aber ganz andere Fähigkeiten für sich. Statt vieleckiger Fliegefallen beginnt sie mit großem Erfolg anschmiegsame Gewänder für Raupen und Nacktschnecken zu spinnen und entdeckt darin ihr Talent. Die Folge ist eine lange Auftragsliste, denn die Kunde von ihren kleidsamen Spinnereien verbreitet sich schnell.

Diese ungewöhnliche Geschichte hat Heide Stöllinger mit Buntstiften in pastellige, transparent-durchscheinend warme Bildsequenzen umgesetzt. Die Spinne und die anderen Akteure dieser Geschichte wie Fliegen, Schnecken, Falter und Raupen sind durch ihre deutliche Charakterzeichnung, ihre Gesichter haben überaus menschliche Ausdrucksformen, ausdrucksstark und humorvoll gezeichnet. So fügen sich diese künstlerisch gelungenen Illustrationen mit dem literarisch kreativen Text „Eine spinnt immer!" zu einem gelungenen Werk, das nicht nur Kinder in seinen Bann zu ziehen vermag.

Sie misst und spinnt und vergisst dabei ganz
auf die Fliegen, die sich fröhlich vermehren
und die Fenster verdrecken und die Menschen
dahinter verrückt machen.

Die pädagogische Bedeutung des Bilderbuches

Die im Folgenden aufgezeigten Einflüsse des Bilderbuches auf die
kindliche Entwicklung müssen nicht in jedem Fall eintreten. Ob und wie
viele mögliche Wirkungen eintreten, wird im Wesentlichen durch die
erzieherische Praxis der Eltern und Erzieher bestimmt.

Bilderbücher helfen
Kindern, ihre Umwelt
zu verstehen

Im Bilderbuch erkennt das Kind Ausschnitte der bereits erlebten
Umwelt wieder. Durch den großen visuellen Reiz, den Bilder auf Kinder
ausüben, wird es angesprochen und versucht freudig, in die Bildge-
schehnisse einzudringen, die Welt auf geistige Weise kennen und
begreifen zu lernen. Das Bilderbuch ist Fenster hinaus in die Welt, in die
die Kinder hineinwachsen. Es bringt neue und bekannte Dinge, reales
und phantastisches Geschehen, vermittelt Vorstellungen und Meinun-

gen. Das Bilderbuch ist somit einerseits **Unterstützung** beim Kennenlernen und Verstehen der Umwelt, andererseits aber auch **Anregung** der kindlichen Phantasie.

Nun ist das Bilderbuchbild immer nur Abbild der Wirklichkeit und nicht die Wirklichkeit selbst. Das bedeutet: Bilderbücher sind zwar als umwelterklärende und umweltverstehende Hilfen wichtig, doch ersetzen sie nicht die notwendigen Erfahrungen, die die Kinder selbst mit dieser Umwelt machen müssen.

Indem sich das Kind mit dem Bilderbuch beschäftigt, setzt es sich aktiv mit Bildern auseinander und vollbringt bei der Erschließung des Bildgehalts spielerisch **geistige Leistungen**. Das Kind lernt, genauer hinzusehen und zu beobachten, nach Unbekanntem zu fragen, Vergleiche anzustellen und Geschichten zu erzählen und weiterzuspinnen. Das wiederholte Betrachten von Bildern bietet Kindern ein optisches Training, das ohne Druck spielerisch vollzogen wird.

Bilderbücher fördern und trainieren Denkleistungen

Bilderbücher besitzen einen starken **Aufforderungscharakter**. Die Kinder fühlen sich durch die zumeist farbigen und verschiedenartigen Abbildungen zum Sprechen aufgefordert. Spontan äußern sie sich, werden zum Fabulieren und Erzählen dessen, was die Bilder bieten, angeregt. Für das Kleinkind ist es das textfreie Bilderbuch mit Einzelbildern, auf denen alltägliche Dinge der unmittelbaren Umwelt des Kindes abgebildet sind, und das Szenenbilderbuch, das durch die auffordernde Aufmachung Sprech- und Denkanstöße gibt und zu selbstständigen Denkleistungen motiviert. Für Kinder im dritten und vierten Lebensjahr sind es dann schon Bildergeschichten zu Märchen oder Umweltfragen, die die Kinder zum Sprechen und Ausdeuten, zum Fragen und zum Erklären anregen. Bei Bilderbuchbetrachtungen fühlen sich selbst schüchterne und gehemmte Kinder zum Sprechen gedrängt, so dass Bilderbüchern eine wichtige Aufgabe bei der sprachlichen Entwicklung des Kindes zukommt.

Bilderbücher fördern die sprachliche Entwicklung

Am Bilderbuch werden den Kindern **literarische Ersterfahrungen** ermöglicht, die den Zugang zu anderen Gattungen der Kinder- und Jugendliteratur erleichtern. „Das märchenhafte Bilderbuch bereitet den Weg zum Märchenbuch, das wirklichkeitsnahe Bilderbuch zur realistischen Kindergeschichte, die Bildverserzählungen zur Poesie, das Textbilderbuch zur illustrierten und unbebilderten Erzählung."[3] Es werden also fundamentale Anfangspunkte für eine Weiterentwicklung gesetzt und exemplarische Ersterfahrungen ermöglicht.

Bilderbücher ermöglichen literarische Ersterfahrungen

Kinder sind heute einer wahren Bilderflut ausgesetzt. Illustrierte, Versandkataloge, Fernsehwerbefilme, Comics usw. bieten der kindlichen Schaulust viel Nahrung. Dieser Überkonsum stumpft einerseits das Auge ab, vermittelt andererseits falsche Wertvorstellungen. Durch diese vielen, zum großen Teil billigen Anreize kann die kindliche Wahrnehmungsfähigkeit oberflächlich werden, so dass die Kinder all diesen Einflüssen nicht einfach überlassen bleiben dürfen. Eine **ästhetische**

Bilderbücher ermöglichen ästhetische Früherlebnisse

Erziehung, die bereits im Kindergarten einsetzt, kann durch anspruchsvolle Bilderbücher wesentlich gefördert werden. So kommt geschmackvollen und qualitativ hochwertigen Bilderbüchern eine wichtige Funktion zu, da sie wesentlich die Entwicklung des Formgefühls, des Formverständnisses und des guten Geschmacks beeinflussen. Kinder, die bereits im Kindergarten kontinuierlich solche Bilderbücher kennen lernen, werden sehr wahrscheinlich über differenziertere Maßstäbe bei der Beurteilung von Bildern verfügen, als Kinder, die diese ästhetischen Früherfahrungen nicht machen können.

Erzieher und Eltern, die Bilderbücher von Künstlern wie Sendak, Lionni, Schwarz, Fromm, Reidel, Heyduck-Huth, Müller, Koch, Mitgutsch, Lemke, Janosch, Carle, Wilkon, Brüllhart, Spohn, Heine, Fuchshuber, Tidholm, Boratynski, Pfister – um nur einige zu nennen – in ihre Erziehungsarbeit einbeziehen, eröffnen sich und den Kindern den Weg zur Malerei und Grafik, zu einem besseren Erfassen heutiger Stil- und Ausdrucksformen bis hin zu einem besseren Verständnis heutiger Plakatkunst und Gebrauchsgrafik.

Bilderbücher sind Mittel der Erziehung

In vielen Bilderbüchern lassen sich die didaktischen Intentionen der Bilderbuchmacher offen erkennen, während in anderen keine direkten Absichten zugrunde zu liegen scheinen. Letztgenannte wollen hauptsächlich spannend und unterhaltend erzählen. Doch ist auch in diesen Bildergeschichten durch die spezifische Aufbereitung eines Geschehens bzw. einer Geschichte ein erzieherischer Gehalt festzustellen. Durch eine genauere Betrachtung des Handlungsablaufes kann dieser Gehalt vom Erzieher zumeist aber schnell erschlossen werden.

Die genauere Betrachtung kann mit Hilfe der Beantwortung folgender Fragen bzw. Fragestellungen, die nicht unbedingt vollständig sind, dafür aber eine gute Orientierung bieten, vorgenommen werden:
Ist die Bildergeschichte/das Bilderbuch geeignet, Kindern ihre Umwelt vertrauter und verständlicher zu machen? Liefert die Bildergeschichte/ das Bilderbuch verlässliche, kindgemäße Informationen zur Geschichte und Gegenwart (sowie ggfs. über die Zukunft) der Menschen? Trägt die Bildergeschichte/das Bilderbuch dazu bei, Mut, Kritikfähigkeit und autonomes Handeln anzuregen? Ist die Bildergeschichte/das Bilderbuch geeignet, die selbstschöpferische Phantasie der Kinder anzuregen und/oder ggfs. zu fördern? Sind die Illustrationen geeignet, visuelle Neugier auszulösen und ästhetische Anregung durch die eingesetzten Stilformen und Techniken zu vermitteln?

Welche Erziehungsmodelle werden angeboten? Werden Kinder als Partner im Sinne eines kooperativen Erziehungsstiles gesehen?

Welches Familienmodell ist erkennbar? Wie werden die Mütter und Väter in ihren jeweiligen Geschlechterrollen dargestellt? Wie werden alte Menschen dargestellt? Wie werden ggfs. behinderte Menschen und der Umgang mit Nichtbehinderten dargestellt?

Welches Gesellschaftsmodell steht ausgesprochen oder unausgesprochen hinter der dargebotenen Bildergeschichte bzw. hinter den Handlungen der dargestellten Figuren? Sind demokratische Grundstrukturen erkennbar oder ist die Geschichte in einem anderen gesellschaftlichen Rahmen zu orten?

Nach Abklärung der jeweils zutreffenden Fragen bzw. Fragestellungen kann der Erzieher dann in seinen weiteren Überlegungen und Planungen dazu übergehen zu überlegen, in welchen pädagogischen Zusammenhang und in welche thematische Einbindung das Bilderbuch hineinpasst und dementsprechend eingesetzt werden soll. In der Regel gibt es ja zu den wichtigen sozialpädagogischen Themenfeldern mehrere Bildergeschichten/Bilderbücher, die auf durchaus unterschiedlich gelungene Art gemacht sind. Insofern ist wichtig, vorausgesetzt das Bilderbuch soll gezielt eingesetzt werden, das vorhandene Angebot, soweit zugänglich, im Blick auf den Einsatz in einer Kindergruppe zu prüfen, um zu einer inhaltlich begründeten Auswahl zu gelangen.

Erzieher sollten Bildergeschichten und Bilderbücher, die den Kindern bei ihrer Selbst- und Weltfindung helfen, die ihnen Mut machen, die ihr Selbstbewusstsein stärken und ihre Kritikfähigkeit fördern können, den inhaltlich und ästhetisch eher belanglosen vorziehen.

Gleichwohl darf nun die erzieherische Wirkung der Bilderbücher auch nicht überschätzt werden, da sie ja nur ein Mittel der Erziehung sind, eines unter vielen. Entscheiden wird letztlich die erzieherische Praxis der Eltern und Erzieher, ob der im Buch erschlossene Handlungsspielraum mit den realen Möglichkeiten übereinstimmt.

Im traditionellen Bilderbuch kommt der Erziehungsfunktion allerdings eine tragende Rolle zu. Beispielhaft dafür ist das Bilderbuch *Der Struwwelpeter* des Frankfurter Arztes Dr. H. Hoffmann. Die Kritik am Struwwelpeter, der sich auch heute noch großer Beliebtheit erfreut, richtet sich gegen seine barbarischen Strafmethoden. In ihm wird grundsätzlich vom negativen Verhalten der Kinder ausgegangen und in einem sich wiederholenden Schema dargestellt: erst die Untat und dann die darauf folgende Strafe. Es entstanden aus Protest gegen die im Struwwelpeter enthaltene Strafpädagogik mehrere Anti-Struwwelpeter. Der interessanteste Anti-Struwwelpeter wurde 1970 von F. K. Waechter erstellt. Waechter kehrt die Erziehungsziele in das Gegenteil, bei ihm machen nicht die Kinder, sondern die Erwachsenen die Fehler. Neben dem Struwwelpeter kommt der *Häschenschule* von A. Sixtus und F. Koch-Gotha als bis heute geschätztes Belehrungswerk unserer Väter- und Großvätergeneration eine ähnliche Funktion zu. Brave realistisch-kitschige Bilder von Tieren, Pflanzen, Recht und Ordnung zeigen eine „heile Welt", in der Untertanengehorsam von den Kindern von selbstherrlichen Erwachsenen gefordert wird.

Innerhalb der gegenwärtigen Bilderbuchproduktion ist die Zahl der eher belanglosen Bildergeschichten nach wie vor groß, doch ist auch

die Zahl der Bilderbücher nicht unbeträchtlich, die durch ihre Themenwahl und Gestaltungsform den zuvor formulierten Ansprüchen gerecht
werden. So gibt es nicht wenige Bilderbücher, die zu ausgewählten
Lebensfragen, die auch schon für Kinder bedeutsam sind (Angst, Einsamkeit, Krankheit, Tod usw.), Verstehens- und Verarbeitungshilfen
anbieten, und immerhin auch nicht wenige, die den Kindern eine erste
Vorstellung von den Problemen unserer Gesellschaft bzw. unserer
Lebenswirklichkeit geben. Bei den inhaltlich anspruchsvollen Bilderbüchern lassen sich zwei Tendenzen in der der jeweiligen Geschichte
zugrunde liegenden Weltbildvermittlung erkennen: zum einen ein indi-
vidualistisches und kindzentriertes, zum anderen ein gesellschaftlich
orientiertes. Zurückverfolgen lässt sich diese Ausrichtung bis in die
sechziger Jahre, wo durch Maurice Sendak *(Wo die wilden Kerle wohnen)* und Leo Lionni *(Swimmy, Frederik)* die Anfänge dieser beiden
Grundtendenzen gelegt wurden. Waren so die Bilderbücher der siebziger Jahre mehr auf ein gesellschaftlich orientiertes Weltbild hin geprägt,
so sind die Bilderbücher seit den achtziger Jahren wieder stark durch
individualisierende Tendenzen geprägt. In Abhängigkeit zur vorherr-
schenden gesellschaftlichen Situation war und ist entweder die eine
oder die andere Tendenz stärker vertreten.

Pädagogisch interessant sind freilich Bilderbücher beider Ausrichtun-
gen. Gleichwohl haben die Bücher mit individualistischer, kindzentrier-
ter Weltbildorientierung eine größere Nähe zum Erfahrungsraum der
Kinder, als die mit einem mehr gesellschaftlich orientierten Weltbild.
Letztere können dafür aber eine größere aufklärerische Bedeutung
haben.

Zur Verdeutlichung des zuvor Gesagten und als Orientierungshilfe werden im Folgenden einige ausgewählte Bilderbücher älteren und neueren Erscheinungsdatums vorgestellt:

Lionni: *Swimmy
und Frederick*

In *Swimmy* von Leo Lionni (Middelhauve München) geht es um die Solidarität. Bei Swimmy handelt es sich um einen kleinen Fisch, der die Ver-
nichtung eines Schwarmes roter Fische, seiner Schwestern und Brüder, durch einen großen Thunfisch überlebt. Nach seiner Flucht
begegnet er wiederum einem Schwarm roter Fische, die sich vor Raub-
fischen verbergen. Auf Swimmys Rat hin formieren sie sich zu einem
großen Schwarm, der wie ein großer Fisch aussieht. Auf diese Weise
erschrecken sie die Raubfische und brauchen sich nicht mehr vor diesen zu verbergen.

In *Frederick* von Leo Lionni (Middelhauve München) wird aufgezeigt,
was Poesie vermag. Frederick ist eine Feldmaus, die Sonnenstrahlen,
Farben und Wörter sammelt, also ideelle Wintervorräte. Alle anderen
Mitglieder der Feldmausfamilie sammeln Körner, Nüsse und Weizen für
den Winter, also die materiellen Wintervorräte. Die Feldmäuse verstehen Frederick nicht, ihm bleiben daher Vorwürfe nicht erspart. Als aber
im Winter alle Vorräte aufgezehrt sind und Frederick mit Hilfe seiner Vor-

räte in Form von Gedicht und Erzählung über den Rest des Winters hinweghilft, wird allen Mäusen deutlich, was Poesie vermag.

In *Wo die wilden Kerle wohnen* von Maurice Sendak (Diogenes Zürich) geht es um den Jungen Max.

Sendak: *Wo die wilden Kerle wohnen*

Max, der einen Wolfspelz trug und nur Unfug im Kopf hatte, musste ohne Essen ins Bett. Im Bett träumt sich Max dorthin, wo die wilden Kerle wohnen. Bei diesen tollen Ungeheuern setzt er sich durch und wird von ihnen zum König gemacht. Doch dieses befriedigt ihn nicht, er sehnt sich zurück nach Vater und Mutter, die ihn lieb haben. In der Geborgenheit seines Zimmers wacht er auf, wo es Nacht ist und das Essen auf ihn wartet. – In dieser Geschichte wird die angstfreie Verarbeitung eines kindlichen Konflikts geboten. Max hat sich selbst mit den wilden Kerlen gezähmt. Er hat die eigene Wildheit im Traum verlassen, um der elterlichen Liebe willen.

In *Freunde* von Helme Heine (Middelhauve München) geht es um die Freundschaft dreier ganz unterschiedlicher Tiere. In diesem Bilderbuch erleben Schwein Waldemar, Maus Johnny Mauser und Franz von Hahn gemeinsame Abenteuer auf dem Bauernhof. Humorvoll und witzig wird all das angesprochen, was eine Freundschaft auszeichnet: das gegenseitige Helfen und das Eingehen auf die Möglichkeiten und Bedürfnisse des anderen, das gemeinsame Spielen und Entdecken, aber auch das gemeinsame Träumen. Es ist ein Bilderbuch, das das Thema Freundschaft voll Heiterkeit und Optimismus mit Sprachwitz und in leuchtenden Illustrationen zu einem Lesevergnügen macht.

Heine: *Freunde*

In *Peter, Ida und Minimum* von Gunilla Hansson (Illustration) und Grethe Fagerström (Text) geht es um das Thema Sexualität und Aufklärung. Es ist im Ravensburger Verlag erschienen. Die Familie Lindquist erwartet ein Baby, das zunächst Minimum genannt wird. Die Geschwister Peter und Ida erleben die dadurch entstandene Veränderung in der Familie mit und erfahren alle wichtigen Informationen zum Thema. Das Buch vermittelt durch die Geschichte eine positive Grundhaltung zur Sexualität und Familie.

Hansson/Fagerström: *Peter, Ida und Minimum*

Durch die erstaunliche Vielseitigkeit des Inhaltes, durch die Fröhlichkeit und Unkompliziertheit der Vermittlung durch eine Bildergeschichte, werden alle biologischen Informationen mit ihren sozialpsychologischen Folgerungen den Kinder auf gut verständliche Weise nahe gebracht.

In *Du wirst immer bei mir sein* von Carme Sole Vendrell (Illustr.) und Inger Hermann (Patmos Düsseldorf) geht es um den Tod und den Verlust eines geliebten Menschen, den ein Kind erleiden muss. Auf dem Weg in die Ferien am Meer verunglückt die Familie mit dem Auto. Im Krankenhaus wird es offenkundig. Der Vater ist tot. In behutsamen und einfühlsamen Bildern wird die Geschichte erzählt. Trauer und Angst, Nähe und Ferne werden eindrucksvoll vermittelt. Die Bildergeschichte

Vendrell/Hermann: *Du wirst immer bei mir sein*

gibt gute Möglichkeiten, mit Kindern über einen so elementaren Verlust nachzudenken. Es ist dabei durchaus auch Trost spendend.

d'Allance:
Papa hat zu tun

In *Papa hat zu tun* von Mireille d'Allance (Moritz Frankfurt/M.) geht es um eine Vater-Kind-Beziehung, die davon geprägt ist, dass der Vater beruflich sehr stark belastet ist und oft erst spät nach Hause kommt. Dieses ist nicht leicht für den kleinen Emil, der die Nähe seines Vaters braucht. Die Konfliktlage wird dann aber vorbildlich gelöst. Die Bildergeschichte ist sehr behutsam erzählt, die leicht verwischten Bilder in zarten Farben – in Pastellkreidetechnik – entsprechen optimal dem Geschehen. Die Geschichte lädt Eltern und Kinder beim gemeinsamen Betrachten ganz zwanglos zu Gesprächen über gegenseitige Zumutbarkeiten und Unzumutbarkeiten ein, kann insofern durchaus entlastend und klärend wirken.

Schaefer:
In einem Land

In *In einem Land* von Renate Schaefer (Pro Juventute Zürich) geht es um Fremdenfeindlichkeit, Integration und Toleranz. Die Bildergeschichte ist eine Parabel von vielen einfarbigen Ländern, aus denen eine farbig schöne Welt wird. Die Geschichte besticht durch die klare bildnerische Umsetzung und den einfachen Schluss. Dieses Buch eignet sich ganz hervoragend für den Einsatz im Kindergarten.

Weninger/Ginsbach:
Lauf, kleiner Spatz!

In *Lauf, kleiner Spatz!* von Brigitte Weninger und Julia Ginsbach (Pro Juventute Zürich) geht es um das Themenfeld *gesund – krank – behindert*. Kurzum um das Lernen, mit einem Handikap zu leben. Spatz, die Hauptfigur, und sein Freund Maus sind fröhlich und sorglos, freuen sich des Lebens. Doch eines Tages fällt Spatz in ein schwarzes Loch, und er verletzt sich dabei so sehr, dass er nicht mehr fliegen kann. Er ist zunächst sehr verzweifelt, doch merkt er bald, dass mit zwei guten Freunden, Maus und Rabe, und einer großen Portion Lebensfreude noch sehr viel möglich ist. Ein wunderbares Bilderbuch zu einem komplexen Thema, das durch die klare Erzählweise und gut konturierte Illustration besticht. Für die vertiefende Bearbeitung ist ein Begleitheft mit vielen Anregungen beigefügt.

Madonna/Long:
Mister Peabodys Äpfel

Mister Peabodys Äpfel von Loren Long (Illustr.) und Madonna (Hanser München) ist eine etwas skurril anmutende Bildergeschichte über Gerüchte, wie leicht sie entstehen können und wie schnell sie sich verbreiten. Also eine Geschichte über die Macht der Worte, die vorsichtig und bedacht gewählt werden müssen, um nicht andere Menschen leichtfertig zu verletzen. Die Bildergeschichte eignet sich hervorragend für den Einsatz im Kindergarten und in der Grundschule.

Otten:
Echte Kerle

In *Echte Kerle* von Manuela Otten (Bajazzo Zürich) wird eine wunderschöne Geschlechtersatire für Kinder dargeboten. Die beiden „Helden", kleine Mini-Machos, lassen sich in einem lustigen Rollenspiel treiben, in dem vermeindliche Schwächen der Mädchen ins Visier genommen werden. Doch bei den Stichworten „Angst" und „Gespenster" liegen plötzlich zwei verzagte Helden unter der Decke, Stofftiere im Arm, die Schwester in der Mitte. Voller Humor wird in dieser Geschichte

abseits vom Machoklischee spielerisch ein differenziertes Rollenverständnis vorbereitet. Sie ist vielfältig im Kindergarten einsetzbar.

Anders ist auch schön von Barbara Jung und Klaus Hübner (Carlsen   Jung/Hübner:
Hamburg) ist die Geschichte vom gelangweilten, kleinen König und sei-   *Anders ist auch schön*
ner Tagesjobtauschlotterie.
Der kleine König besaß alles, was ein König braucht. Trotzdem lang-
weilte er sich fürchterlich. Da kommt er schließlich auf die Idee, eine
Lotterie zu veranstalten und jeder seiner Untertanen darf einen Tag den
Job ausüben, den er per Los gezogen hat. Es ist eine wunderbar märchenhafte Geschichte, die mit feinem Humor auf ideenreiche Weise
unterhält. Die Bilder sind frisch und fröhlich und verstärken die Schau-
und Leselust.

Der Zapperdockel und der Wok von Georg Bydlinski und Jens Rassmus   Bydlinski/Rassmus:
(Dachs Wien) ist eine streitbare Trostgeschichte mit wunderschönen   *Der Zapperdockel*
Bildern von zwei Phantasiefiguren. Der Zapperdockel ist klein, unsicher   *und der Wok*
und sensibel. Der Wok ist groß, stark und ein Grobian. Beide Charaktere
treffen aufeinander und nach einigen Missverständnissen werden sie
Freunde. Die stark gegensätzliche Charakterzeichnung verdeutlicht,
dass im vermeidlich Schwachen auch Stärken verborgen sind, in dem
vermeidlichen Grobian auch ein weicher, mitfühlender Kern stecken
kann. Das Bilderbuch eignet sich vorzüglich für den Einsatz im Kindergarten.

Die Vermittlung des Bilderbuches

Ob ein Bilderbuch von einer Gruppe nur oberflächlich betrachtet wird   Der Erzieher ist
oder ob der Inhalt von den Kindern entdeckt und erschlossen wird, ist   Mittler und Deuter
bedingt durch das didaktisch-methodisch begründete Vorgehen des
Erziehers.

Die Wirksamkeit eines Bilderbuchinhaltes hängt auch von der Einstellung des Erziehers, die er zu einem Bilderbuch gewonnen hat, ab. „Er
selbst muss Freude an der Sache haben, muss einen Zugang zu dem
Buch gefunden haben, das er weiter vermitteln will. Er muss dem Kind
Erzähler, Zuhörer, Deuter und Beantworter, vor allem aber Gesprächspartner sein."[4]

Eine **Bilderbuchbetrachtung** kann auf verschiedene Weise durchge-   Sitzordnung
führt werden. Günstig ist es, wenn der Erzieher die Kinder in einem
Halbkreis zusammensetzt. Er sitzt vor ihnen und hält das Buch den Kindern zugewandt in den Händen. In dieser Sitzordnung kann der Erzieher Bild für Bild mit den Kindern betrachten und besprechen. Ein Kind
kann so leicht zwischendurch einmal aufstehen, um auf einem Bild
etwas zu zeigen oder zu einem Bild etwas zu erzählen. Wichtig ist, dass
alle Kinder von ihrem Sitzplatz aus die Bilder gleich gut sehen können.

Folgende **Vorgehensweisen für die Vermittlung des Bilderbuches**   Vorgehensweisen
stehen zur Auswahl:

I. a) Der Erzieher zeigt das Bild.
   b) Die Kinder äußern sich dazu.
   c) Der Erzieher liest den Text vor.

II. a) Der Erzieher zeigt das Bild.
    b) Der Erzieher gibt den Inhalt des Begleittextes mit eigenen Worten wieder.
    c) Die Kinder äußern sich dazu.

III. Der Erzieher sitzt mit den Kindern zusammen im Halbkreis, das Bilderbuch wird gut sichtbar (auf einem Tisch oder Stuhl) aufgestellt.
     a) Jeweils ein anderes Kind blättert die Seiten um.
     b) Die Kinder äußern sich zum Bild.
     c) Der Erzieher liest den Begleittext vor. Die Kinder vergleichen, was sie selbst herausgefunden haben und was der Text ihnen mitteilt.

IV. Mit Hilfe eines Bildmediums (Diaprojektor oder Beamer) werden die einzelnen Bilderbuchbilder, die zuvor auf das jeweilige Bildmedium übertragen wurden, auf eine Leinwand projiziert. Die Kinder sitzen in Stuhlreihen in Richtung zur Leinwand.
    a) Das Bilderbuchbild wird an die Leinwand projiziert.
    b) Der Erzieher liest oder erzählt den Begleittext.
    c) Die Kinder äußern sich zum Bild.

V. Da zahlreiche Bilderbücher zusammen mit Tonkassetten bzw. CD's angeboten werden, ist auch diese Möglichkeit mitzubedenken.
   a) Der Erzieher zeigt passend zur laufenden Tonkassette die Bildseiten des Buches (eventuell auch mit Hilfe des Epidiaskopes).
   b) Die Kinder äußern sich nach dem vollständigen Anhören und Sehen über ihre Eindrücke und stellen eventuell aufgetretene Fragen dem Erzieher.

Welche Vorgehensweise jeweils die wirksamste ist, muss vom Erzieher entschieden werden. Gruppengröße, Alter, Konzentrationsfähigkeit, besondere Verhaltensweisen der Kinder und die Zielsetzung des Erziehers sind Faktoren, nach denen die eine oder andere Vorgehensweise gewählt werden sollte.

Der Erzieher gibt Impulse und Denkanstöße

Beim Betrachten der einzelnen Bilder eines Bilderbuches ist es wesentlich, dass der Erzieher den Kindern Zeit lässt. Sie sollen sich wundern und freuen können. Um die Bilderbuchbetrachtung nicht oberflächlich verlaufen zu lassen, darf der Erzieher nicht bei spontanen Äußerungen der Kinder stehen bleiben. Er sollte **Impulse vermitteln, Fragen stellen, Hinweise und Denkanstöße geben**, um dadurch dafür zu sorgen, dass die Kinder tiefer in den Bildinhalt eindringen. Die Kinder entdecken aber auch durch gegenseitige Anregungen immer wieder selbst neue Einzelheiten auf dem Bild. Darüber hinaus sollte der Erzieher auch dafür sorgen, dass der Bildinhalt richtig verstanden wird. Bei Fehldeutungen hat er die Aufgabe, das Falsche zurechtzurücken, es entweder selbst zu erklären oder den Begleittext vorzulesen.

Es kann sinnvoll sein, bei einer Bilderbuchbetrachtung **Pausen** zu machen, um das Aufnahmevermögen der Kinder nicht zu überfordern und den kindlichen Bewegungsdrang miteinzubeziehen. Folgende Möglichkeiten wären denkbar: Lieder, die auf die Bildsituation bezogen sind, können gemeinsam gesungen werden, Reime und Rufe zwischendurch gesprochen werden. Kinder ahmen nach jedem Bild Handlungen und Bewegungen der Gestalten nach. Weiterhin kann auch ein Handlungsablauf nachgespielt, nachgemalt oder mit Knete nachgestaltet werden, um die durch das Bilderbuch geweckten Vorstellungen zu vertiefen.

Bewegungsdrang und Aufnahmevermögen der Kinder müssen berücksichtigt werden

Dass sich in diesem Zusammenhang Möglichkeiten eröffnen, das Bilderbuch nicht nur passiv als Konsument aufzunehmen, sollte grundsätzlich mitbedacht werden.

Bilderbuchbetrachtungen müssen nicht immer mit dem Erzieher zusammen durchgeführt werden. In kleinen Tischgruppen können sich Kinder auch allein mit einem Bilderbuch beschäftigen. Der Erzieher hat hierbei die Möglichkeit, die Kinder zu beobachten, wie sie sich untereinander über das Geschehen im Bilderbuch unterhalten und auf einzelne Bilder reagieren. Allerdings ist der Nachteil dieser Betrachtungsform, dass der Erzieher nicht viel Hilfestellung geben kann. Es ist für ihn schwieriger zu übersehen, inwieweit die Bilder richtig von den Kindern gedeutet werden.

Bilderbuchbetrachtungen ohne den Erzieher

Günstig ist auch die Einrichtung einer **Bilderbuchecke**, die möglichst gemütlich gestaltet und etwas abgeschirmt vom sonstigen Gruppengeschehen gelegen sein sollte, um den Kindern eine ungestörte Beschäftigung mit den Bilderbüchern zu ermöglichen. Durch ein pädagogisch durchdachtes Angebot an einer überschaubar gehaltenen Bilderbuchauswahl ist eine indirekte Vermittlung gegeben, die die direkte Vermittlung in positiver Weise zu ergänzen vermag.

Zur Auswahl der Bilderbücher für eine Bilderbuchbetrachtung

1. Für Bilderbuchbetrachtungen ist die Größe der Bildseiten wichtig. Denn das Bilderbuch darf nicht zu klein sein, damit alle Kinder die Bilder gut erkennen können.

2. Die Bilder sollten überschaubar gegliedert, die Umrisse klar sichtbar sein. Nicht unbedingte Wirklichkeitstreue ist wichtig. Bilderbücher, die zu große Verzerrungen der Formen aufweisen, sollten nicht ausgewählt werden. „Überschneidungen und perspektivische Darstellungen werden erst allmählich erfasst."[5] Die Formdarstellung gibt zumeist den Ausschlag, ob Kinder ein Bild mit „richtig" oder „falsch" beurteilen.

3. Eine große Anziehungskraft üben Farben auf Kinder aus. So bestimmt die farbliche Gestaltung nicht unwesentlich den Aufforderungscharakter der Bilderbuchbilder. Die Funktion der Farbe liegt im emotionalen Bereich. Die Farben tragen dazu bei, ob und wie ein Bild Stimmung und Atmosphäre wiedergibt. Damit hat die Farbgestaltung großen Einfluss darauf, ob die Kinder ein Bilderbuch als „schön" oder „nicht schön" empfinden.

4. Neben farbigen gibt es auch schwarz-weiß illustrierte Bilderbücher. Diese finden besonders dann das Interesse der Kinder, wenn sie kräftig abgesetzte Formen und Flächen aufweisen. Auch Federzeichnungen, die sorgfältig Form und Einzelheiten berücksichtigen, finden das Gefallen der Kinder.

5. Bei den meisten Bilderbüchern fehlt die Angabe des Lesealters, so dass der Erzieher selbst entscheiden muss, ob die jeweils ausgewählte Bildergeschichte dem Auffassungsvermögen der Kinder angemessen ist. Die vom Arbeitskreis für Jugendliteratur herausgegebene Broschüre „Das Bilderbuch" kann dabei eine wichtige Hilfe sein.

6. Das Bilderbuch sollte nach Möglichkeit Sprachanreizsituationen schaffen, um die sprachlichen und kognitiven Fähigkeiten der Kinder zu fördern. Dies kann durch handlungsreiche Bilder, die Darstellung von Konflikt- und Problemsituationen, offene Fragen und durch eine angemessene Beachtung des Erfahrungsbereiches der Kinder erreicht werden.

7. Der Begleittext im Bilderbuch sollte dem kindlichen Sprachvermögen entsprechen. Der Text muss in eindeutiger Beziehung zum Bild stehen.

8. Bilderbücher sollten den Kindern bei der Selbst- und Weltfindung helfen. Phantastische Bildergeschichten können diesem Ziel ebenso wie die wirklichsnahen dienen. Wesentlich ist, ob sie zum Mitdenken animieren, das Einbringen eigener Lebenserfahrungen in die fiktive Welt der Bildergeschichte ermöglichen, ggfs. die Projektion eigener Wünsche, Bedürfnisse und Gefühle zulassen.

9. Bilderbücher sollten danach untersucht werden, ob in ihnen hergebrachte Rollenfixierungen konserviert werden und ob autoritäre oder demokratische Verhaltensmuster dargeboten werden.

10. Bilderbücher sollten den Kindern eine Hilfe sein, ihre Probleme und Konflikte angstfrei zu verarbeiten. Ferner sollten sie den Kindern helfen, autonomes Handeln (Mut und Selbstbewusstsein) und Kritikfähigkeit zu erlernen.

Alle genannten Auswahlkriterien werden nicht immer von einem Bilderbuch erfüllt werden können, doch mögen sie dem Erzieher helfen, kritisch Bilderbücher auszuwählen, um sie entsprechend in die praktische Erziehungsarbeit einzubeziehen.

Zusammenfassung

■ Bilderbücher sind insbesondere für Kinder zwischen 2 und 8 Jahren gedacht.

■ Bilderbücher können umwelterklärende und umweltverstehende Hilfen sein.

■ Bilderbücher können die Sprachtüchtigkeit und Denkleistungen der Kinder fördern und trainieren.

■ Bilderbücher ermöglichen literarische Ersterfahrungen und erleichtern den Kindern den Zugang zu anderen Gattungen der Kinder- und Jugendliteratur.

■ Bilderbücher können die Kombinations- und Assoziationsfähigkeit entwickeln helfen.

■ Geschmackvolle und qualitativ wertvolle Bilderbücher entwickeln das Formgefühl, das Formverstehen und den guten Geschmack, fördern die Entwicklung der kindlichen Kreativität.

■ Da Bilderbücher Mittel der Erziehung sind, sollten sie den Kindern bei der Selbst- und Weltfindung helfen. Sie sollten neben ihrer Unterhaltungsfunktion auch Hilfe und Anregung bei der Realitäts- und Zukunftsbewältigung der Kinder bieten.

■ Bilderbücher, die zu ausgewählten Lebensfragen wie Angst, Einsamkeit, Krankheit und Tod oder auch zu gesellschaftskritischen Fragen wie Landschafts- und Umweltschutz, Verstehens- und Verarbeitungshilfen anbieten, sollten den inhaltlich belanglosen Bilderbüchern vorgezogen werden.

■ Vor dem Einsatz eines Bilderbuches sollte der Erzieher genau überlegen, welche Lernziele er mit dem ausgewählten Bilderbuch erreichen will.

Diskussionsvorschläge

1. Überlegen Sie, inwieweit sich Kinderbuchschriftsteller und Kinderbuchillustratoren als Erzieher verstehen sollten.
2. Welche Themen, Konflikte und Probleme sollten in Bilderbüchern vorrangig dargestellt werden?
3. Wie kann der Erzieher ein Wissen über die Bedeutung des Bilderbuches (des künstlerisch konzipierten Bilderbuches) an Eltern weitergeben?
4. Diskutieren Sie, inwiefern überhaupt und welche Bildergeschichten (Beispiele) den Spracherwerb bei Kindern fördern und trainieren können.
5. Überlegen Sie, welche Faktoren im Einzelnen die Auswahl einer der fünf vorgestellten Vorgehensweisen bei einer Bilderbuchbetrachtung bestimmen.
6. Vergleichen Sie die Vorgehensweisen mit Ihren eigenen Erfahrungen, die Sie während Ihrer bisherigen Praktika gemacht haben. Welche Vorgehensweisen wären außer den vorgestellten noch denkbar und zu entwickeln?
7. Wie kann über Bildergeschichten und Bilderbücher hinaus eine weitere Auseinandersetzung mit dem Bildlichen, mit visuellen Ausdrucksformen, fortgeführt werden?

Denkbar wäre z. B. der Besuch von Kunstausstellungen und Museen. Überlegen Sie weitere Möglichkeiten.

Anregungen für die weitere unterrichtliche Bearbeitung

Um die vorgenannten Auswahlkriterien (siehe: Zur Auswahl der Bilderbücher ...) zu erproben, ist die Analyse verschiedener Bilderbücher sinnvoll. Hierzu bieten sich folgende Titel besonders an:

Swimmy und *Frederick* von Leo Lionni, *Wo die wilden Kerle wohnen* von Maurice Sendak, *Freunde* von Helme Heine, *Du wirst immer bei mir sein* von C. Sole Vendrell, *Papa hat zu tun* von M. d'Allancé, *In einem Land* von Renate Schaefer und *Lauf, kleiner Spatz!* von B. Weninger und Julia Ginsbach.

Mister Peabodys Äpfel von Madonna und Loren Long. *Echte Kerle* von Manuela Otten. *Anders ist auch schön* von Barbara Jung und Klaus Hübner. *Der Zapperdockel und der Wok* von Georg Bydlinski und Jens Rassmus.

Weitere Titel sind dem Abschnitt „Typen und Themengruppen" zu entnehmen. Bei der Analyse einzelner Titel bzw. Bilderbücher lassen sich dann die Auswahlkriterien anwenden, erproben und möglicherweise modifizieren.

Nach ausgiebiger Bearbeitung und Analyse einzelner Bilderbücher wäre es denkbar, dass die Studierenden selbst (in Gruppen) ein Bilderbuch nach den zuvor gewonnenen Erkenntnissen herstellen. Die Erstellung eines Textes und der Bilder ermöglicht eine sinnvolle Umsetzung von Theorie in praktisch-schöpferische Tätigkeit.

Anmerkungen

1 Thiele, J./Bürger Ellermann, H. (Hrsg.): Bilderbücher entdecken. Isensee 1985, S. 144.
2 Binder, L.: Verstärkte Lichtreize, in: lieber lesen. Hrsg. v. H. Gärtner. 7. Almanach der Kinder- und Jugendliteratur. Neuer Finken Verlag Oberursel 1990, S. 115.
3 Maier, K. E.: Jugendliteratur. Klinkhardt Bad Heilbrunn 1993, S. 53.
4 Dreker, F.: Das Bilderbuch in der Gruppe, in: Kindergarten heute. Heft 4/1976. Freiburg 1976.
5 Thiel, M.: Das Bilderbuch, in: Das Buch in der Schule. Hrsg. v. M. Dahrendorf und W. v. Schack. Hannover 1975, S. 65.

Weiterführende Literatur

Arbeitskreis für Jugendliteratur e. V.: Das Bilderbuch. Ein Empfehlungskatalog. 12. überarbeitete Auflage. München 2003.

Baumgärtner, A. C.: Aspekte der gemalten Welt. 12 Kapitel über das Bilderbuch von heute. Weinheim/Basel 1968.

Baumgärtner, A. C. und Schmidt, M. (Hrsg.): Text und Illustration im Kinder- und Jugendbuch. Würzburg 1991.

Dietschi Keller, U.: Bilderbücher für Vorschulkinder. Bedeutung und Auswahl. Zürich 1995.

Doderer, K. (Hrsg.): Bilderbuch und Fibel. Weinheim und Basel 1972.

Doderer, K. und Müller, H. (Hrsg.): Das Bilderbuch. Weinheim und Basel 1975.

Franz, K./Lange, G. (Hrsg.): Bilderwelten. Vom Bildzeichen zur CD-Rom. Hohengehren 2000.

Hürlimann, B.: Die Welt im Bilderbuch. Zürich/Freiburg 1965.

Kretschmer, Chr.: Bilderbücher in der Grundschule. Berlin 2003.

Maier, K. E.: Das Bilderbuch. In: Jugendliteratur. 10. überarbeitete und erweiterte Auflage. Bad Heilbrunn 1993.

Richter, K./Hurrelmann, B. (Hrsg.): Kinderliteratur im Unterricht. Weinheim 1998.

Schmitz, U.: Das Bilderbuch in der Erziehung. Ein Ratgeber für Erzieher/innen. Donauwörth 1997.

Thiele, J. (Hrsg.): Neue Erzählformen im Bilderbuch, Oldenburg 1991.

Thiele, J./Bürger Ellermann, H. (Hrsg.): Bilderbücher entdecken. Isensee 1985.

Thiele, J. (Hrsg.): Das Bilderbuch. Ästhetik – Theorie – Analyse – Didaktik – Rezeption. Oldenburg 2000.

Thiele, J. (Hrsg.): Das Bilderbuch. In: Taschenbuch der Kinder- und Jugendliteratur (Bd. 1). Hrsg. von G. Lange. Hohengehren 2000.

Thiele, J.: Das Bilderbuch. In: Handbuch Kinderliteratur. Hrsg. von J. Thiele und J. Steiz-Kallenbach. Freiburg 2003

Wieler, P.: Vorlesen in der Familie. Fallstudien zur literarisch-kulturellen Sozialisation von Vierjährigen. Weinheim/München 1997.

Kinderlyrik

Zum Begriff Kinderlyrik 50

Zur Entstehung der Kinderlyrik 51

Themenfeld der Kinderlyrik 56

Psychologische und soziologische Aspekte der
    Kinderlyrik 61

Zur Didaktik der Kinderlyrik 64

Sammlungen/Anthologien 65

Zusammenfassung 67

Diskussionsvorschläge 68

Anmerkungen 70

Weiterführende Literatur 71

Anna widiwanna
widiwumbas kadanna
widiwumbas kadrops
die Anna is a Mops

Ein Pudel
Spricht zur Nudel:
....

Loch in Erde
Bronze rin
Glocke fertig
bim bim bim

Gedichte
kann man lesen
von morgens bis

Kinderlyrik

Ziel und Bedeutung

Kinderreime und Kinderlieder bieten einen ständigen Anreiz für gemeinsames Sprechen, Singen und Spielen. Weiterhin werden in ihnen Informationen über die Welt auf verständliche Weise weitergegeben, die nicht nur passiv von den Kindern aufgenommen, sondern auch aktiv und produktiv umgestaltet werden dürfen.

Bei den Kindergedichten fällt das Gemeinschaftserlebnis weitgehend weg. Sie können als Vorlese- und Aufsagematerialien Anregungen und Denkanstöße auf besonders einprägsame Weise vermitteln.

Die Studierenden sollen den historischen Werdegang und die Charakteristika dieser Gattung kennen lernen. Sie sollen die erzieherische Bedeutung von Reimen, Liedern und Gedichten erkennen und die Fähigkeit erwerben, diese in der Praxis einzusetzen.

Zum Begriff Kinderlyrik

Begriffsbestimmung

Mit dem Begriff „Kinderlyrik" werden die Begriffe „Kinderlieder" und „Kinderreime" zusammengefasst, da Lied, Lyrik und Reim eng miteinander verwandt sind.[1]

Bei der Entstehung der Kinderlyrik fehlt die für andere Gattungen der Kinderliteratur charakterisierende einheitliche Intention, dass nämlich der Erwachsene als Produzent auftritt und das Kind als Empfänger bzw. Verbraucher. Innerhalb der Kinderlyrik treten neben den Erwachsenen auch Kinder als Produzenten auf, zudem gibt es Texte, die ursprünglich für Erwachsene bestimmt waren. „Außerdem dienen Kinderreime, die teils gesprochen, teils gesungen, meistens jedoch in leierndem Singsang vorgetragen werden, unterschiedlichem Gebrauch. Sie beschreiben die Welt, sie erscheinen zur Unterhaltung und Belehrung, als erklärende Texte zu Bildern, als Schnellsprechreime, als Schlafliedchen, Kniereiterverse, Auszählreime, begleiten die verschiedensten kindlichen Tanz- und Reihenspiele oder sind nichts anderes als Ausdruck des immer neuen Vergnügens der Kinder – manchmal auch der Erwachsenen – an Kunststückchen, die sich mit Hilfe der Sprache hervorzaubern lassen."[2]

So versammeln sich die verschiedenartigsten Gebilde unter dem Begriff Kinderlyrik. Eine Abgrenzung dieser Gattung wird insbesondere durch die verzweigte und manchmal auch verschwommene Entstehungsgeschichte der Kinderlyrik erschwert. Im Folgenden werden die einzelnen Stränge der Entstehung zurückverfolgt und in ihren wesentlichen Zügen aufgezeigt, um eine begriffliche Abklärung zu erreichen.

An der Darstellung des historischen Werdeganges der Kinderlyrik lassen sich dann die Charakteristika dieser Gattung aufzeigen.

Zur Entstehung der Kinderlyrik

„Grundlegend für die Klärung der Herkunft und der Entstehungsgeschichte der Kinderlyrik ist die Scheidung in zwei große Kategorien, in
die des ‚Kinderkunstliedes' und die des ‚Kindervolksliedes'."[3] Der
Unterschied dieser beiden Kategorien zeigt sich in Form, Aufbau und
Inhalt der einzelnen Texte. An einem einfachen Beispiel lässt sich dieses gut verdeutlichen:

Unterscheidung von „Kinderkunstlied" und „Kindervolkslied"

Beispiel: Kinderkunstlied

Häslein in der Grube
saß und schlief:
armes Häslein, bist du krank,
dass du nicht mehr hüpfen kannst?
Häslein, hüpf!

Beispiel: Kindervolkslied

Rote Kirschen ess ich gern,
schwarze noch viel lieber.
In die Schule geh ich gern,
alle Tage wieder.
Hier wird Platz gemacht
für die jungen Damen.
Saß ein Kuckuck auf dem Dach,
hat der Regen nass gemacht.
Kommt der liebe Sonnenschein,
diese Liese soll es sein.

Das *Häslein in der Grube* weist einen logisch aufgebauten Inhalt auf
und lässt sich dadurch der Kategorie **Kinderkunstlied** zuordnen. Das
Beispiel *Rote Kirschen ess ich gern* dagegen springt von einem Motiv
zum anderen und lässt sich dadurch als Vertreter der **Kindervolkslyrik**
anführen. Dort, wo bewusst von Erwachsenen ein Lied oder Reim für
Kinder verfasst worden ist, kann man vom Kinderkunstlied sprechen.
Allerdings ist dieses nur eine Komponente der Kinderlyrik, eine endgültige Trennung zwischen Kinderkunstlied und Kindervolkslied ist damit
nicht immer vollzogen. „Gelingt es dem Verfasser, mit der Wahl des
Themas die Kinder zu faszinieren, täuscht er keine verstellte Wirklichkeit vor, lügt er – wenn er es schon tut – gleich so faustdick, dass ein
lustiges Lügenmärlein daherwächst, schreibt er einen gängigen,
unkomplizierten Stil und lässt er, statt den moralischen Zeigefinger zu
heben, den eigenen Spaß an seinem Fabrikat spüren, dann sind Vorbedingungen dafür gegeben, dass das Gedicht in den Bereich der Kindervolkslieder hineinschlüpft und dort verbleibt."[4] Das *Häslein in der
Grube* und das allbekannte *Schlaf, Kindlein, schlaf* gehören zu diesen

gelungenen Kinderkunstliedern. Erfreulicherweise sind gerade in den letzten Jahren viele Kindergedichte geschrieben worden, die ziemlich genau den kindlichen Ton und die kindliche Welt erfassen.

Die Maßstäbe für die Kinderlyrik werden durch das Kindervolkslied vorgegeben. Im Folgenden wird die Entstehungsgeschichte des Kindervolksliedes skizziert. Im Vergleich zum Kinderkunstlied ist die Entstehung des Kindervolksliedes weitaus schwieriger zurückzuverfolgen. Ruth Lorbe[5] hat den Versuch unternommen, den Entstehungsprozess des Kindervolksliedes schematisch darzustellen, um diesen bildhaft zu verdeutlichen. Diese Darstellung wird hier übernommen, darf aber nicht als unabänderlich fixierte Ordnung verstanden werden.

Entstehungsprozess des Kindervolksliedes

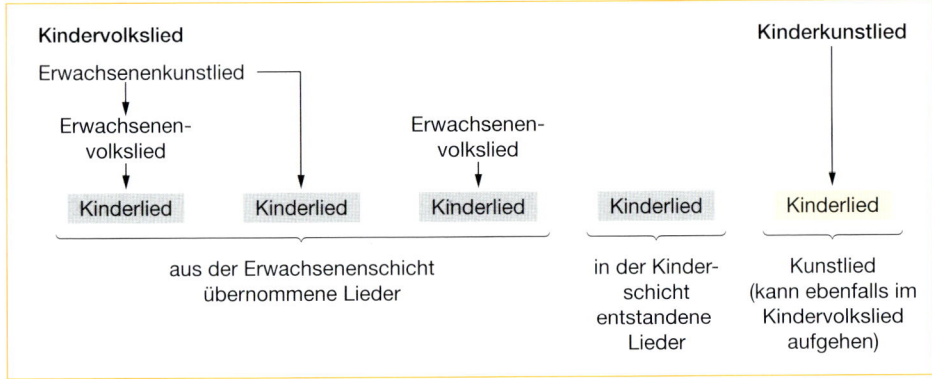

Vom Erwachsenenkunstlied zum Kinderlied

Wie der Darstellung zu entnehmen ist, lassen sich viele Kinderlieder von ihrem Ursprung her auf das **Erwachsenenkunstlied** zurückführen, an dessen Anfang ein Erwachsener stand, der Lieder für ein Erwachsenenpublikum verfasste. Es erfolgte zunächst im Laufe vieler Jahre (insbesondere durch die mündliche Überlieferung) der Übergang zum **Erwachsenenvolkslied** und dann in der zweiten Stufe der Übergangsprozess vom Erwachsenenvolkslied zum **Kinderlied**. „Verstümmelte Motive und merkwürdige Sinnfetzen blieben zurück, verbunden nicht durch logischen Sinnzusammenhang, der für das kindliche Verständnis überflüssig ist, sondern durch Rhythmus, Reim, Klang- und Sinnassoziation."[6] So ist ein großer Anteil der Kinderlyrik durch den zweifachen Umformungsprozess vom Erwachsenenkunstlied über das Erwachsenenvolkslied zum Kinderlied herausgeformt worden.

Ein weiterer Anteil ist direkt – ohne Umweg über das Erwachsenen-volkslied – aus **Erwachsenenkunstliedern** hervorgegangen. Als Bei-spiele hierzu sind Schlagertexte zu nennen, die in einzelnen Motiven oder als Ganzes von den Kindern absorbiert wurden. Der Übergangs-prozess spielt sich ganz ähnlich ab, wie beim Übergang vom Erwach-senenvolkslied, doch lassen sich in diesen Kinderliedern „unkindliche typische Erwachsenenmotive noch viel deutlicher erkennen als bei den vorher beschriebenen Kinderliedern. Der Verkindlichungsprozess konnte noch nicht lange genug wirken, um die Spuren der Erwachse-nendichtung zu verwischen".[7] Zu dieser Gruppe gehören auch Texte, in denen Kinder Kirchenlieder, Operntexte und Gedichte deutscher Klassiker parodieren. Texte, die parodierend einen klassischen Text aufs Korn nehmen, sind nun nicht verstümmelte Überbleibsel der Erwachsenendichtung, „sondern ist absichtliche, sehr oft kritische Um- bzw. Weiterdichtung durch die Kinder":[8]

Beispiele

Drei Veilchen, drei Veilchen
die pflanzt ich auf mein Grab,
da kam ein Vegetarier
und fraß sie ab.[9]

Es ist ein Ross entsprungen
Aus einem Pferdestall
Der Rossknecht wollte es halten
Und kam dabei zu Fall.[11]

Loch in Erde
Bronze rin
Glocke fertig
bim bim bim.[10]

Es waren zwei Königskinder
Die hatten einander so lieb
Sie konnten zusammen nicht kommen
Es war kein Fährbetrieb.[12]

Peter Rühmkorf hat in seinem Band *Über das Volksvermögen* eine umfassende Dokumentation dieser parodistischen Verse und Verul-kungen zusammengestellt.

Bisher wurde das Erwachsenenkunstlied als indirekte oder direkte Quelle des heutigen Kinderliedes bzw. heutiger Kinderlyrik aufgezeigt. Doch ist es nicht die einzige Quelle, auch innerhalb der Volkspoesie las-sen sich Zeilen und Strophen finden, die aus altem Brauchtum entstan-den sind und uralte Wurzeln haben. Beispiele dazu sind die **Segens- und Beschwörungsformeln** aus heidnischer Zeit. Diese Beschwö-rungsformeln richten sich „gegen Krankheit, gegen Unwetter, gegen Dämonen, für Wachstum und Fruchtbarkeit".[13]

Restbestände aus Segens-und Beschwörungs-formeln im Kinderlied

Beispiele

Heile, heile, Segen!   Heile, heile,
Sieben Tage Regen,   's Kätzchen am Seile.
sieben Tage Schnee: 's Hündchen am Strick:
Es tut nimmerweh!   Mein Bübchen ist noch ungeschickt.[14]

Es tanzt ein Bi-Ba-Butzemann   Liebe, liebe Katrein,
in unserm Haus herum, widibim,   lass die Sonnen schein,
er rüttelt sich, er schüttelt sich, lass den Regen vorübergehn,
er wirft sein Säcklein hinter sich. dass die Kinder könn' spielen gehn.[15]
Es tanzt ein Bi-Ba-Butzemann
in unserm Haus herum.

„Beschwörungsformeln erzählen keine Geschichte, sie sind allenfalls geheimnisvolle Sinnfragmente, angefüllt mit klangvollen Worten, Alliterationen, Assonanzen und Wiederholungen; und bei den Zeilen, die Bewegungen begleiten, herrscht vor allem das rhythmische Element vor."[16] Restbestände lassen sich in zahlreichen Reimen finden.

Von Kindern selbst verfasste Reime

Ein weiterer Entstehungsbereich ist der, den man als **eigenständige Kinderdichtung** bezeichnen kann. Es handelt sich dabei um Produkte, die von den Kindern selbst verfertigt wurden.

Beispiele

Anna widiwanna
widiwumbas kadanna
widiwumbas kadrops
die Anna is a Mops.

Acke backe bohne knacke
Elle belle bulle baff
Un du büst aff.

Vorstehende Beispiele sind sicher nicht von Erwachsenen verfasst worden. So sind viele Reime der kindlichen Phantasie entsprungen. Die Neckverschen und Wortkunststückchen, die kindlicher Initiative entstammen, „sind unkompliziert, getragen von einem gleichmäßigen, meist leiernden Rhythmus und drücken die Lust am Spiel mit Lauten und das Vergnügen am Komischen und Lächerlichen aus".[17] Nicht selten werden auch Erwachsenenmotive verwendet, die sich allerdings so in die kindliche Eigenart und Vorstellungswelt einfügen, dass sie der kindlichen Mentalität entsprechen.

Beispiel

John F. Kennedy
kauft sich einen Kaugummi
spuckt ihn wieder aus
und Du bist raus.

Das Erscheinungsbild der Kinderlyrik wird eigentlich erst aus der Kenntnis der verzweigten Entwicklungsgeschichte verständlich. Es wurde aufgezeigt, dass Kinderlyrik, die ursprünglich von Erwachsenen für Erwachsene bestimmt war, andere Motive aufweist, als Kinderlyrik, die von Erwachsenen für Kinder verfasst wurde. Weiterhin haben Texte, die von den Kindern selbst fabriziert wurden, einen anderen Charakter als die Werke der Erwachsenen.

Durch die mündliche Überlieferung und den damit verbundenen Zersingeprozess' haben sich wichtige Veränderungen der ehemaligen Erwachsenenlieder ergeben. Es haben sich durch diesen Umformungsprozess Eigenschaften entwickelt, die die von den Kindern selbst hergestellten Texte von vornehrein hatten. „Diese Eigenschaften sind vor allem das Ausstoßen aller lehrhaft moralisierenden oder streng verstandesmäßigen Tendenzen; das Umwandeln von Erwachsenenmotiven, der Verzicht auf Sinnzusammenhang innerhalb eines Textes, stattdessen immer wieder Sprunghaftigkeit; eine ausgesprochene Freude am Un-Sinn; das Vorherrschen von kurzen Zeilen, von Rhythmus, Reim, Wiederholungen und Assoziationen."[19] Diese Einzelheiten werden zusammengefasst durch die Tatsache, dass sie „die Welt des Kindes" widerspiegeln, insofern als Struktur, Sinnzusammenhang und Stil des Kinderliedes durch die kindliche Vorstellungswelt geprägt sind. Die Welt erscheint aber nicht als „heile Welt", sondern als natürliche Welt, in der alles passieren kann.

Nach Ruth Lorbe stellt das Kindervolkslied den eigentlichen Kern der Gattung dar, da es im Gegensatz zum Kinderkunstlied „gesellschaftspolitische und modische Umstürze absorbieren und überdauern kann",[20] währenddessen das Kinderkunstlied nur eine vorübergehende Rolle spielt. Es sei denn, das Kinderkunstlied fließt in den Bestand des anonymen Kindervolksliedes ein.

Allerdings hat sich das Kinderkunstlied in den letzten 25–30 Jahren erheblich gewandelt, so dass sich eine erhebliche Annäherung vollzogen hat. Spiegelte sich im Kinderkunstlied der siebziger Jahre das antiautoritär aufbegehrende Missvergnügen, so wandelte es sich in den achtziger und neunziger Jahren zu mehr Harmonie und versöhnlicher Heiterkeit sowie weniger aggressiver Kritik.

„Die Aura der Erwachsenenwelt", die im traditionellen Kinderkunstlied vorherrschte, ist so mehr und mehr einer natürlichen Kindlichkeit gewichen. „So direkt und unvoreingenommen wird da die Welt vorgeführt,

Kinderlyrik spiegelt die Welt des Kindes wider

Das Kindervolkslied ist Kern der Kinderlyrik

dass es in vielen Fällen schwierig ist, noch länger zwischen Kindervolkslied und Kinderkunstlied zu unterscheiden."[21]

Beispiele

Ki Ka Ko Kartoffelsack
morgen ist ein Feiertag.
Gibt es Kuchen,
musst du suchen.
                        (Janosch)[22]

Eichen, Buchen, Tannen,
und du musst fangen.
Eichen, Tannen, Buchen,
und du musst suchen.[23]

Bim bam bum
du bist dumm.
Bim bum bam
du bist dran.
                        (Janosch)[24]

Ene mene Miesmaus,
lief ums Rathaus,
schillewipp, schillewapp,
du bist ab.[25]

Alle vier Beispiele können als „echte Kinderlieder" bezeichnet werden,
in ihnen spiegelt sich deutlich die kindliche Vorstellungswelt wider.

Themenfeld der Kinderlyrik

Auf dem Umschlag des Kindergedichtbandes *Überall und neben dir*,
der fast 400 Gedichte von verschiedenen Autoren beinhaltet,
umschreibt der Herausgeber Hans-Joachim Gelberg das Themenfeld
zeitgenössischer Kinderkunstgedichte folgendermaßen: „Sie handeln
von der Natur, von Wind und Wetter, von Nähe und Ferne, von Reisen,
Rätseln und Geheimnissen. Von Geschwistern, von Vater und Mutter."
Weiter führt Gelberg aus: „Das Kindergedicht von heute unterliegt keinem Zwang. Es enthält Liebe und Zuwendung der Erwachsenen an die
Kinder ebenso wie den Kinderprotest und die Suche der Kinder nach
Zuwendung und Zärtlichkeit."[26]

Es werden aber auch Flugzeuge, Raumfahrt, Autos, Raketen, Bomber,
Bagger usw. im zeitgenössischen Kindergedicht thematisch eingear-
beitet, so dass das Spektrum der Inhalte und Themen breit ist. Trotzdem gilt für die Kinderkunstlyrik wie für die anonyme Kindervolkslyrik:

„Das Thema der Kinderlyrik ist die Welt. In Gedichten und Liedern begegnet das Kind der Welt. Dabei wird ganz deutlich, wie die Kinder selbst an ihrem Weltbild mitarbeiten; denn sie dulden nur das, was ihrer eigenen, noch unvoreingenommenen, vorurteilslosen Einstellung der Welt gegenüber entspricht, und das Kinderkunstgedicht erweist sich dann um so besser, wenn es diesem Beispiel folgt."[27] Die Welt erscheint dabei nicht als kindische Welt, es werden **reale Dinge und Vorgänge** vorgeführt, wobei Reim und Rhythmus wieder abrunden und harmonisieren.

Das Thema der Kinderlyrik ist die Welt

Beispiele

Das ist der Daumen,
der schüttelt die Pflaumen,
der liest sie auf,
der trägt sie heim,
und der kleine Wix isst sie ganz allein.

Backe, backe Kuchen,
Der Bäcker hat gerufen!
Wer will guten Kuchen backen,
Der muss haben sieben Sachen:
Eier und Schmalz,
Butter und Salz,
Milch und Mehl,
Safran macht den Kuchen gehl.
Schieb, schieb in Ofen 'nein.

Im Kindergedicht dürfen logische Bedenken wegfallen, das **Experimentieren mit der Sprache**, mit klanglichen und rhythmischen Möglichkeiten sind wesentliche Elemente, so dass der Inhalt eines Kindergedichts oft nur von der Wortähnlichkeit abgeleitet oder aber vom Klangrhythmus bestimmt wird. Daraus ergeben sich unzählige Möglichkeiten.

Logische Bedenken dürfen im Kindergedicht wegfallen

Beispiele

Auf einem Gummi-Gummi-Berg,
da wohnt ein Gummi-Gummi-Zwerg,
der Gummi-Gummi-Zwerg
hat eine Gummi-Gummi-Frau,
die Gummi-Gummi-Frau
hat ein Gummi-Gummi-Kind,
das Gummi-Gummi-Kind
hat ein Gummi-Gummi-Kleid,
das Gummi-Gummi-Kleid
hat ein Gummi-Gummi-Loch,
und du bist es doch![28]

Was denkt die Maus am Donnerstag,
am Donnerstag,
am Donnerstag?
Dasselbe wie an jedem Tag,
an jedem Tag,
an jedem Tag.
Was denkt die Maus an jedem Tag,
am Dienstag, Mittwoch, Donnerstag
und jeden Tag,
und jeden Tag?
hätt ich nur ein Wurstebrot
mit ganz viel Wurst
und wenig Brot! ...

(J. Guggenmos)[29]

Haben Katzen
auch Glatzen?
So gut wie nie!
Nur die fast unbekannte
so genannte Glatzenkatze,
die hat 'se.
Und wie!

(M. Ende)[30]

Es lebte einst ein Zauberer
Kori, Kora, Korinthe.
Der saß in einem Tintenfass
und zauberte mit Tinte ...

(J. Krüss)[31]

Themenbereich des Vulgär-Unmanierlichen, des Sexuellen und des Zotigen

Wenn Kinder unter sich sind, spielt der „Bereich des Vulgär-Unmanierliechen, des Sexuellen und des Zotigen"[32] eine nicht zu übersehende Rolle. Die Kinder nehmen kein Blatt vor den Mund, wenn sie mit Humor und derber, aber realistischer Phantasie am Werk sind, Texte dieser Machart zu fabrizieren.

Beispiele

Ene dene dorz,
De Deiwel lässt'n Forz
Lässt en in die Hose
Stinkt nach Aprikose
Lässt en widder raus
Und du bist draus.[33]

In Itzehoe
Da ist das so
Da haben die Mädchen
'n Glaspopo.[34]

Ene mene mopel
Wer frisst Popel
Süß und saftig
Einemarkundachtzig
Einemarkundzehn
Und du kannst gehn?[35]

Eine kleine Mickymaus
Zog sich ihre Hosen aus
Zog sie wieder an
Und du bist dran.[36]

Liebe und Heirat ist ein oft auftauchendes Thema der Kinderlyrik, allerdings kommt dieses Motiv häufiger in der Kindervolkslyrik als in der Kinderkunstdichtung vor.

Liebe und Heirat sind ein häufiges Motiv

Beispiele

Auf dem Kölner Bahnhof vor der Drogerie
da saß die kleine (N. N.),
gepudert wie noch nie.
Sie wartet auf den Abschiedskuss,
den sie von (N. N.) haben muss,
wie einst Lili-Marleen,
wie einst Lili-Marleen.[37]

Und hinter ihrem Hause,
Da stand ein goldner Busch,
Da gaben sich die beiden
Den ersten Heiratskuss ...[38]

Wen du brauchst
Einen zum Küssen und Augenzubinden,
einen zum Lustige-Streiche-erfinden.
Einen zum Regenbogen-suchen-gehn
und einen zum Fest-auf-dem-Boden-stehn.
Einen zum Brüllen, zum Leisesein einen,
einen zum Lachen und einen zum Weinen.
Auf jeden Fall einen, der dich mag,
heute und morgen und jeden Tag.
                          (R. Schwarz)[39]

Ausrufzeichen, Herz daneben,
dich vergess ich nie im Leben!
                          (F. Wittkamp)[40]

Anspielungen auf
politische Figuren
und Ereignisse

Politische Vorgänge und Figuren kommen in vielen Reimen vor.

Beispiele

Auf der schwäbschen Eisebahne
Kommt der Chruschtschow angefahre
Mit zwei Bomben unterm Arm
Achtung Achtung Kriegsalarm

Erhardtlein läuft immer schneller
Rast mit achtzig durch den Keller
Und der dicke Josef Strauß
Rutscht auf'ner Banane aus.[41]

Die gemütliche „schwäbische Eisebahne" entschärft die Gefahr der dargestellten Situation. Die Situationskomik im zweiten Teil des Reimes überwiegt eindeutig. Bewunderte oder gefürchtete politische Größen werden in diesen Kinderversen zu gewöhnlichen Menschen umgewandelt. Sie werden mit Schwächen ausgestattet und in Situationen beschrieben, die recht menschlich sind. Dadurch vollzieht sich eine gesunde Normalisierung, wobei Spott und Humor mit im Spiel sind.

Politische Figuren und Ereignisse erscheinen im Kindervolkslied zumeist zufällig, durch Situationskomik wird oftmals auch jeder weitere Sinn verdrängt. Im Kinderkunstlied dagegen werden politische Aspekte weitaus gezielter eingesetzt.

Beispiele

Da war der Lehrer Huber
Der war für den Krieg, für den Krieg.
Wenn er sprach vom Alten Fritzen
Sah man sein Auge blitzen
Aber nie beim Wilhelm Pieck.

Da kam die Waschfrau Schmitten
Die war gegen Dreck, gegen Dreck.
Sie nahm den Lehrer Huber
Und steckt' ihn in den Zuber
Und wusch ihn einfach weg.
(B. Brecht)[42]

Wer warf die erste Atombombe?
Wer warf die erste Atombombe?
Die Amerikaner
Und wer wirft die letzte?
Das interessiert mich nicht.
Was interessiert dich dann?
Wer keine wirft.
(I. Wendt)[43]

Ein wichtiges Thema der Kinderlyrik ist natürlich auch die nähere Umgebung des Kindes: die **Familie** und der **Spielbereich**. „Die einzelnen Reime verzeichnen harmlose, bedrohliche, unanständige, komische Situationen, und häufig integrieren Spiegelungen sozialer und politischer Vorgänge die in den Texten dargestellte Welt. Neben den starken Einflüssen durch Rhythmus, Reim und Sprunghaftigkeit bewirken dabei Phantasie, Humor und Freude am Spott, dass, obwohl die Themen zumeist dem Alltagsleben entnommen sind, in der Kinderlyrik eine Wirklichkeit entsteht, die die kunstvoll aufgebaute Erwachsenenwelt, in der ein Vogel keine sieben Jahre singen kann, zerschlägt und ihr eine Welt entgegensetzt, die einem anderen Realitätsprinzip entspringt. Am vollkommensten erweist sich diese Welt in den Reimen, in denen die Kinder sich auch einer eigenen Sprache bedienen, einer Sprache, die vorwiegend aus rhythmischen und klanglichen Elementen besteht und sich gelegentlich in die gewohnte Sprache einschiebt."[44]

Umgebung des Kindes: die Familie und der Spielbereich

Beispiele

Ele mele mink mank
Pink pank
Use buse ackadeia
Eia weia weg.[45]

Itzen ditzen
Silberschnitzen
Itzen ditzen daus
Und du bist draus![46]

Den Erwachsenen gelingen solche gelungenen „Rhythmus-Klang-Schöpfungen" selten, sie sind, wie folgendes Beispiel zeigt, stärker am Wortsinn orientiert:

Beispiele

Hokuspokus, Kokosnuss
Hexenzwirn und Löwenfuß
Eulenschwanz und Nudelmann -
der – ist – dran.

          (Janosch)[47]

Psychologische und soziologische Aspekte der Kinderlyrik

Wie aufgezeigt wurde, ist die anonyme Kindervolkslyrik entweder Ergebnis des kindlichen Umformungsprozesses oder aber eigenständiges Fabrikat der Kinder. So repräsentiert sie eine Kinderliteratur, die genau den kindlichen Bedürfnissen entspricht. Es lässt sich im eigentlichen Sinne eben auch erst dann von Kinderlyrik sprechen, wenn sich in einem Text – inhaltlich und formal – die **Vorstellungswelt des Kindes** deutlich abzeichnet. Zwar ist der Rhythmus tragender Faktor der Kinderlyrik, doch ist es zunächst der eigene Rhythmus, „der dem persönlichen Ich des Kindes innewohnt"[48], der das von außen Herangetragene umgestaltet, um es entsprechend dem kindlichen Auffassungs- und Vorstellungsvermögen anzupassen. So stellt sich die wichtigste

Die anonyme Kindervolkslyrik entspricht genau den Bedürfnissen der Kinder

Grundbedingung der Kinderlyrik als psychologischer Vorgang dar: „Die Außenwelt wird hereingezogen durch ein gleichzeitig umformendes Auffassungsvermögen. Damit ist der Prozess jedoch nicht beendet; denn nun setzt erst das Bedürfnis der Kinder ein, das Erworbene im Gefüge von rhythmischen Zungenübungen, oft in enger Verbindung mit rhythmischen Bewegungen, wieder an den Mann zu bringen."[49]

Erotische Motive lassen sich in vielen Reimen und Liedern finden

Bei diesem Prozess spielt auch das Alter der Kinder eine wichtige Rolle. Dieses lässt sich zum Beispiel am Liebesmotiv verdeutlichen. Die Vorgänge der Außenwelt werden innerhalb der Kinderwelt noch unreflektiert erlebt, doch sind Freude und Angst, der kindliche Wunsch, sich zu verstecken oder andere zu suchen, vorhanden.

Gewisse sexualpsychologische Erscheinungsformen sind somit angelegt und äußern sich besonders im Spiel der Kinder, „das sich ja in engstem Zusammenhang mit den Reimen abwickelt. Verstecken, Suchen, Fangen, alle diese Spiele sind kindliche Gestaltwerdungen eines von vornherein angelegten erotischen Triebes, der zwar noch nicht entfaltet ist, aber unterschwellig die Regeln der Kinderspiele und Kinderreime bestimmt".[50] Kinder bevorzugen Texte und Spiele, die in dieser Richtung ausgeprägt sind und fühlen sich dabei am glücklichsten. In vielen Liedern und Reimen existieren **erotische Motive**, die von den jüngeren Kindern noch nicht verstanden und damit auch nicht bewusst hervorgehoben werden. Ältere Kinder dagegen konzentrieren sich bewusster auf diese Motive, besonders eben auf das Liebesmotiv, das zumeist in Erwachsenenmanier weiterentwickelt wurde.

Kinderlyrik kann psychisch befreiend wirken

Eine **befreiende Funktion** haben die Reime, die in der Form von Spottversen und Parodien die Tabus der Erwachsenen attackieren, um sich gegen den Zwang und die Unterdrückung durch die Erwachsenen Luft zu machen.

Es werden damit sämtliche Autoritätspersonen, wie Lehrer, Eltern, Politiker, Film- und Fernsehhelden bis hin zu religiösen Figuren, lächerlich gemacht. Auch klassische Zitate und feierliche Ereignisse werden gezielt umgewandelt. Bei den jüngeren Kindern erfolgt dieser Vorgang eher unbewusst, während die älteren mit Spitzfindigkeit und Schadenfreude am Werk sind. Doch sind der Spott und die Schadenfreude und natürlich auch der Humor in seinem Vollzug durch die Kinder eine Art Befreiungsvorgang, der von ihnen selbst eingeleitet wird. Die Kinderkunstlyrik unserer Gegenwart hat in ihrem Schaffen diesen Vorgang einbezogen und andere Helden und Gestalten geschaffen.

In der gegenwärtigen Kinderkunstlyrik erscheinen die Kinder und Erwachsenen so, wie sie sind, mit all ihren menschlichen Schwächen, ihren Fragen, die individuelle und existenzielle Probleme aufgreifen.

Beispiele

Nach einem Streit
Weißt du,
wie das ist,
traurig zu sein,
sich ganz allein
zu fühlen?
Du gibst mir
nicht einmal einen Kuss,
sagst: „Schluss,
es ist Zeit, schlafen zu gehn!"
Ich liege da
mit all meiner Wut.
Mir geht es nicht gut!
(R. Schwarz)[51]

Naturlehre
Wenn die Sonne untergeht
für immer,
was dann,
fragen die Kinder.
Wir erleben das nicht,
sage ich
und verschweige, dass
Atomkraftwerke
die Dämmerung schon
eingeschaltet haben.
(J. Becke)[52]

Im überlieferten **Kindervolkslied** erscheinen nicht selten Figuren wie Kaiser, König, Edelmann usw., also Vertreter der alten feudalistischen Gesellschaftsordnung. Es spiegeln sich somit gesellschaftliche Strukturen derjenigen Gesellschaftsordnung wider, aus der das Kindervolkslied im Einzelnen hervorgegangen ist. Nun tauchen allerdings auch neue Aspekte und Figuren auf, die im Zuge gesellschaftlicher Verschiebungen und Veränderungen entstehen. Ein Zeichen dafür, dass diese gesellschaftlichen Veränderungen vom Kindervolkslied nicht unberücksichtigt bleiben, sondern registriert werden, indem zeittypische Erscheinungen und Gestalten einverleibt werden.

Widerspiegelung der Gesellschaftsordnung

So lässt sich konstatieren, dass im anonymen Kindervolkslied der jeweilige soziale Hintergrund deutliche Spuren hinterlässt. Er bezieht sich einerseits auf den gesellschaftlichen Rahmen im Großen, andererseits auf den individuellen des Kindes, also seiner Familie und Wohngegend. Die Kinder übernehmen zwar die sozialen Erscheinungen ihrer Umgebung in ihren Versen, doch liegt ihnen eine sozialkritische Absicht nicht zugrunde. Für die Kinder ist es vielmehr wichtig, dass sich Figuren wie König und Schneiderlein oder Millionär und Polizist im Reim einfügen.

Mit der **Kinderkunstlyrik** verhält es sich anders. Die frühere wie die heutige Kinderkunstlyrik will durchaus bewusst auf Ungerechtigkeiten und soziale Missstände hinweisen. Es werden meist Verbesserungsvorschläge gemacht, denen durchaus sozialpädagogische Absichten innewohnen. Allerdings moralisiert die heutige Kinderkunstlyrik nicht wie die frühere, sondern ermöglicht den Kindern, selbst zu urteilen. Folgendes Beispiel macht dieses gut deutlich:

Die Kinderkunstlyrik macht auf soziale Probleme aufmerksam

Beispiel

Kinderhände
Ein Holländerkind,
ein schwarzes Kind,
ein Chinesenkind
drücken beim Spielen
die Hände in Lehm.
Nun sag: Welche Hand
ist von wem?
                    (Hans Baumann)[53]

Im Kinderkunstlied wird direkt oder indirekt die Aufmerksamkeit der
Kinder auf soziale Probleme hingelenkt. Dagegen werden sozialkritische Tendenzen und soziale Phänomene im Kindervolkslied zumeist
absichtslos eingebaut.

Zur Didaktik der Kinderlyrik

Die Kinderkunstlyrik wurde insbesondere zur Belehrung und als Erzie-
hungshilfe geschaffen. Erwachsene suchten schon immer in ihren
Gedichten, die sie für Kinder schufen, Einfluss auf sie auszuüben, sie
dadurch zu erziehen. Genau hier lässt sich die Kritik an der Kinderkunstlyrik ansetzen, dass sie sich nämlich zumeist auf moralisierende
oder unkindlich erbauliche Reime beschränkte. Gegenwärtige **Kinderkunstlyrik**, die diese Kritik in sich aufgenommen hat, nähert sich mehr
und mehr der Kindervolkslyrik, die ja stark die kindliche Welt repräsentiert und deshalb auch als Modell für pädagogische Absichten dienen
kann.

Pädagogische
Möglichkeiten der
Kindervolkslyrik

Lieder und Reime bieten darin einen ständigen Anreiz für gemeinsames
Spielen. Sie motivieren zu gemeinsamem Singen und Sprechen und
zum Wettstreit bei der Erprobung schwieriger Sprachkunststückchen.
Weiterhin sind sie Anlass für gemeinsame Gefühlsäußerungen wie
Freude, Angst oder Schadenfreude. Dadurch entwickelt das Kind in der
Gemeinschaft mit anderen Kindern das Bewusstsein für ein Miteinan-
der, das für spätere soziale Gefühle und Verhaltensweisen eine wichtige
Vorbedingung darstellt.

Das Kinderlied vermittelt dem Kinde aber auch Informationen auf verständliche Weise über die Welt, die vom Kind nicht nur aufgenommen,
sondern auch aktiv und produktiv umgestaltet werden darf.

Pädagogische
Möglichkeiten der
Kinderkunstlyrik

Bei der **Kinderkunstlyrik** fällt das Gemeinschaftserlebnis weitgehend
weg, da die Kindergedichte weniger als Spielbegleittexte, sondern als
Vorlese- und Aufsagematerialien gemacht worden sind. „Das pädagogische Ziel der Kinderkunstgedichte konzentriert sich vielmehr darauf
– im Kindervolkslied vollzieht sich das unbeabsichtigt –, dem Kind
Gestalten und Gegenstände der Welt vorzustellen und zu beschreiben.

Dabei bemüht man sich, in den Gedichten das Kind mit Konflikten zu konfrontieren, die es selbst erkennen und lösen kann."[54] Die pädagogische Perspektive, die sich so ergibt, ist, „dass das Kind keine verfestigten Zustände zu akzeptieren hat, mit denen es sich abfinden und die es sich einprägen muss, sondern dass im Gegenteil seine Neugierde geweckt wird, dass man es auffordert, Fragen zu stellen, Kritik zu äußern, Gegenposition zu beziehen, Veränderungen vorzunehmen."[55]

In gelungenen Werken der modernen Kinderkunstlyrik wird ein entkrampfter Bildungsvorgang präsentiert, „der immer eingebettet bleibt in die Beschreibung einfacher, leicht verständlicher Texte und in ein kindgemäßes rhythmisches Gefüge".[56] Damit vollzieht sich eine völlige Abwendung von der früheren Kinderkunstlyrik. Durch die Tatsache, dass die neuere Kinderkunstlyrik die Kinder anhält zu selbstständigem Denken, Urteilen, Entscheiden und Handeln, bekommt sie emanzipatorische Züge. Hier wird auch wieder die Nähe zur Kindervolkslyrik deutlich, in der Kinder selbst weitgehend die Handelnden sind.

Kinderlyrik muss nicht analysiert und interpretiert, sondern einfach und ihrer ursprünglichen Funktion entsprechend situationsgerecht im Alltag der Kinder zum Einsatz gelangen bzw. angewendet werden. Bei Bilderbuchbetrachtungen, in Sing- und Spielstunden, bei kleinen Feiern oder anderen Anlässen kann sie unaufdringlich und spielerisch zu Wort kommen. Dieses kann und soll keineswegs ausschließen, dass nicht hin und wieder auch ganz gezielte Impulse vom Erzieher gegeben werden sollten, die die Kinder zum Nachschaffen anregen, zum Spiel mit Klang, Wort und Reim, zum Selbsterfinden von Versen und Reimen.

Zum Einsatz der Kinderlyrik im Kindergarten

Sammlungen/Anthologien

Lena Anderson: *Pflaumen* (C. Bertelsmann München). Dieses Buch beinhaltet lustige und witzige, stimmungsvolle und auch wehmütige Gedichte, die einfühlsam illustriert sind. Insgesamt eine gelungene Auswahl einprägsamer Lyrik für Kinder.

Marga Arndt / Waltraut Singer (Hrsg,): *Das ist der Daumen Knudeldick. Über 500 Fingerspiele und Rätsel* (Ravensburger Ravensburg). Alte und neue Fingerspiele für Kinder zwischen 1 und 6 Jahren, und dazu fast 200 bekannte und unbekannte Rätsel, die man mit Kindern ab 4 Jahren lösen kann.

O./H. Baumberger: *Alte Versli und Liedli* (Pro juventute Zürich). Klassische Sammlung bekannter schweizerdeutscher Kinderverse und -lieder.

Irmela Brender: *War mal ein Lama in Alabama. Allerhand Reime und Geschichten in Gedichten* (Oetinger Hamburg). Dieses Kinderbuch ist eine Aufforderung zum Spiel mit Wörtern für Kinder ab 5 Jahren.

Georg Bydlinski: *Die bunte Brücke. Reime, Rätsel und Gedichte* (Herder Freiburg). Bydlinskis Sprachbasteleien erzählen von Besinnlichem, Phantastischem und ganz Alltäglichem.

Georg Bydlinski: *Wasserhahn und Wasserhenne. Gedichte und Sprachspiele rein* (Dachs Wien). Humorvolles und Nachdenkliches wird in diesem Band durch Sprachspielerein und Gedichte geboten. Die Texte eignen sich nicht nur zum Vorlesen, sie fördern vor allem die Eigeninitative. Geeignet für Kinder ab 5 Jahren.

Ruth Dirx/Renate Seelig (Hrsg.): *Kinderreime* (Ravensburger Ravensburg). Mit 450 Gedichten zum Lesen, Aufsagen oder einfach nur zur Unterhaltung ist dieses Buch für alle Altersstufen eine Fundgrube.

Michael Flaig und Doris Eisenburger: *Der verliebte Seehund* (Patmos Düsseldorf). Pfiffige, witzige und hintergründige Kindergedichte von seltsamen Tieren und Gegenständen.

Hans-Joachim Gelberg (Hrsg.): *Überall und neben dir* (Beltz & Gelberg Weinheim). Fast 400 Kindergedichte von über 130 AutorInnen beinhaltet diese umfassende Sammlung. Dementsprechend weit ist das Themenfeld der Kindergedichte: Sie handeln von der Natur, von Wind und Wetter, von Nähe und Ferne, von Reisen, Rätseln und Geheimnissen. Von Geschwistern, von Vater und Mutter. Einer Sammlung, die das vielfältige Spiel mit der Sprache zum Vergnügen macht.

Hans-Joachim Gelberg (Hrsg.): *Großer Ozean. Gedichte für alle* (Beltz & Gelberg/Weinheim). Mit seinem großen Ozean voller Verse und Bilder von 167 Autoren und Illustratoren ermöglicht Gelberg den Lesenden, außergewöhnliche Gedichte herauszufischen. Die Auswahl und Themenweite ist groß. Der Schwerpunkt liegt auf dem 20. Jahrhundert.

Iskender Gider: *Das große bunte Liederbuch* (Loewe Bindlach). Texte und Melodien von Spiel- und Tanzliedern, beschwingten Frühlings- und Wanderliedern, leisen Schlafliedern und stimmungsvollen Weihnachtsliedern beinhaltet diese Sammlung.

Erwin Grosche: *Der Badewannenkapitän. Gedichte und Geschichten für Kinder* (DTV München). Die Gedichte und Geschichten von Grosche sind ein Vernügen für die ganze Familie. Dieses Buch zeigt, dass Gedichte nicht von gestern oder vorgestern sind. Für Kinder ab 6 Jahren zu empfehlen.

Josef Guggenmoos: *Was denkt die Maus am Donnerstag?* (Georg Bitter Recklinghausen). Einhundertdreiundzwanzig Gedichte für Kinder enthält dieser Klassiker der Kinderlyrik.

Josef Guggenmoos: *Es las ein Bär ein Buch im Bett* (Georg Bitter Recklinghausen). Fin „Sprachbastelbuch" mit Versen, Spielen mit und über Buchstaben, Lauten und Wörtern.

Josef Guggenmoos: *Oh, Verzeihung, sagte die Ameise* (Beltz & Gelberg Weinheim). Mehr als 200 Gedichte und Geschichten sind in diesem Hausbuch versammelt. Guggenmoos erzählt von Tieren und merkwürdigen Dingen, von kleinen und großen Ereignissen in ganz unterschiedlichen Varianten.

Josef Guggenmoos: *Sonne, Mond und Luftballon* (Beltz & Gelberg Weinheim). Dieses Taschenbuch bietet Lustiges, Bedenkenswertes, Gedichte zum Mitspielen, Lernen und Vorlesen.

Josef Guggenmoos: *Ich will dir was verraten* (Beltz & Gelberg Weinheim). Diese Sammlung mit über 200 Geschichten und Gedichten spricht jedes Lebensalter an. Ein Buch voller Überraschungen.

Heinrich Pleticha: *Schöne alte Kindergedichte* (Stürtz Würzburg).

Ingeborg Weber-Kellermann: *Das Buch der Kinderlieder*. 235 alte und neue Lieder (Schott Mainz).

Ilse Walter/Maria Blazejovsky (Hrsg.): *Das Jahreszeiten-Reimebuch* (Herder Freiburg). Dieses Buch ist gefüllt mit Kinderreimen und Kindergedichten für jede Zeit des Jahres. Eine Fundgrube zum Schmökern und Schmunzeln, Spielen und Stirnerunzeln.

Frantz Wittkamp: *Ich glaube, dass du ein Vogel bist* (Beltz & Gelberg Weinheim). In Versen und Bildern zeigt sich eine bunte und abwechslungsreiche Welt. Hintergründig, witzig und überraschend wird zum Mitdenken und Mitmachen eingeladen.

Ursula Zakis: *Wenn die weißen Riesenhasen abends über den Rasen rasen.* Kindergedichte aus vier Jahrhunderten (Sanssouci Zürich).

Zusammenfassung

- Mit dem Begriff „Kinderlyrik" werden die Begriffe Kinderlieder und Kinderreime zusammengefasst.

- Es lassen sich zwei große Kategorien der Kinderlyrik unterscheiden: die Kinderkunstlyrik und die Kindervolkslyrik.

- Bewusst von Erwachsenen für Kinder verfasste Lieder und Reime gehören zur Kategorie Kinderkunstlyrik. Demgegenüber haben Lieder und Reime, die der Kategorie Kindervolkslyrik zugeordnet werden, einen langen, zumeist verzweigten Entwicklungsprozess (mündliche Überlieferung) hinter sich.

- Die Kindervolkslyrik stellt den Kern der Gattung dar.

- Die Kindervolkslyrik entspricht genau den kindlichen Bedürfnissen. Sie kann vielfach psychisch befreiend wirken.

- Das Themenfeld der Kinderlyrik ist die Welt. Sie erscheint zur Unterhaltung und Belehrung, als Erklärung zu Bildern, als Schnellsprechreim, als Schlafliedchen, Kniereitvers, Auszählreim und begleitet die verschiedensten Tanz- und Reihenspiele.

- Die Kindervolkslyrik bietet einen ständigen Spielanreiz, motiviert zu gemeinsamem Singen und Sprechen und ist Anreiz für gemeinsame Gefühlsäußerungen.

- Bei der Kinderkunstlyrik fällt das Gemeinschaftserlebnis weitgehend weg. In der zeitgenössischen Kinderkunstlyrik werden Kinder oft mit Konflikten und Problemen konfrontiert, die sie selbst erkennen und lösen können. Sozialkritische Tendenzen sind bewusst eingebaut.

Diskussionsvorschläge

1. Inwiefern tragen Reime und Rhythmen zur Ausbildung des Sprachverständnisses bei?
2. Fördert der Umgang mit Reimen Kreativität?
3. Worin liegt der pädagogische Gebrauchswert der Lieder und Reime?
4. Tragen Sie die Ihnen aus Ihrer Kindheit bekannten Reime zusammen, und überlegen Sie, warum diese Reime Ihnen Spaß gemacht haben.
5. Versuchen Sie, die wichtigsten Gestaltungsprinzipien und Bauelemente der Kinderlyrik herauszuarbeiten.

Die Studierenden sollten sich nicht mit dem kleinen Bestand an Gedichten, Reimen, Versen und Liedern, die diesem Kapitel als Beispiele beigefügt worden sind, begnügen. Zur weiteren Bearbeitung bietet sich eine genauere Durchsicht einiger der im Abschnitt Sammlungen/Anthologien genannten Titel.

Anregungen für die weitere unterrichtliche Bearbeitung

Denkbar wäre auch der Versuch, dass die Studierenden (einzeln oder in Gruppen) selbst Reime zu verschiedenen Themen oder Bildern entwickeln.

Das von der Erzieherin Helga Biebricher verfasste Taschenbuch *Scherzfragen*, *Rätsel*, *Schüttelreime* kann als anregende Lektüre empfohlen werden. Erschienen im Rowohlt Verlag (rororo TB) Reinbek.

Ebenso kann die Anathologie von Hans A. Halbey *Schmurgelstein so herzbetrunken. Verse und Gedichte für Nonsens-Freunde von 9-99* (DTV München) als Fundgrube dienen.

Anmerkungen

1　In Anlehnung an Ruth Lorbe: Kinderlyrik. In: Kinder- und Jugendliteratur. Hrsg. von G. Haas. Stuttgart 1984 (3., völlig neu bearbeitete Auflage), S. 339
2　Ebenda S. 340
3　Ebenda S. 341
4　Ebenda S. 341
5　Vgl. ebenda S. 342
6　Ebenda S. 343
7　Ebenda S. 343
8　Ebenda S. 343
9　Rühmkorf, P.: Über das Volksvermögen. Reinbek 1969, 1988, S. 110
10　Ebenda S. 113
11　Ebenda S. 111
12　Ebenda S. 114
13　Lorbe, R.: Kinderlyrik: a. a. O., S. 344
14　Dirx, R. und Seelig, R.: Kinderreime. Ravensburg 1987, S. 58
15　Ebenda S. 72
16　Lorbe, R.: Kinderlyrik: a. a. O., S. 344
17　Ebenda S. 345
18　Das Hineingleiten eines einstigen Kunstliedes in die anonyme Volkspoesie wird als Zersingeprozess bezeichnet
19　Lorbe, R.: Kinderlyrik: a. a. O., S. 345
20　Ebenda S. 346
21　Ebenda S. 346
22　Gelberg, H.-J. (Hrsg.): Überall und neben dir. Gedichte für Kinder. Weinheim und Basel 1986, 1989, S. 51
23　Enzensberger, H. M.: Allerleirauh. Frankfurt 1975, S. 223
24　Gelberg, H.-J. (Hrsg.): a. a. O., S. 51
25　Enzensberger, H. M.: a. a. O., S. 231
26　Gelberg, H.-J. (Hrsg.): Überall und neben dir.
27　Lorbe, R.: Kinderlyrik: a. a. O., S. 352
28　Enzensberger, H. M.: a. a. O., S. 225
29　Guggenmoos, J.: Was denkt die Maus am Donnerstag? Recklinghausen 1966, S. 101
30　Gelberg, H.-J. (Hrsg.): Überall und neben dir, S. 42
31　Krüss, J.: Der Zauberer Korinthe, in: „Mein Urgroßvater und ich", Oetinger Verlag Hamburg 1959, S. 155f.
32　Lorbe, R.: Kinderlyrik: a. a. O., S. 353
33　Rühmkorf, P.: a. a. O., S. 29
34　Ebenda S. 63
35　Ebenda S. 29
36　Ebenda S. 34
37　Grober-Glück, G.: Kinderreime und -lieder in Bonn 1967. In: Jahrbuch für Volksliedforschung. Hrsg. von R. W. Brednich, Schmidt Verlag Berlin 1971, S. 112
38　Lorbe, R.: Die Welt des Kinderliedes. Weinheim 1971, S. 155
39　Gelberg, H.-J. (Hrsg.): Überall und neben dir, S. 159
40　Ebenda S. 161
41　Rühmkorf, P.: a. a. O., S. 178 f.
42　Brecht, B.: Gesammelte Werke. Bd. 10. Frankfurt 1967, S. 973
43　Gelberg, H.-J. (Hrsg.): Überall und neben dir, S. 220
44　Lorbe, R.: Kinderlyrik: a. a. O., S. 357
45　Rühmkorf, P.: a. a. O., S. 27
46　Enzensberger, H. M.: a. a. O., S. 221
47　Gelberg, H.-J. (Hrsg.): Die Stadt der Kinder. München 1972, S. 58
48　Lorbe, R.: Kinderlyrik: a. a. O., S. 358
49　Ebenda S. 358
50　Ebenda S. 358
51　Gelberg. H.-J. (Hrsg.): Überall und neben dir, S. 155
52　Ebenda S. 224
53　© Elisabeth Baumann
54　Lorbe, R.: Kinderlyrik: a. a. O., S. 362
55　Ebenda S. 362
56　Ebenda S. 362

Weiterführende Literatur

Andresen, U.: Versteh mich nicht so schnell: Gedichte lesen mit Kindern. Weinheim und Berlin (2. Aufl.) 1993.

Bornemann, E.: Unsere Kinder im Spiegel ihrer Lieder, Reime, Verse und Rätsel. Olten und Freiburg 1973.

Bornemann, E.: Die Umwelt des Kindes im Spiegel seiner „verbotenen" Lieder, Reime, Verse und Rätsel. Olten und Freiburg 1974.

Bornemann, E.: Die Welt der Erwachsenen in den verbotenen Reimen deutschsprachiger Stadtkinder. Olten und Freiburg 1976.

Franz, K.: Kinderlyrik. In: Taschenbuch der Kinder- und Jugendliteratur (Bd. 1). Hrsg. von G. Lange. Baltmannsweiler 2000.

Franz, K./Gärtner, H. (Hrsg.): Kinderlyrik zwischen Tradition und Moderne. Baltmannsweiler 1996.

Lorbe, R.: Die Welt des Kinderliedes. Weinheim 1971.

Lorbe, R.: Kinderlyrik. In: Kinder- und Jugendliteratur. Hrsg. von G. Haas. 3. Auflage. Stuttgart 1984.

Maier, K. E.: Kinderlyrik: Kinderreim, Kinderlied, Kindergedicht. In: Jugendliteratur. 10. überarbeitete und erweiterte Auflage. Bad Heilbrunn 1993.

Motte, M.: Moderne Kinderlyrik. Frankfurt und Bern 1983.

Rühmkorf, P.: Über das Volksvermögen. Reinbek (1967) 1988.

Rühmkorf, P.: agar agar – zaurzaurim – Zur Naturgeschichte des Reims und der menschlichen Anklangsnerven. Reinbek 1981.

Schleuning, P.: Kinderlieder selber machen. Reinbek 1978.

Schulz, G.: Freche Vögel – Kinderlyrik der DDR von Mucke bis Ratenow. In: Kinderlyrik zwischen Tradition und Moderne. Hrsg. von Frank/Gärtner. Baltersheimer 1996.

Schulz, G.: Umgang mit Gedichten. Berlin 1997.

Steffens, W.: Spielen mit Sprache im ersten bis sechsten Schuljahr. Baltersheimer 1998.

Steitz-Kallenbach, J.: Kinderlyrik. In: Handbuch Kinderliteratur. Hrsg. von J. Thiele und J. Steitz-Kallenbach. Freiburg 2003.

Vahle, F.: Kinderlied. Erkundungen zu einer frühen Form der Poesie im Menschenleben. Weinheim und Basel 1992.

Wild, R. (Hrsg.): Lyrik für Kinder und junge Leute. In: Geschichte der deutschen Kinder- und Jugendliteratur. Stuttgart 1990.

Das Märchen

Zur schriftlichen Fixierung und Unterscheidung der
    Märchen 74

Entstehung, Form und Wesen der Volksmärchen 76

Variationen und Abweichungen zu bekannten
    Volksmärchen 77

Märchen und Kind 78

Didaktisch-methodische Überlegungen 80

Märchensammlungen und Märchenausgaben 82

Zusammenfassung 85

Diskussionsvorschläge 86

Anmerkungen 88

Weiterführende Literatur 89

Bildsprache der Märchen

Wilhelm Hauff
Kalif Storch
Märchen

Die schönsten
Märchen von
H. C. Andersen

Illustrationen von
Svend Otto S.

Der fliegende Koffer
Das Buch der Märchen
Mit Bildern von Renate Seelig

Es war einmal
....
....

Alpenblumenmärchen

Märchen
und
Symbole

Lappan

Märchenbücher

Linda de Haan & Stern Nijland

**König
&
König**

Die schönsten
Märchen
der Gebrüder Grimm

Gerstenberg

Kinder brauchen Märchen – und Erwachsene auch.

Das Märchen

Das Märchen, uralte und immer wieder neu entstandene Erzählform, nimmt in der Familien-, Vorschul- und Primarerziehung einen bedeutsamen Platz ein. Nach einer Zeit kontrovers geführter Debatten über Wert oder Unwert (insbesondere der grimmschen Märchen) wird wieder mit Nachdruck der Wert des Märchens für die kindliche Sozialisation betont.

Die angehenden Erzieher sollen lernen, eine kritisch-reflektierende Position zu Märchen einzunehmen, um über den Einsatz (bzw. Nichteinsatz) von Märchen in der sozialpädagogischen Arbeit begründet zu entscheiden.

Zur schriftlichen Fixierung und Unterscheidung der Märchen

Das Volksmärchen und seine Sammler: Jakob und Wilhelm Grimm

Ursprünglich waren Märchen mündlich weitergegebene Literatur. Sie wurden in unserem Kulturkreis abends in den Gesinde- und Spinnstuben erzählt. „Jakob Grimm (1785–1863) und Wilhelm Grimm (1786–1859) haben – von einigen Versuchen vor ihnen abgesehen – mit den ‚Kinder- und Hausmärchen' (1812 ff.) (KHM) als erste im deutschen Sprachgebiet in einer groß angelegten Arbeit mündlich überliefertes Märchengut zusammengefasst und aufgeschrieben."[1] Die erste Fassung der Brüder Grimm ist noch sehr ursprünglich erschienen. Die Ausdrücke der Erzählerinnen wurden im Wesentlichen beibehalten. Bei der zweiten Bearbeitung wurden die Märchenerzählungen dann ausgeschmückt und für Kinder aufbereitet. Die grimmschen Märchen setzten sich so erfolgreich durch, dass sie auch heute noch fast jedem Erwachsenen aus seiner Kindheit bekannt sind. Nach Einschätzung namhafter Märchenforscher gibt die grimmsche Sammlung das deutsche **Volksmärchen** in seiner reinsten und besten Form wieder.

Nach den Brüdern Grimm haben auch noch andere Märchensammler deutsche Volksmärchen zusammengetragen: *Kinder- und Hausmärchen aus Süddeutschland* (1854) und *Märchen aus Tyrol* (1859) sammelten die Brüder Ignatz und Joseph Zingerle. *Kinder- und Hausmärchen aus der Schweiz* (1865) sammelte Otto Sutermeister. *Deutsche Märchen seit Grimm* (1912/1923) und *Deutsche Märchen aus dem Donauland* (1926) legte Paul Zaunert vor.

Einer der bekanntesten und erfolgreichsten Märchenerzähler des 19. Jahrhunderts ist Ludwig Bechstein. In seinen Märchensammlungen *Thüringische Volksmärchen* (1823), *Deutsches Märchenbuch* (1845) und *Neues Deutsches Märchenbuch* (1856) hat er eine Vielzahl von

Märchen zusammengestellt, die sich besonders durch ihren Wunderreichtum auszeichnen. In seinen Märchen ist die pädagogische Tendenz nicht zu übersehen, da für ihn das echte Märchen immer Kindermärchen ist.

Motivisch gleiche Märchen lassen sich bei den verschiedensten Völkern finden. So ist heute fast kein Kulturkreis mehr zu finden, aus dessen Bestand an Märchen nicht wenigstens einiges ins Deutsche übersetzt worden ist. Von den Märchen aus anderen Ländern ist besonders die Rahmenerzählung *Tausendundeine Nacht* berühmt geworden. *(Märchen aus anderen Ländern)*

„Waren die Märchen, die zunächst schriftlich fixiert wurden, Erzählgut des Volkes, also Volksmärchen, traten später Märchen als Autorenerfindung hinzu, so genannte Kunstmärchen. Sie sind in der Regel nicht Gegenstand der Märchendiskussion, obwohl sie vom Stofflichen her oft den Volksmärchen verwandt sind."[2] Wilhelm Hauff und Hans-Christian Andersen zählen zu den bedeutendsten Verfassern von **Kunstmärchen**. *(Unterscheidung von Volksmärchen und Kunstmärchen)*

Wilhelm Hauff ist der bekannteste deutsche Märchendichter. In der Trilogie *Die Karawane, Der Scheich von Alexandria* und *Das Wirtshaus im Spessart* sind seine Märchen zusammengefasst. Bei ihm dominiert das Abenteuerliche. „So schuf er einen eigenen abenteuerlich-realistischen Märchentyp, der nicht dem märchenlesenden Kind, aber dem ins Abenteueralter Hineinwachsenden angemessen ist."[3] *(Bedeutende Kunstmärchendichter: Wilhelm Hauff und Hans-Christian Andersen)*

Die Märchen des Dänen Hans-Christian Andersen erlangten Weltruhm. Mit Märchen wie *Die Prinzessin auf der Erbse, Das Feuerzeug* und *Tölpelhans* knüpft er zunächst an die volkstümliche Tradition an, schafft aber später einen neuen Märchentyp, in dem die Märchen nicht die Unschuld und Naivität des Volksmärchens haben. Andersen „meditiert über Tod, Armut und Leid, er zeigt die Zwiespältigkeit der menschlichen Natur und geißelt nicht selten mit ironischem Spott die Torheit, die Eitelkeit und die Anmaßung".[4] Viele seiner Märchen sind deshalb Kindern nicht so recht verständlich, der tiefere Sinn bleibt ihnen zumeist noch verborgen und kann erst vom Jugendlichen und Erwachsenen erschlossen werden.

„Märchenelemente prägen auch Fabeln, Sagen und Legenden. Fabeln sind (kurze) Tiermärchen, deren handelnde Tierpersonen menschliches Verhalten beschreiben. Während das Märchen Orts- und Zeitabläufe überwindet, ist die Sage orts- und zeitgebunden. *(Fabeln, Sagen und Legenden)*

Sie knüpft thematisch an einen geschichtlichen Anlass an, der märchenhaft-phantastisch umgestaltet und ausgeschmückt wird. Die Sagenbildung ist eigentlich nie abgeschlossen. Bei uns vollzieht sie sich in Form des Verbreitens von Gerüchten.

Legenden stellen eine Sonderform der Sage dar: In ihrem Mittelpunkt stehen religiös bedeutsame Personen und Ereignisse."[5]

Entstehung, Form und Wesen der Volksmärchen

Zur Entstehung der Volksmärchen

Über die **Herkunft und Entstehungsweise der Volksmärchen** sind verschiedene Erklärungsversuche bzw. Theorien entwickelt worden. Im Folgenden soll kurz auf die bedeutendsten eingegangen werden. Die Brüder Grimm versuchten als erste, die Frage nach der Herkunft der Märchen zu erklären. „Sie nahmen an, Märchen seien Reste alter Götter- und Heldensagen und sie seien primär indogermanisches Erbgut. Der englische Sanskritspezialist Theodor Benfey modifizierte 1859 im Zusammenhang mit der Herausgabe des altindischen Märchen- und Fabelbuchs ‚Pantschatantra' den grimmschen Ansatz. Er hielt Indien für das Ursprungsland aller Märchen, die dann im Laufe der Jahrhunderte und Jahrtausende in ihr heutiges Verbreitungsgebiet gewandert wären. Entstanden sind die Märchen Benfeys Auffassung nach als buddhistische Lehrdichtung."[6] Diese Auffassung wurde aber bald als einseitig und nur teilweise zutreffend erkannt, da Indien nicht das einzige Märchenzentrum ist. Beispielsweise wurde auch der keltische Kulturkreis als wichtiger Ausgangspunkt entdeckt.

Eine andere Position vertraten J. Bediér, E. B. Tylor und H. Naumann. Sie suchten den gemeinsamen Ursprungsort nicht bei einem bestimmten Volk, sondern verlegten ihn in die Seele des Menschen selbst. „Gleichartige Urideen und Urbilder seien in den Menschen aller Völker als Grundstoff, aus dem sich Mythen, Sagen und Märchen bilden, lebendig."[7]

All diesen Erklärungsversuchen ist gemeinsam, dass ihnen eine stringente Beweisführung fehlt. So hat sich auch ein Teil der Forscher von der kaum lösbaren Entstehungsproblematik der Volksmärchen abgewandt, um sich dafür ausgiebig mit Wesen und Form der vorliegenden Märchentexte zu befassen. Max Lüthi äußert sich dementsprechend lapidar zur Ursprungsfrage: „Die Ursprünge der Gattung Märchen liegen im Dunkeln." Und: „Über die historischen Ursprünge des Märchens wissen wir so gut wie nichts."[8]

Materialistisch argumentierende Autoren wie Ernst Bloch, Christa Bürger und Bernd Wollenweber vertreten die Auffassung – in deutlicher Absetzung zur bürgerlichen Märchenforschung – Märchen seien in der Unterschicht entstanden bzw. von ihr tradiert worden und als Signale für die Hoffnung der Unterdrückten auf den endlichen Sieg der sozial Schwachen zu verstehen.[9] Auch dieser Erklärungsansatz ist nicht eindeutig zu beweisen, doch wird in ihm die lange vernachlässigte soziologische Betrachtungsweise der Märchen begründet.

Gerhard Haas sieht es als wünschenswert an, der Diskussion über revolutionäre oder reaktionäre Züge des Märchens aus der Sackgasse, in die sie hineingeraten ist, herauszuhelfen, indem, anstatt nach dem einstmaligen Zweck der Erzählform, lieber „nach der aktuellen didaktischen Relevanz" gefragt werden sollte.[10]

In der **Form** des am meisten vertretenen Zaubermärchens ist das Volksmärchen eine „magische Zweiweltenerzählung" mit glücklichem Ausgang. Nun ist diese Festlegung aber nicht so zu verstehen, als ob im Märchen die Welt des Wirklichen und die des Außerwirklichen streng voneinander getrennt seien. Es ist vielmehr so, dass das Diesseitige und das Jenseitige sich ganz selbstverständlich ergänzt. Max Lüthi spricht so auch in diesem Zusammenhang von der „Eindimensionalität" des Märchens.[11] Unmerkbar in bestimmter, immer wiederkehrender Art vollzieht sich der Übergang zwischen den zwei Welten. Der Aufbau des Volksmärchens erfolgt in strenger Regelmäßigkeit. Karl Ernst Maier stellt eine „innere Ordnung" fest, die in der Märchenwelt herrscht.[12]

Form und Wesen des Volksmärchens

Der **Handlungsablauf** vollzieht sich nach einer magischen Gesetzmäßigkeit, in der zwar die Naturgesetze überspielt werden, aber doch nicht alles geschehen kann, sondern immer nur das, was sich dieser „inneren Ordnung" einfügt. Auf eine einfache Formel gebracht heißt dies: Am Ende unterliegt das Böse, und das Gute siegt. Das Volksmärchen kennzeichnet ein naiv-moralischer Gerechtigkeitssinn.

Die **Handlungsträger** sind Typen: „Vollkommene Schönheit oder vollkommene Hässlichkeit, Güte oder Bosheit, Armut oder Reichtum, Fleiß oder Faulheit: In solchen Kontrasten markiert das Märchen seine Helden und Gegenhelden."[13] Die Figuren des Märchens treten als Extreme auf. Auch die Situationen und Begebenheiten sind zumeist extrem gezeichnet: „Pech und Gold ergießen sich über die Kontrastfiguren des Märchens, grausame Strafe und höchster Lohn stehen einander gegenüber. Held und Heldin sind meist das einzige Kind oder das jüngste von dreien; oft stehen sie als Dummling oder Aschenputtel da. Gern erzählt das Märchen von kinderlosen Ehepaaren oder dann von solchen mit gar zu vielen Kindern. Die Eltern sterben und lassen ihre Kinder allein zurück. Held und Heldin sind jung, ihre Ratgeber aber alte Männer und Frauen. Einsiedler, Bettler, Einäugige treten auf. Neben dem reichen Pelz steht das schäbige Gewand oder die bare Nacktheit. Der Held kann bärenstark sein, die Heldin aber hilflos einem Ungeheuer preisgegeben. Die Jenseitigen zeigen sich als Riesen oder als Zwerge."[14]

Variationen und Abweichungen zu bekannten Volksmärchen

Janosch (d. i. Horst Eckert) hat in seinem Märchenbuch *Janosch erzählt Grimms Märchen* (Beltz & Gelberg Verlag Weinheim) sehr einfallsreiche und skurrile Variationen aus verschiedenen Märchen der grimmschen Sammlung entwickelt. Vertraute Erzählungsabläufe stellt er auf den Kopf, gibt ihnen deutlich realistische Züge, indem er Zusätze aus unserer heutigen technisierten Welt beifügt. Im Gegensatz zu den Volksmärchen enden die Fassungen von Janosch nicht immer glücklich, son-

Janosch erzählt Grimms Märchen

dern oft auch traurig. Eine unkritische Identifikation mit den Helden wird in diesen Fassungen verhindert.

Variationen von
K. F. Waechter

Auch K. F. Waechter hat in seinen Variationen zu *Tischlein deck dich* und *Knüppel aus dem Sack* (Rowohlt Reinbek) und *Die Kronenklauer* (Rowohlt Reinbek) den Märchen interessante und moderne Aspekte abgewonnen. Waechter bietet märchenhafte Motive zeitgemäß, teilweise mit emanzipatorischen Aspekten, dar.

Fetscher: Das
Märchen-
Verwirrbuch

Interessant ist auch das *Märchenverwirrbuch* von Iring Fetscher (Fischer Frankfurt). Fetscher erzählt 13 der bekanntesten Märchen aus der grimmschen Sammlung auf seine Weise, „indem er ein völlig neues Bild ihres politischen, sozialen und psychologischen Hintergrundes liefert bzw. Spekulationen darüber anstellt, wie es tatsächlich gewesen sein könnte" (so auf der Umschlagseite des Bändchens angekündigt).

Fazit

Viele solcher Abwandlungen, Variationen und Umformungen sind seit den siebziger und achtziger Jahren entstanden, so dass diese veränderten Märchen sich inzwischen als eine **eigene Textsorte** etablieren konnten.

Gemeinsam ist allerdings den meisten Märchenbearbeitungen, dass sie für Vorschulkinder noch nicht in Frage kommen, ja häufig erst für Jugendliche und Erwachsene verständlich sind. Der Erzieher sollte diese Fassungen lesen und kennen, um die pädagogische Eignung im Einzelnen zu ermitteln. Für Jugendliche und Erwachsene dürften diese Märchenumformungen auf alle Fälle interessant und einer kritischen Märchendiskussion dienlich sein.

Märchen und Kind

Märchen als
Kinderliteratur

Das Volksmärchen wird heute fast ausnahmslos im Zusammenhang mit dem Kind als seinem hauptsächlichen Rezipienten gesehen. Es muss aus diesem Grunde gefragt werden, worauf diese Zuordnung beruhen mag, da durch die Beantwortung dieser und der damit zusammenhängenden Fragen ein Beitrag zum didaktischen Aspekt des Märchens in Kindergarten, Vorschule und Hort zu gewinnen ist.

Zunächst kann festgestellt werden: „Nicht alle Märchen, die in den klassischen Sammlungen anzutreffen sind, müssen damit auch Kindermärchen sein. Es ist (vielmehr) damit zu rechnen, dass sich Texte finden, die zum Zeitpunkt der Aufnahme noch nicht für kindliche Adressaten konzipiert waren. Ebenfalls ist anzunehmen, dass andere Texte sich zur Zeit der Aufzeichnung in einem Übergangsverhältnis zwischen dem Volksmärchen für Erwachsene und dem Kindermärchen befanden."[15] Dies bedeutet für den Erzieher, dass er eine **didaktische Auswahl** aus den Märchensammlungen treffen muss, die sich zum einen auf den Entwicklungsstand seiner Kindergruppe und zum anderen auf die von ihm verfolgten Lernziele bezieht.

„Wenn auch die Strukturen unseres Kindermärchens denen des Volksmärchens, als dessen Subgattung wir es ja verstehen, weitgehend ähnlich sind, so lässt sich doch feststellen, dass seine Wirklichkeitsbin-
dung oft weniger unmittelbar sein dürfte als die des vorgängigen
Märchens für den erwachsenen Hörer. Es wird also zu fragen sein, ob
der jeweilige Erzähltext überhaupt einen Bezug zur gesellschaftlichen
Realität (auch historisch verstanden) hat, in welcher Weise er ihn her-
stellt und vor allem, ob er ihn überhaupt aufweisen muss."[16]

Wichtig ist in diesem Zusammenhang auch, die in viele Märchen eingeflossenen erzieherischen Direktiven auf ihre Berechtigung und Gültigkeit für die heutige Situation des Kindes zu überprüfen.

Das Märchen, besonders das Kindermärchen, weist gewisse Struktur-
elemente auf, „die dem kindlichen Rezipienten entgegenkommen:
seine Bildhaftigkeit, die Beweglichkeit und der Abwechslungsreichtum
seiner Handlung, seine magischen Bestandteile, die Überdeutlichkeit
seiner Archetype".[17] Doch sollte hierbei nicht außer Acht bleiben, dass
diese spezifische Darstellungsweise nur wenig der ungleich differenzierteren Wirklichkeit des Kindes entspricht.

Zur Kennzeichnung
des „Märchenalters"

Lotte Schenk-Danzinger, die der Phasenlehre nach Charlotte Bühler
nicht mehr folgt (Bühler setzt den Höhepunkt der Beliebtheit des Märchens bei den acht- bis neunjährigen Kindern an, wonach dann ein
rasches Absinken des Interesses am Märchen zu beobachten sei[18]),
sie aber doch auch nicht durchweg verwerfen will, setzt den Höhepunkt
des **magisch-anthropomorphischen Weltbildes**, das in der gesamten Diskussion um das „Märchenalter" eine so wichtige Rolle spielt, für
das vierte Lebensjahr an, dann gerate es allmählich ins Wanken.[19]

Das bedeutet, folgt man dieser Annahme, dass das Hortkind (als
Grundschulkind) bereits ein gutes Stück über das magische Denken
hinausgewachsen ist, währenddessen das Vorschulkind die magische
Denkweise noch nicht überwunden hat bzw. noch in ihr lebt. Wer magi-
sches Denken und Deuten im Kindesalter lediglich als sinnlosen
Umweg oder Irrweg zur objektiv-sachlichen Beurteilung der Welt versteht, wird das Märchen als Kindergeschichte ablehnen. Wer aber im
magischen Denken des Kindes eine Entwicklungsstufe sieht, die im
Vergleich zum vorhergehenden physiognomischen Weltbild einen
wesentlichen Fortschritt in der Zuwendung zu den Dingen und Vorgän-
gen darstellt und die notwendigerweise der Aneignung eines realistischen Weltbildes vorausgeht, der wird das als positives Instrument im
Entwicklungsgang des kindlichen Weltverständnisses einschätzen.

Die vorhergehenden Aussagen sind aber insoweit zu relativieren, als
dass das „Märchenalter" nicht als eine geschlossene isolierte Entwicklungsphase, die dann von einer ebenso geschlossenen rationalen
Phase abgelöst wird, verstanden werden kann, „vielmehr stehen in
jeder menschlichen Entwicklungsphase rationale und mythische Ele-

mente in einer je verschiedenen dialektischen Spannung zueinan-
der".[20]

Das Märchen macht dem Kind Modellangebote zur sozialen Interaktion

Da davon auszugehen ist, dass die inhaltlichen Elemente des Märchens auf die Kinder nachhaltig einwirken und zur **Identifikation** bzw.
Projektion einladen, ist die Frage zu stellen, wie und in wel cher Richtung diese Angebote den Sozialisationsprozess des Kindes beeinflussen können.

Es lässt sich Folgendes dazu feststellen: „Das Märchen macht dem
Kind Modellangebote zur sozialen Interaktion. Darunter befinden sich
auch Offerten, die als gewalttätige Durchsetzungsstrategien zu identifizieren sind und, vor allem wenn sie erfolgbringend verlaufen, ein
‚Ellenbogenverhalten' nahe legen. Andererseits zeigen aber auch Märchentexte Muster sozial-integrativen Verhaltens, ohne dass dabei die
legitimen Interessen der Akteure vernachlässigt werden."[21] Nun beziehen sich die Techniken der Märchenhelden auf einen historisch-sozia-
len Rahmen, was für die Kinder bedeutet, dass sie diese Techniken als
historische, der Märchenwelt zugehörige Verfahren verstehen lernen
müssen. Mit Hortkindern lassen sich die Verhaltensmuster der Märchenhelden wertend diskutieren und Vergleiche mit der Realität (der
gegenwärtigen) anstellen. Für die Vorschulkinder empfiehlt sich aus
diesen Gründen – die Volks- und Kunstmärchen bieten alternative
Modelle zum Sozialverhalten an – eine didaktische Auswahl.

Zur Grausamkeit im Kindermärchen

Die **grausamen Elemente** des Märchens stellen Modelle des Verhaltens dar, die an historische und situative Bedingungen geknüpft sind.
Lutz Röhrich erklärt die Grausamkeiten des Märchens als „Survivals
aus einer frühzeitlich magischen, aber in sich ganzheitlichen und sinn-
vollen Welt"[22] und die grausamen Strafen als „vielfach stehengeblie-
bene Reste mittelalterlicher Gerichtsbarkeit".[23]

Hortkinder sollten lernen, diese grausamen Elemente des Märchens
aus entsprechender Distanz zu sehen und ihre „Angemessenheit bzw.
Unangemessenheit in der jeweiligen Situation zu beurteilen".[24] Die
Fragwürdigkeit grausamer Reaktionen lässt sich an Texten wie z. B.
Hänsel und Gretel oder *Der Froschkönig* gut diskutieren.

Für Vorschulkinder sollte demgegenüber eine gewisse abschirmende
Auswahl aus dem Märchenangebot eine Rolle spielen, „sei es, weil
grausame Einzelheiten zu stark mit Angstgefühlen besetzt sein könnten, sei es, dass die Möglichkeiten des Verstehens allzu sehr überfor-
dert würden".[25]

Didaktisch-methodische Überlegungen

Für den Erzieher lässt sich nicht einfach ein Fazit für oder gegen Märchen ziehen. Für ihn ist eine kritisch-reflektierende Position angemessen, die der Erkenntnis Rechnung trägt, dass es sich bei den Märchen

um eine Literaturform handelt, die große inhaltliche und strukturelle Unterschiede aufzuweisen hat. Dieser Erkenntnis folgend, ist es unumgänglich, eine didaktische Auswahl zu treffen. Eine Märchenauswahl, die die Altersstufe, Individualität und Gruppensituation der Kinder angemessen neben der inhaltlichen Komponente des Märchens berücksichtigt. Geschieht dieses, so können Märchen durch ihre Symbol- und Bildsprache eine Bewusstseinsschicht bei den Kindern aktivieren, die ihnen hilft, tiefere Einsichten über das Leben und über die Welt zu gewinnen.

Nachfolgend einige **Anregungen für die pädagogische Arbeit mit Märchen:**

● Volksmärchen sollten (vor allem bei Vorschulkindern) vom Erzieher bzw. von der Erzieherin erzählt werden. „Die Wortwahl kann individuell gestaltet werden, der mimetische Kontakt zum Kind bleibt immer erhalten, Rückversicherungen des Kindes sind jederzeit möglich. Vor allem bewegt man sich damit in der vom Volksmärchen eigenen Sphäre der erzählenden Gestaltung. Der Märchentext ist dadurch auch inhaltlich modifizierbar, z. B. in eine dem Kind vertraute Umwelt übertragbar."[26]

● Im Anschluss an die Erzählung bietet sich zur weiteren kognitiven und emotionalen Verarbeitung zunächst das Gespräch, das Sichaussprechen der Kinder mit dem Erzieher an. Weitere Möglichkeiten, um die während der Erzählung gewonnenen Eindrücke zu verarbeiten, sind: Zeichnen, Basteln, Singen und szenisches Spiel (Rollenspiel).

● Nicht nur nach der Märchenerzählung ist eine Aktivierung der Kinder denkbar. Horst Künnemann macht folgende Vorschläge, Kinder zu kritisch vergleichenden Hörern und Miterzählern zu machen:

„a) Kinder erzählen zu einem gezeigten Märchenbild ihren eigenen Text. Erst danach bekommen sie den dazugehörigen Originaltext vermittelt.

b) Von einem weniger bekannten Märchen wird nur der Abschluss erzählt. Den Kindern bleibt die Aufgabe, die vorangegangenen Ereignisse zu rekonstruieren.

c) Von einem weniger bekannten Märchen wird der Schluss ausgespart oder nur bis zu einem Höhepunkt erzählt. Wie mag das weitergehen?"[27]

● Mit Hortkindern bzw. Kindern zwischen 8 und 12 Jahren lässt sich dann schon darüber sprechen, „woher die Märchen stammen, wie alt sie sind, was sie an Traditionen mit sich schleppen. Zu sprechen wäre über die Doppel- und Mehrdeutigkeit der Symbole, der Zahlen, über die Unterschiede zwischen der alltäglichen Realität und der phantastischen, wunderbaren und oft erschreckenden Wirklichkeit der Märchen. Zu klären ist unbedingt, dass die Verhaltensweisen und Normen, die Rechtsprechung und Konfliktlösung der Märchen einer fernen, zurückliegenden, nicht aufgeklärten Zeit angehören".[28]

Märchensammlungen und Märchenausgaben

Andersen, Hans Christian: *Andersen Märchen*. Illustrationen und Auswahl Lisbeth Zwerger (Neugebauer München). Lisbeth Zwerger hat in diesem Band 11 der schönsten Märchen von Andersen zusammengestellt und einfühlsam illustriert. Für Kinder ab 8 Jahren geeignet.

Berner, S. R.: *Märchenstunde* (Büchergilde Frankfurt). Diese Sammlung von sechs Märchen der Brüder Grimm ist gut als Einstieg für junge Leser und Zuhörer geeignet.

Carstensen, J. (Hrsg.) und Hauptmann, T.: *Das große Sagenbuch* (Diogenes Zürich). In diesem Buch sind die schönsten der Deutschen Ritter- und Heldensagen, der Nordischen Sagen sowie einige Sagen aus Frankreich und England zusammengestellt. Sie sind mit viel Sprachgefühl nacherzählt und von Tatjana Hauptmann gelungen – farbige Bleistiftzeichnungen und Aquarelle – illustriert. Für Kinder ab 8 Jahren geeignet.

Fischer, C. (Hrsg.) und Teich, K. (Illustr.): *Das Märchenbuch zum Vorlesen* (Fischer Schatzinsel Frankfurt). Die in diesem Band versammelten Märchen wurden unter eher pädagogischen Gesichtspunkten zusammengestellt. Ungewöhnliche Illustrationen in kräftigen Wachsmalfarben machen diese Band künstlerisch ansprechend.

Grimm, Jacob und Wilhelm (Hrsg.): *Märchen der Brüder Grimm*. Illustrationen und Auswahl: Heidelbach, N. (Beltz & Gelberg Weinheim). 101 von Heidelbach ausgewählte Märchen sind in diesem hervorragend – durch die gelungenen Illustrationen – gestalteten Band enthalten. Bekannte und weniger bekannte Märchen der Brüder Grimm machen diesen Band zu einem Vorlesebuch für Kinder im Kindergarten, der Grundschule und in der Familie.

Grimm, Jacob und Wilhelm: *Märchen der Brüder Grimm*. Illustr. Sendak, M. / Auswahl: Segal, L. (Diogenes Zürich). Dieser Band enthält 27 Märchen der Brüder Grimm, die von Maurice Sendak hervorragend illustriert sind. Die eindrucksvollen Bilder zeigen die Vielschichtigkeit der wesentlichen Merkmale ihrer Charaktere und beflügeln die Phantasie. Zum Vorlesen für Kinder ab 5 Jahren geeignet.

Lindgren, A.: *Märchen*. Illustr. Wikland, I. (Oetinger Hamburg). Diese Sammlung der bekannten Autorin ist eine wunderbare Quelle der Hoffnung und des Trostes. Mit Hilfe der Phantasie werden immer Wege aufgezeichnet, die Ängste und Kümmernisse des Lebens zu übewinden. Die Menschen wandeln sich im Zauber der Märchen, die Illustrationen machen diese Entwicklungen sichtbar. Für Kinder ab 8 Jahren geeignet.

Oberdieck, B.: *Die allerschönsten Märchen der Brüder Grimm* (arsEdition München). Von Hänsel und Gretel über Schneewittchen bis zu Rumpelstilzchen sind in diesem Band die schönsten und bekanntesten Märchen der Gebrüder Grimm versammelt. Gut geeignet zum Vorlesen in der Familie, im Kindergarten und in der Grundschule für Kinder ab 5/6 Jahren.

Plattner, R. M.: *Die Hans-Christian Andersen Märchenfibel* (G&G Buchvertriebs GmbH Wien). Diese Sammlung enthält bekannte und weniger bekannte Märchen von Hans Christian Andersen in einer kindgemäßen Bearbeitung für die 6-10-Jährigen. Im Anhang bietet die Autorin Eltern und Erziehern Hinweise zum „Weiterdenken und Weiterentwickeln". Gut geeignet für den Einsatz im Kindergarten und in der Grundschule. Der Verlag hat zusätzlich Lehrerbegleitmaterial bereitgestellt (unter www.kinderbuchverlag.com abrufbar).

Reichenstetter, F. und Leffler, S. (Illustr.): *Das Andersen Märchenbuch* (Betz Wien). Dieses Buch enthält eine überschaubare kleine Sammlung bekannter Andersen-Märchen, die für Kinder ab 4 Jahren geeignet sind. Insofern ist diese Sammlung besonders für den Einsatz im Kindergarten und in der Familie zum Vorlesen und Schauen geeignet.

Schami, Rafik: *Erzähler der Nacht* (Beltz & Gelberg Weinheim). In diesem Buch geschieht etwas Wunderbares – den Kutscher Salim, der auf rätselhafte Weise verstummt ist, machen sieben Geschichten wieder gesund. Vieldeutig und eindrucksvoll hat der Autor das Panorama der orientalischen Welt in seinen Geschichten eingefangen, das zugleich zeitlos und zeitkritisch ist. Für Kinder ab 8 Jahren geeignet.

Sendak, M. (Hrsg. u. Illustr.): *Märchen der Brüder Grimm* (Diogenes Zürich). Die von Maurice Sendak ausgewählten und illustrierten Märchen (27) in diesem Band bringen eine kleine Auswahl der Grimmschen Märchen in ihrer ursprünglichen Form dem Leser/Hörer nahe.

Simola, H. und Michalski, T. (Illustr.): *Märchen aus 1001 Nacht* (Dressler Hamburg). Diese ansprechende Auswahl der wohl bekanntesten Sammlung orientalischer Märchen ist abwechslungsreich illustriert und mit einem Nachwort für Erwachsene versehen. Für Kinder ab 8 Jahren geeignet.

Strich, Chr. (Hrsg.) und Hauptmann, T. (Illustr.): *Das große Märchenbuch* (Diogenes Zürich). In diesem Sammelband sind auf fast 700 Seiten 100 europäische Märchen zusammengetragen, die mit über 600 Zeichnungen und Aquarellen von Tatjana Hauptmann wunderschön bebildert sind.

Tegetthoff, F., Leffler, S. (Illustr.): *Die schönsten Märchen* (Ueberreuter Wien). Die Märchenauswahl in diesem Band versammelt sprachlich wunderschöne, teils allegorische Texte über die Liebe, die Schönheit, Gott und die Welt. Einige Märchen eignen sich für das Kindergartenalter, andere sind erst für Kinder ab dem Grundschulalter zu empfehlen.

Walbrecher, D. und Jozef Wilkon (Illustrationen): *Fabelhafte Tiergeschichten* (Patmos Düsseldorf). Tierfabeln aus vielen Ländern erzählen in diesem prachtvoll illustrierten Band liebenswert von menschlichen Schwächen und Stärken. Geeignet für Kindergarten, Grundschule und Familie.

Literatur zur pädagogischen Arbeit mit Märchen

Wege vom, B. und Wessel, M.: *Das Märchen-Aktionsbuch* (Herder Freiburg). In diesem Buch werden für pädagogische Fachkräfte im Elementarbereich vielfältige Anregungen gegeben, Märchen auf spielerische Weise zu erleben. Nach einer theoretischen Einführung wird im Aktionsteil eine Vielzahl von Spielmöglichkeiten vorgestellt. Darüber hinaus enthält das Buch auch eine Auswahl von Volks- und Kunstmärchen sowie von Märchen ferner Länder.

Schwarz, H.: *Märchen zum Mitmachen* (Beltz Weinheim). In diesem Buch des bekannten Märchenerzählers Horst Schwarz sind 20 Volksmärchen aus unterschiedlichen Ländern für Kinder von 4 – 10 Jahren neu erzählt und gestaltet worden, die nicht nur zum Zuhören, sondern auch zum Mitsingen, Klatschen und Bewegen anregen. Für pädagogische Fachkräfte und Eltern werden Erzählhilfen und Gestaltungsanregungen gegeben.

Schieder, B.: *Mit Märchen durchs Jahr* (Don Bosco München). Die Autorin, die vielfältige Erfahrungen als Märchenerzählerin und Märchenpädagogin hat, lädt in ihrem Buch Kinder und Erzieherinnen Monat für Monat zu einem neuen Märchen ein. Zu jedem einzelnen Märchen entfaltet sie zahlreiche Angebote zum Spielen und Entdecken.

■ Märchen waren ursprünglich mündlich weitergegebene Literatur. Sie wurden von Sammlern wie den Brüdern Grimm und anderen (z. B. Bechstein) schriftlich fixiert und bearbeitet.

■ Motivisch gleiche Märchen lassen sich bei den unterschiedlichsten Völkern finden.

■ Die Märchen, die ursprünglich mündlich weitergegeben wurden, also Erzählgut des Volkes waren, werden Volksmärchen genannt. Märchen, die später (19. Jh.) als Autorenerfindung (Hauff, Andersen) hinzukamen, werden als Kunstmärchen bezeichnet.

■ Märchenelemente prägen auch Fabeln, Sagen und Legenden.

■ Die Entstehungsweise und Herkunft der Märchen ist umstritten, wissenschaftlich nicht eindeutig geklärt.

■ Das Volksmärchen ist in der am meisten vertretenen Form des Zaubermärchens eine magische Zweiweltenerzählung. Das Diesseitige und das Jenseitige ergänzen sich ganz selbstverständlich.

■ Das Volksmärchen ist gekennzeichnet durch einen naiv-moralischen Gerechtigkeitssinn (Das Gute siegt, das Böse unterliegt).

■ Die Handlungsträger des Volksmärchens sind Typen.

■ Da die Volksmärchen ursprünglich Märchen für Erwachsene waren, sind nicht alle Märchen in den klassischen Sammlungen auch Kindermärchen. Der Erzieher muss eine didaktische Auswahl treffen.

■ Das so genannte Märchenalter darf nicht als isolierte Phase verstanden werden, die von einer ebenso geschlossenen rationalen Phase abgelöst wird. Es ist vielmehr so, dass beim Vorschulkind das magische Denken und Deuten stärker auftritt als beim Grundschulkind. Rationale und mythische Elemente lassen sich in jeder menschlichen Entwicklungsphase feststellen.

■ Der Erzieher muss die in vielen Märchen eingeflossenen erzieherischen Direktiven auf ihre Gültigkeit für die Gegenwart überprüfen.

■ Die grausamen Elemente des Märchens stellen Modelle dar, die an historische und situative Bedingungen geknüpft sind. Auch unter diesem Aspekt empfiehlt sich für den Erzieher eine didaktische Auswahl.

■ Eine generelle Entscheidung für oder gegen Märchen ist wenig sinnvoll, der Erzieher wird die Argumente dafür und dagegen bei jedem Märchen und in jeder Situation neu bedenken müssen.

Diskussionsvorschläge

1. Vergleichen Sie die Inhalte der Märchen mit der heutigen Realität.

2. Überprüfen Sie die Identifikations- und Projektionsangebote der Märchen an ausgewählten Textbeispielen.

3. Beurteilen Sie die grausamen Elemente des Märchens in ihrer Angemessenheit bzw. Unangemessenheit.

4. Suchen Sie Handlungsalternativen zur Vermeidung von Gewalttätigkeiten im Märchen.

5. Wie kann ein Elternabend im Kindergarten, der das Märchen zum Thema hat, aussehen bzw. durchgeführt werden?

6. Überprüfen Sie die medialen Vermittler (Schallplatte, Dias, Film und Tonband), inwieweit sie dazu geeignet sind, Märcheninhalte zu transportieren.

Beim Thema Märchen bietet es sich an, Vorleserunden und Erzählstunden durchzuführen, zum einen kann dabei von den Studierenden das Erzählen gelernt werden, und zum anderen können sie so eine Anzahl unterschiedlicher Märchen kennen lernen.

Anregungen für die weitere unterrichtliche Bearbeitung

Weiterhin ist das Vergleichen verschiedener Märchenfassungen sinnvoll, z. B. *Der Wolf und die sieben Geißlein* von den Brüdern Grimm mit *Die sieben Geißlein* von L. Bechstein. Oder auch der Vergleich moderner Variationen und Umformungen (z. B. Janosch) mit den Volksmärchenfassungen der Brüder Grimm. Durch das Vergleichen verschiedener Texte lässt sich die didaktische Relevanz der einzelnen Fassungen herausarbeiten.

Die Recherche von Märchen, die aus typischen Herkunftsländern von Eltern ausländischer Kindergartenkinder stammen, könnte einen Zugang zu Märchen und gleichzeitig einen Beitrag zur interkulturellen Erziehung erbringen. So könnten die Studierenden z. B. Märchen aus der Türkei gezielt aus Märchensammlungen ausfindig machen und gleichzeitig deren didaktische Relevanz im Blick auf das vorgenannte Ziel prüfen.

Schließlich können die Studierenden auch versuchen, verschiedene Märchen auf mediale Vermittler zu übertragen (z. B. Tonband oder Kassettenrecorder). Hierbei ließen sich grundsätzliche Beurteilungskriterien erarbeiten, was mediale Vermittler bei der Darbietung von Märchenstoffen zu leisten vermögen.

Anmerkungen

1   Maier, K. E.: Das Märchen. In: Jugendliteratur. 10. Auflage. Bad Heilbrunn 1993, S. 95
2   Erl, E. und Erl, W.: Lektüre für Kinder und Jugendliche. Tübingen 1973, S. 103
3   Maier, K. E.: a. a. O., S. 102
4   Ebenda S. 105
5   Erl, E. und Erl., W.: a. a. O., S. 103 f.
6   Haas, G.: Märchen und Sage. In: Kinder- und Jugendliteratur. 3., völlig neu bearbeitete Auflage. Stuttgart 1984, S. 297
7   Maier, K. E.: a. a. O., S. 106
8   Lüthi, M.: Volksmärchen und Volkssaussage. Francke Verlag Bern und München 1961, S. 151
9   Vgl. Bürger, Chr.: Die soziale Funktion volkstümlicher Erzählformen – Sage und Märchen. In: Projekt Deutschunterricht I., Hrsg. von H. Ide. Stuttgart 1971/72, S. 78
10 Haas, G.: a. a. O., S. 310
11 Lüthi, M.: Das europäische Volksmärchen. Bern und München 1960, S. 12
12 Maier, K. E.: a. a. O., S. 108
13 Ebenda S. 110
14 Lüthi, M.: a. a. O., S. 35
15 Psaar, W. und Klein, M.: Wer hat Angst vor der bösen Geiß? Braunschweig 1976, S. 120
16 Ebenda S. 120 f.
17 Ebenda S. 135 f.
18 Vgl. Bühler, Ch. und Bilz, J.: Das Märchen und die Phantasie des Kindes. München 1961, S. 83
19 Schenk-Danzinger, L.: Entwicklungspsychologie. Wien 1969, S. 68
20 Sauer, P.: Zur Didaktik des Märchens in der Vorschulerziehung. In: Umstrittene Jugendliteratur. Hrsg. von H. Schaller. Klinghardt Verlag Bad Heilbrunn 1976, S. 63
21 Psaar, W. und Klein, M.: a. a. O., S. 144 f.
22 Röhrich, L.: Märchen und Wirklichkeit. Wiesbaden 1964, S. 158
23 Ebenda S. 157
24 Psaar, W. und Klein, M.: a. a. O., S. 153
25 Ebenda S. 153
26 Klein, M.: Märchen/Sagen/Mythen. In: Kinder und Jugendmedien. Hrsg. von Grünewald und Kaminiski, Weinheim und Basel 1984, S. 478
27 Künnemann, H.: Kinder und Kulturkonsum. Weinheim 1974, S. 104
28 Ebenda S. 106 f.

Weiterführende Literatur

Bastian, U.: Die Kinder- und Hausmärchen der Brüder Grimm in der literaturpädagogischen Diskussion des 19. und 20. Jahrhunderts. Frankfurt 1981.

Bausinger, H.: Märchen, Phantasie und Wirklichkeit. Frankfurt 1987.

Bettelheim, B.: Kinder brauchen Märchen. Stuttgart 1980.

Betz, F.: Märchen als Schlüssel zur Welt. Lahr 1977.

Doderer, K. (Hrsg.): Über Märchen für Kinder von heute. Weinheim und Basel 1983.

Geiger, R.: Märchenkunde. Stuttgart 1982.

Geiger, R.: Märchen der Völker in Ost, West, Nord und Süd. Stuttgart 1992.

Haas, G.: Märchen und Sage. In: Haas, G. (Hrsg.): Kinder- und Jugendliteratur. Stuttgart 1984.

Hoff, H.: Märchen erzählen und Märchen spielen. Freiburg 1989.

Lüthi, M.: Märchen. Stuttgart 1979 (8. Aufl.).

Lüthi, M.: Es war einmal ... Vom Wesen des Volksmärchens. Göttingen 1983 (6. Aufl.).

Lüthi, M.: Das europäische Volksmärchen. Bern u. München 1985 (8. Aufl.).

Maier, K. E.: Das Märchen. In: Jugendliteratur. 10. überarbeitete und erweiterte Auflage. Bad Heilbrunn 1993.

Mallet, C.-H.: Kopf ab! Über die Faszination der Gewalt im Märchen. München 1990.

Märchen-Stiftung Walter Kahn (Hrsg.): Die Volksmärchen in unserer Kultur. Frankfurt 1993.

Petzoldt, L.: Einführung in die Sagenforschung, Konstanz 1999.

Petzoldt, L.: Märchen, Mythen und Sagen. In: Taschenbuch der Kinder- Und Jugendliteratur (Bd. 1). Hrsg. von G. Lange. Baltmannsweiler 2000

Psaar, W. und Klein, M.: Wer hat Angst vor der bösen Geiß? Zur Märchendidaktik und Märchenrezeption. Braunschweig 1976.

Röhrich, L.: Märchen und Wirklichkeit. Wiesbaden 1979 (4. Aufl.).

Röth, D. und Kahn, W. (Hrsg.): Märchen und Märchenforschung in Europa. Frankfurt 1993.

Sahr, M. (Hrsg.): Märchen in der Grundschule. Kreativer und produktiver Umgang mit Märchen. Regensburg 1988.

Schaufelberger, H.: Märchenkunde für Erzieher. Freiburg 1987.

Scherf, W.: Bedeutung und Funktion des Märchens. München 1982.

Scherf, W.: Lexikon des Zaubermärchens. Stuttgart 1982.

Schieder, B.: Mit Märchen durchs Jahr. München 2003.

Schwarz, H.: Märchen zum Mitmachen. Weinheim 2001.

Ulich, M. und Oberhuemer, P. (Hrsg.): Es war einmal, es war keinmal ... Weinheim 1985.

Wardetzky, K.: Frühe Prägungen? Märchenrezeption und Entwicklung literarischer Interessen. In: Kindliches Erzählen – Erzählen für Kinder von H.-H. Ewers (Hrsg.). Weinheim und Basel 1991

Wardetzky, K.: Märchen-Lesearten von Kindern. Eine empirische Studie. Berlin 1992.

Wardetzky, K. und Zizelsperger, H. (Hrsg.): Märchen in Erziehung und Unterricht heute. Baltmannweiler 1997.

Wege vom, B. und Wessel, M.: Das Märchen-Aktionsbuch. Freiburg 2003.

Woeller, W. und M.: Es war einmal ... Illustrierte Geschichte des Märchens. Magdeburg 1990.

Wragge-Lange, I.: Märchen als frühes literarisches Erlebnis. In: Handbuch Kinderliteratur. Hrsg. von J. Thiele und J. Steitz-Kallenbach. Freiburg 2003.

Zitzlsperger, H.: Kinder spielen Märchen. Weinheim 1980.

Das Kinderbuch

Das Kinderbuch und seine Leser 92

Bereiche der erzählenden Kinderliteratur 93

Realistische Kindergeschichten 98

Phantastische Kindergeschichten 99

Didaktisch-methodische Kriterien für den Umgang mit
   Kinderbüchern 100

Anthologien 100

Zusammenfassung 102

Diskussionsvorschläge 102

Anmerkungen 103

Weiterführende Literatur 104

Das Kinderbuch

Ziel und Bedeutung

Als Buchgattungsbezeichnung ist das „Kinderbuch" kein klar umrisse-
ner bzw. eindeutig definierter Ordnungsbegriff. Er steht hier aber als
sinnvolle Sammelbezeichnung für alle Kinderbücher und Kindererzäh-
lungen, die für Kinder vom Erstlesealter bis etwa zum 12. Lebensjahr
geschrieben wurden. Im Sinne dieser Zuordnung sind die 6/7- bis 11/
12jährigen Kinder die Haupt-Zielgruppe des Kinderbuches. Die angehenden Erzieher sollen die Bereiche und Themen der erzählenden Kinderliteratur kennen lernen, ihre Bedeutung für die Kinder einschätzen
lernen und sozialpädagogische Aspekte der Beurteilung gewinnen.

Das Kinderbuch und seine Leser

Bevorzugtes Themenfeld des Kinderbuches ist das Kinderleben selbst

Im Unterschied zu Märchen, Sagen und Fabeln ist das Kinderbuch von
vornherein für Kinder geschrieben. „Es stellt sich nicht nur in der
Sprachform, sondern bereits in seinen Motiven und Stoffen auf die
kindliche Lesestufe ein."[1] Die **Stoffe und Themen des Kinderbuches**
werden der Welt des Kindes entnommen, handeln im Wesentlichen
vom Kinderleben selbst. Sie entstammen einerseits der realen Umwelt,
andererseits den Träumen, Wünschen und Erwartungen des Kindes.
„In diesem Sinne spricht es (das Kinderbuch) unmittelbar zu dem
Kinde, stellt es das lesende Kind selber dar: in der Familie, in seinen
Beziehungen zu den Eltern und Geschwistern, in seinem Spiel und seiner Spielgruppe und in seinem Verhältnis zum Tier. Die Erfahrungen der
Buchkinder sind auf die realen Erscheinungen der Umwelt gerichtet,
die so oder ähnlich auch das lesende Kind um sich vorfindet. Zwar gibt
es die so genannten märchenhaften Umweltgeschichten mit irrealen
Elementen, in denen aber beide Wirklichkeitsebenen klar voneinander
getrennt sind (...). Die phantastischen Kinderbücher setzen beim Leser
die Kenntnis der Realgesetze voraus und ziehen ihre Wirkung aus dem
erlebten Kontrast ..."[2]

Psychologische Aspekte zum Erstlesealter

Das erste Lesealter lässt sich als eine Zeit kennzeichnen, die durch den
Übergang von der magisch-realistischen zur realistischen Phase
bestimmt ist. In dieser Entwicklungsphase vollziehen sich, insbesondere durch den Schuleintritt, ein Wandel und eine Erweiterung des sozialen Bezugsfeldes: Das Kind löst sich aus dem Bann des Elternhauses
bzw. seiner familiären Bezugspersonen, neue Bezugsfelder werden die
Klassengemeinschaft, die Straße, der Spielplatz und die Spielgruppe.

„Die Kindergruppe ist anfangs noch recht locker gefügt; sie wird als
Herausforderung erlebt, sich zu behaupten und durchzusetzen. Die lie-
bevolle Anerkennung durch das Elternhaus wird abgelöst durch den
Wetteifer in der Gruppe Gleichaltriger, deren Anerkennung wichtiger

wird als die bedingungsfreie Beachtung, die man zu Hause findet. In der Gruppe gilt der von Kraft und Leistung sowie von einer gemeinschaftsförderlichen Einstellung abhängige Erfolg, der für die Sozialentwicklung entscheidend wichtig ist. Dem physischen Bewegungs- und Betätigungstrieb entspricht ein geistiger Eroberungs- und Wissensdrang, anfangs in der Form wahllosen Sammelns von Eindrücken und Erfahrungen. Eine starke Wendung nach außen findet statt und damit eine Versachlichung des Erlebens, so dass das Kind fähig wird, die Dinge unabhängig von seinen Wünschen und Sehnsüchten zu betrachten. Damit einher geht eine Entzauberung der Dinge und ein Zurücktreten magischer Erklärungen; zwischen Phantasie und Wirklichkeit wird immer sauberer getrennt, wenn es auch im frühen Stadium dieser Entwicklung noch zu einem häufigen Hin und Her zwischen Wundergläubigkelt und Realltätsbewusstsein kommt."[3]

Bereiche der erzählenden Kinderliteratur

Sehr grob lässt sich die Kinderliteratur in einen „realistischen" und „phantastischen" Bereich untergliedern. „Wo ausschließlich real mögliche Tatsachen und Ereignisse den Inhalt ausmachen, spricht man von der ‚realistischen Kindergeschichte'. Ihr Gegenstück ist die ‚phantastische Kindergeschichte', deren Geschehen ganz oder teilweise mit Bereichen in Verbindung steht, die außerhalb der sinnlich und logisch erfassbaren Wirklichkeit liegen."[4] Die Vielfalt der Strukturen und Formen erschwert erheblich eine aufgliedernde Differenzierung der realistischen und phantastischen Kindergeschichten. Es vermischen sich inhaltliche Kriterien mit strukturellen, so dass man für eine plausible Aufstellung, die den Gesamtbereich „Kinderbuch" einigermaßen erfassen soll, mehrere Ordnungssysteme benötigt.

Realistische und phantastische Kinderliteratur

Wenn nun trotz dieser Schwierigkeiten eine Übersichtsanordnung nach Themen- und Motivgruppen versucht wird, so deshalb, um dem Leser eine Orientierungshilfe zu geben, die anhand ausgewählter Titelbeispiele die bedeutsamsten Ausprägungen des Gesamtbereiches „Kinderbuch" vermittelt.

1. Realistische Kindergeschichten

Beispiele für Geschichten aus dem Alltag in Familie und Schule

Astrid Lindgren: *Die Kinder aus Bullerbü* (Oetinger Hamburg). – Astrid Lindgren: *Ferien auf Saltkrokau* (Oetinger Hamburg). – Kerstin Johansson: *Moa und Pelle. Der verflixte 1. Schultag* (Bertelsmann München). – Gudrun Mebs: *Mariemoritz* (Nagel & Kimche Frauenfeld). – Joke van Leeuwen: *Deesje macht das schon* (Beltz & Gelberg Weinheim). – Christine Nöstlinger: *Echt Susi* (Dachs Wien). – Harkan Jaebsson/Arne Norlin: *Eltern gesucht* (Picus Wien). – Klaus Meyer: *Weiße Wolke Carolin* (Loewes Bindlach). – Kirsten Boie: *Mittwochs darf ich spielen* (Oetinger Hamburg). – Kirsten Boie: *Alles ganz wunderbar weihnachtlich*

Übersicht: Realistische Kindergeschichten

(Oetinger Hamburg). – Rose Lagererantz: *Klara will Eis!* (Oetinger Hamburg). – Nina Schindler: U*nd wo bleib ich?* (C. Bertelsmann München). – Dagmar Chidolue: *Millie in Paris* (Dressler Hamburg). – Per Olov Enquist: *Großvater und die Wölfe (Hanser München).* – Werner Färber: *Tore, Kicker & Turniere* (arsEdition München). – Hubert Schirneck: *Flaschenpost für Papa* (NP St.Pölten/Wien/Linz).

Beispiele für Geschichten mit problemorientierten Inhalten (vorwiegend aus dem Familienkreis)

Achim Bröger: *Oma und ich* (Nagel & Kimche Frauenfeld). – Achim Bröger: *Geschwister ... nein danke!?* (Arena Würzburg). – Peter Härtling: *Fränze* (Beltz & Gelberg Weinheim). – Simone Klages: *Mein Freund Emil* (Beltz & Gelberg Weinheim). – Dagmar Chidolue: *Ponzl guckt schon wieder* (Beltz & Gelberg Weinheim). – Ulf Stark: *Wir Eisbären* (Ueberreuter Wien). – Sylvia Cassedy: *Lucys Haus* (Dressler Hamburg). – Doris Orgel: *Mein Streit mit Frau Gallo und wie alles wieder gut wurde* (Sauerländer Aarau). – Grete Randsborg-Jenseg: *Hallo Lukas, sagt Vater* (Gabriel Wien). – Amelie Fried: *Der unsichtbare Vater* (Hanser München). – Kirsten Boie: *Man darf mit dem Glück nicht drängelig sein* (Oetinger Hamburg). – Christine Nöstlinger: *Sowieso und überhaupt (Dachs Wien).* – Jacqueline Wilson: *Das Kofferkind* (Oetinger Hamburg). – Angelique de Waard: *Die geheime Schachtel (*Sauerländer Düsseldorf).

Beispiele für Geschichten „Wie es früher war"

Tilde Michels: *Freundschaft für immer und ewig?* (Nagel & Kimche Frauenfeld). – Peter Härtling: *Krücke* (Beltz & Gelberg Weinheim). – Arnulf Zitelmann: *Unter Gauklern* (Beltz & Gelberg Weinheim). – Tilde Michels: *Lena vom Wolfsgraben* (Nagel & Kimche Frauenfeld). – Jo Pestum: *Die Waldläufer* (Ellermann München). – Elisabeth Stöckli/Robert Ingpen: *Glückliche Kinder?* (Pro juventute Zürich). Patricia Reilly Griff: *Manchmal werden Wünsche wahr* (Oetinger Hamburg). – Josef Holub: *Bonifaz und der Räuber Knapp* (Beltz & Gelber Weinheim). – Gabriele Rittig: *Verschwörung gegen den Pharao (*G&G Wien). – Jürg Schubiger: *Die Geschichte von Wilhelm Tell* (Nagel & Kimche München/Wien).

Beispiele für Geschichten aus der Erlebniswelt des Kindes in der Gemeinschaft mit Gleichaltrigen

Christine Nöstlinger: *Jokel, Julia und Jericho (*Beltz & Gelberg Weinheim). – Ole Lund Kirkegaard: *Die Strolche von Vinneby* (Oetinger Hamburg). – Barbara Robinson: *Hilfe, die Herdmanns kommen* (Oetinger Hamburg). – Max von der Grün: *Vorstadtkrokodile* (Bertelsmann München). – Tilde Michels: *Ausgerechnet Pommes* (Nagel & Kimche Frauenfeld). – Sigrid Zeevaert: *Sam und Bill* (Dressler Hamburg). – Renate Ahrens-Kramer: *Die Höhle am Strand* (Thienemann Stuttgart). – Sigrid Zeevaerd: *Ein Meer voller Sterne* (Dressler Hamburg). – Jutta Richter: *Der Tag, als ich lernte die Spinnen zu zähmen (*DTV München). – Dagmar Geisler: *Wandas geheime Notizen* (DTV München). – Per Nilsson: *Für immer Milena* (Oetinger Hamburg).

Beispiele für das Themenfeld gesellschaftliche Außenseiter/ Behinderung

Ellie Donelly: *Der rote Strumpf* (Dressler Hamburg). – Peter Härtling: *Das war der Hirbel* (Beltz & Gelberg Weinheim). – Klaus Kordon: *Der Käpt'n aus dem 13. Stock* (Dressler Hamburg). – Gudrun Pausewang: *Zwei hungrige Freunde* (Nagel

& Kimche Frauenfeld). – Ursula Wölfel: *Die grauen und die grünen Felder* (Ravensburger Ravensburg). – Willi Fährmann: *Jakob und seine Freunde* (Arena Würzburg). Tahar Ben Jelloun: *Papa, was ist ein Fremder* (Rowohlt Berlin). – Edith Schreiber-Wicke: *Regenbogenkind* (Thiemann Stuttgart). – Pete Smith: *Mein Freund Jerimias* (Ueberreuter Wien). – Sis Deans: *Ricky rennt* (Dressler Hamburg).

Beispiele für Geschichten aus anderen Ländern

Nasrin Siege: *Sombo, das Mädchen vom Fluß* (Beltz & Gelberg Weinheim). – Nhuongh: *Mein verlorenes Land. Erlebnisse eines Jungen aus Vietnam* (Sauerländer Aarau). – Karen Press: *Der kleine gelbe Bagger.* Fünf Geschichten aus Südafrika (Hammer Wuppertal). – Ruth Weiss: *Feresia. Ein Mädchen aus Simbabwe erzählt* (Hammer Wuppertal). – Gudrun Pausewang: *Die Kinder in den Bäumen* (Nagel & Kimche Frauenfeld). – Andreas Venzke: *Carlos kann doch Tore schießen* (Nagel & Kimche Zürich). – Daniella Carmi: *Samir und Jonathan* (dtv junior München). – Gloria Cecila Diaz: *Der Himmel glüht* (Atlantis Zürich). – Hermann Schulz: *Wenn dich ein Löwe nach der Uhrzeit fragt. Eine Afrikageschichte* (Hammer Wuppertal).

Beispiele für sozialkritische Erzählungen/ökologisch orientierte Geschichten

Macht die Erde nicht kaputt. Geschichten für Kinder über uns und unsere Welt (Herder Freiburg). – Wolfgang Pauls: *Jule und Steffen bei Greenpeace* (Erika Klopp Berlin und München). – Dagmar Scherf: *Vorsicht: Paradies* (Erika Klopp Berlin und München). – Nina Rauprich: *Die sanften Riesen der Meere* (dtv junior München). – Gudrun Pausewang/Marion Thomas: *Es ist doch alles grün* (Ravensburger Ravensburg). – David Grossman: *Eine offene Rechnung* (Hans München). – Kirsten Boie: *Krisensommer mit Ur-Otto* (Oetinger Hamburg).

Beispiele für abenteuerliche Kindergeschichten/Kinderkrimis

Paul van Loon: *Meisterdetektivin Micki Hammer/Entführungsfall Schildkröte* (Picus Wien). – Josef Carl Grund: *Der Meisterdetektiv* (Loewes Bindlach). – Steinar Sörlle: *Die Nacht, als keiner schlief* (Nagel & Kimche Frauenfeld). – Dieter Bromund: *Der Schatz des Schweden* (Carlsen Hamburg). – ky: *Sonst ist es aus mit dir* (Patmos Düsseldorf). – Kirkpatrick Hill: *Starker Sohn und Schwester* (Beltz & Gelberg Weinheim). – Inger Skote: *Hinter der blauen Tür* (Ueberreuter Wien). – Wendelin van Draanen: *Sammy und der Hoteldieb* (Carlsen Hamburg). – Wolfram Hänel: *Die Sache mit den Weihnachtsmännern. Ein Großstadt-Krimi* (Gerstenberg Hildesheim). – Eva Ibbotson: *Maia oder als Miss Minton ihr Korsett in den Amazonas warf* (Dressler Hamburg). – Martin von Aesch: *Aufregung um Lala. Torgasse 12 – Kukus dritter Fall* (Atlantis Zürich).

Beispiele für Tiergeschichten

Hans Petersson: *Matthias und das Eichhörnchen* (Oetinger Hamburg). – Alfons Schweiggert: *Beppo, mein Goldhamster* (Ludwig Auer Donauwörth). – Uwe Timm: *Rennschwein Rudi Rüssel* (Nagel & Kimche Frauenfeld). – Dieuwke Winsemius: *Vier Welpen im Dachsbau* (dtv junior München). – Manfred Eichhorn: *Dieses Pferd und kein anderes* (Herder Freiburg). – Hennig Pawel: *Joschkas Hund* (Kinderbuchverlag Berlin). – Eva Eriksson: *Lauras Geheimnis* (Oetinger Hamburg). – Alfred Wellm: *Das Pferdemädchen* (Beltz & Gelberg Weinheim). –

Wolfram Hänel und Uli Waas: *Ein Hund kommt nicht ins Haus!* (Nord-Süd Gossau). – Ulrike Kaup und Martina Mair: *Eine Klasse hebt ab* (arsEdition München). – Etel Brüning: *Jule-Pule und der Wuschel* (Metz Gaggenau). – Eduard Ulspenski: *Väterchen Fjodor, der Kater der Hund* (leiv Leipzig).

2. Phantastische Kindergeschichten

Übersicht:
Phantastische
Kindergeschichten

Beispiele für Vermischung von Realität und Irrealität, Verwandlungsgeschichten

Astrid Lindgren: *Karlsson vom Dach (*Oetinger Hamburg). – Astrid Lindgren: *Karlsson fliegt wieder* (Oetinger Hamburg). – Astrid Lindgren: *Der beste Karlsson der Welt* (Oetinger Hamburg). – Christine Nöstlinger: *Lollipop* (Beltz & Gelberg Weinheim). – Christine Nöstlinger: *Wir pfeifen auf den Gurkenkönig* (Beltz & Gelberg Weinheim). – Paul Maar: *Lippels Traum* (Oetinger Hamburg). – Christine Nöstlinger: *Der Zwerg im Kopf* (Beltz & Gelberg Weinheim). – Elisabeth Lynn: *Das silberne Pferd* (Sauerländer Aarau). – Manfred Limmroth: *Das verschwundene Ottchen* (C. Bertelsmann München). – Anne Steinwart/Silke Brix-Henker: *Hotte und das Unzelfunzel* (Loewes Bindlach). – Elisabeth Dommer: *Jenny und das Zauberpferd* (Ueberreuter Wien). – Joanne K. Rowling: *Harry Potter und der Stein der Weisen* (Carlsen Hamburg). – Joanne K. Rowling: *Harry Potter und die Kammer des Schreckens* (Carlsen Hamburg). – Joanne K. Rowling: *Harry Potter und der Gefangene von Askaban* (Carlsen Hamburg). – Joanne K. Rowling: *Harry Potter und der Feuerkelch* (Carlsen Hamburg). – Joanne K. Rowling: *Harry Potter und der Orden des Phönix* (Carlsen Hamburg). – Kirsten Boie: *Der durch den Spiegel kommt* (Oetinger Hamburg)

Beispiele für märchenhafte geschlossene Geschichten, in denen eigene phantastische Welten geschildert werden

Otfried Preußler: *Der kleine Wassermann* (Thienemann Stuttgart). – Otfried Preußler: *Die kleine Hexe* (Thienemann Stuttgart). – Achim Bröger: *Die kleine Jule* (Thienemann Stuttgart). – Tilde Michels: *Kleiner König Kalle Wirsch* (Herder Freiburg). – August Kirchfeld: *Der Räuber Haselnuß und andere Zwergenmärchen* (Ludwig Auer Donauwörth). – Lukas Hartmann: *Die wilde Sophie* (Nagel & Kimche Frauenfeld). – Robert Bolt: *Der kleine dicke Ritter Oblong-Fitz-Oblong* (Hoch Stuttgart). -Clive S. Lewis: *Der König von Narnia* (dtv junior München). – Joan Aiken: *Der Zauberschatz von Astalon* (Oetinger Hamburg). – Paul Maar/Sepp Strubel: *Die Opodeldoks* (Oetinger Hamburg).

Beispiele für phantastische Abenteuer/phantastische Reisen

Michael Ende: *Jim Knopf und Lukas der Lokomotivführer* (Thienemann Stuttgart). – Michael Ende: *Jim Knopf und die Wilde 13* (Thienemann Stuttgart). – Gabriele M. Göbel: *Einer wie der Zwinz* (Boje Erlangen). – Madeleine L'Engle: *Die Zeitfalle* (Thienemann Stuttgart). – Michael Ende: *Die unendliche Geschichte* (Thienemann Stuttgart). – Angelika Mechtel: *Die Reise nach Tamerland* (Loewes Bindlach). – Simon und Desi Ruge: *Das Mondkalb ist weg!* (Beltz & Gelberg Weinheim). – Astrid Lindgren: *Mio, mein Mio* (Oetinger Hamburg). – Susa Mämmerle/Brigitte Smith: *Alice im Wunderland und hinter den Spiegeln* (Betz Wien). – Carna Zacharias: *Die Leute von Samira* (C. Bertelsmann München). – Mascha Rabben: *Der zweitletzte Fausel* (C. Bertelsmann München). – Klaus-Peter Wolf und Bettina Göschl: *Das unheimliche Piratenschiff* (Schneider München).

Beispiele für überdimensionale Gestalten

Astrid Lindgren: *Pippi Langstrumpf* (Oetinger Hamburg). – Astrid Lindgren: *Pippi im Taka-Tuka-Land* (Oetinger Hamburg). – Astrid Lindgren: *Pippi Langstrumpf geht an Bord* (Oetinger Hamburg). – Forrest Wilson: *Superoma* (Dressler Hamburg). – Forrest Wilson: *Superoma räumt auf* (Dressler Hamburg). – Runer Jonsson: *Wickie und die starken Männer* (Loewes Bindlach). – Colin Mc Naughton: *Viel Glück, grüner Riese* (Gerstenberg Hildesheim).

Beispiele für das Themenfeld: Licht und Dunkelheit/Gut und Böse

James Krüss: *Timm Thaler oder Das verkaufte Lachen* (Oetinger Hamburg). – James Krüss: *Timm Thalers Puppen oder Die verkaufte Menschenliebe* (Oetinger Hamburg). – Otfried Preußler: *Krabat* (Thienemann Stuttgart). – John Ronald R. Tolkien: *Der kleine Hobbit* (Georg Bitter Recklinghausen). – Astrid Lindgren: *Die Brüder Löwenherz* (Oetinger Hamburg). – Joan Aiken: *Der flüsternde Berg* (Oetinger Hamburg). – Astrid Lindgren: *Ronja, Räubertochter* (Oetinger Hamburg). – Michael Ende: *Der satanarchäolügenialkohöllische Wunschpunsch* (Thienemann Stuttgart).

Beispiele für Flunkergeschichten/Seemannsgarn und Phantastisches

Hanna Johannsen: *Dinosaurier gibt es nicht* (Nagel & Kimche Frauenfeld). – *Käpt'n Blaubärs Geschichtenbuch* (Ravensburger Ravensburg). – Christoph Hein: *Das Wildpferd unterm Kachelofen* (Beltz & Gelberg Weinheim). – *Laß das, Hein Blöd* (Ravensburger Ravensburg). – Dietloff Reiche: *Geisterschiff* (Hanser München).

Beispiele für Gespenster-, Grusel-, Hexen- und Vampirgeschichten

Angela Sommer-Bodenburg: *Florians gesammelte Gruselgeschichten* (Bertelsmann München). – Erika Ertl: *Gespensterkind im Flatterhemd* (Ensslin & Laiblin Reutlingen). – Angela Sommer-Bodenburg: *Anton und der kleine Vampir* (Bertelsmann München). – Walter Wippersberg: *Julias Hexe* (Nagel & Kimche Frauenfeld). – Alison Prince: *Aus heiterem Himmel. Gruselgeschichten ganz anders* (Sauerländer Aarau). – Ingrid Uebe: *Das Monsterchen* (Loewes Bindlach). – Willis Hall: *Der letzte Vampir/Urlaubsgrüße vom Vampir* (Dressler Hamburg). – Sibylle Durian: *Benjamin und der geheimnisvolle Sarg/Benjamin und der Schatz der Vampire* (Kinderbuch Verlag Berlin). – Bianca Pitzorno: *Emilia das Hexenkind* (Elefanten Press Berlin). – Cornelia Funke: *Gespensterjäger in großer Gefahr* (Loowo Bindlach).

Beispiele für Geschichten mit lebendigen Spielsachen/Geschichten, in denen unbelebte Dinge in der alltäglichen Welt agieren

Carlo Collodi: *Pinocchio* (Loewes Bindlach). – A. A. Milne: *Pu der Bär* (Dressler Hamburg). – Pauline Clarke: *Die Zwölf vom Dachboden* (Oetinger Hamburg). – E. T. A. Hoffmann/Maurice Sendak: *Nußknacker und Mäusekönig* (C. Bertelsmann München). – Günter Herburger: *Birne* (Luchterhand Darmstadt). – Klaus-Peter Wolf: *Wenn dich die Phantasie beißt ...* (Riedel Bad Homburg). – Jutta Richter: *Annabella Klimperauge. Geschichten aus dem Kinderzimmer* (Bertelsmann München). – Margery Bianco: *Armer Kecko* (Sauerländer Aarau). – Boy Lornsen: *Die Möwe und der Gartenzweg* (Thienemann Stuttgart). – Boy Lornsen: *Robby, Tobbi und das Fliewatüüt* (dtv junior Verlag München). – Christine Nöstlinger/ Nikolaus Heidelbach: *Der Neue Pinocchio* (Beltz & Gelberg Weinheim).

Beispiele für Geschichten mit übernatürlichen hilfreichen Tieren/ Themenfeld: Tier-Phantastik mit tierverfremdeter Umwelt

Willi Fährmann: *Der überaus starke Willibald* (Arena Würzburg). - Janosch: *Das kleine Panama-Album. Der kleine Bär und der kleine Tiger* (Beltz & Gelberg Weinheim). – Simon und Desi Ruge: *Katze mit Hut* (Beltz & Gelberg Weinheim). –Hanna Johansen: *Die Geschichte von der kleinen Gans, die nicht schnell genug war (Nagal & Kimche Frauenfeld).* – Helmut Nachtigall und Alicia Sancha: *Kapitän Kater Maran* (Herder Freiburg). – Sophie Brandes: *Gustav Hundeherz* (Loewes Bindlach). – Michael Korth: *Der Kater von Marrakesch* (C. Bertelsmann München). – Dietlof Reiche: *Freddy. Ein wildes Hamsterleben* (Anrich Weinheim). – Felix Scheinberger: *Im Dschungel der Großstadt* (Ravensburger Ravensburg). – Stefan Gemmel: *Tom Wuff und Huckleberry Cat* (Metz Gaggenau).

Realistische Kindergeschichten

Themen der realistischen Kindergeschichten

Die realistischen Kindergeschichten greifen besonders **Themen aus dem nahen Lebenskreis des Kindes** auf. Bevorzugt sind: Elternhaus, Schule und Freundschaft. Es werden auch ungewöhnliche Lebensverhältnisse (z. B. gesellschaftliche Außenseiter) vorgestellt. Sozialkritische und ökologisch orientierte Themen sind zunehmend stärker in realistischen Kindergeschichten vertreten. Kinder aus anderen Ländern werden vorgestellt. Tiergeschichten, in denen Erlebnisse von Kindern mit Tieren geschildert werden, nehmen einen breiten Raum ein. Sie werden zunehmend auch durch ökologisch orientierte Tiergeschichten thematisch erweitert und dadurch inhaltlich anspruchsvoller.

Die Kinderbuchgestalten sind Identifikationsfiguren

In den realistischen Kindergeschichten tritt das **Kind selbst als ein Handelndes** auf, das etwas zustande bringt und sich an kleinen Aufgaben bewährt. Es besteht Umweltabenteuer und erfährt, dass seine Ängste und Leiden überwindbar sind. Den in den Geschichten geschilderten Kindergestalten kommt eine wichtige Bedeutung zu, da sie als Identifikationsfiguren der lesenden Kinder fungieren. „Die kindlichen Hauptfiguren werden also stets irgendwo zwischen den Extremen stehen, entweder mehr echtes, wahrhaftiges Kind sein oder mehr Leitbild; vielleicht könnten die gelungensten von beidem etwas haben, etwas vom Risiko, das mit dem Menschen verknüpft ist, etwas vom Gepflegten, Normalen, Gutartigen; etwas von Lukas Kümmel und Pippi und etwas vom dicken Tim und von Hans Frieder."[5]

Gelungene realistische Kindergeschichten zeigen die Realität so, wie sie ist, mit all ihren Problemen und Konflikten, um dem lesenden Kind bei der Bewältigung eben dieser Realität zu helfen. Kindergeschichten sollen in diesem Sinne nicht nur **unterhalten**, sondern auch **emanzipieren**. Das bedeutet, realistische Kindergeschichten sollen den Kindern helfen, die technische, gesellschaftliche und soziale Umwelt durchschaubar und verfügbar zu machen.

Realistische Kindergeschichten sollen dem Kind Hilfestellung bei der Bewältigung seiner Umwelt geben

„Auch für das Kinderbuch muss gelten, dass es die Mündigkeit seiner Leser umso stärker fördert, je stärker es sie beansprucht."[6]

Phantastische Kindergeschichten

Seit 1945 hat das phantastische Kinderbuch einen bedeutenden Aufschwung in der Bundesrepublik genommen. Dies ist nicht unwesentlich dem Einfluss von Astrid Lindgren *zu verdanken*.

Alice im Wunderland von L. Caroll, *Peter Pan* von J. Barrie und *Nils Holgersons wunderbare Reise auf den Wildenten*, die von Anna Krüger als die ersten großen Meisterwerke dieser Erzählform genannt werden, fanden bei uns nicht die gleiche Verbreitung wie in ihren Ursprungsländern. Astrid Lindgrens *Pippi Langstrumpf* (1949) wurde dagegen ein eindeutiger Erfolg, der bei den Kindern Begeisterung und bei den Erwachsenen eine lebhafte Diskussion über phantastische Kindergeschichten auslöste.

Neben dem Unterhaltungsmoment, das viele phantastische Kindergeschichten so reizvoll macht, spielt auch „das Bedürfnis, die vorfindliche Wirklichkeit vorstellungsmäßig zu erweitern oder zu verändern, eine maßgebliche Rolle; denn Phantasie ist die Fähigkeit, vorhandene Wahrnehmungen und Erfahrungen zu neuen Bewußtseinsgebilden und Vorstellungen umzuwandeln, wobei mehr oder weniger freizügig und ohne Rücksicht auf tatsächliche Realisierbarkeit vorgegangen werden kann".[7]

Während die realistischen Kindergeschichten dem Kind Hilfestellung bei der Bewältigung seiner immer komplizierter werdenden Umwelt geben können, erscheinen phantastische Kindergeschichten besonders geeignet, „um bei den Kindern eine Lesefreude zu erwecken, da sie neben der realen Umwelt besonders auch auf die Träume, Sehnsüchte, Ängste, Hoffnungen der Kinder eingehen – vermischt mit ihren Phantasien, ihrem Glauben an das Wunderbare".[8]

Pädagogische Perspektiven in phantastischen Kindergeschichten

Für die Kinder können über die Identifikation mit dem Buchhelden geheime **Wünsche und Träume** wahrgemacht werden, so dass phantastische Kindergeschichten dadurch befriedigend und **befreiend** wirken können. In diesen Geschichten können neue und ungeahnte Möglichkeiten aufgezeigt werden, „sich selbst, seine Mitmenschen und sein alltägliches Leben zu betrachten – und möglicherweise zu verändern".[9]

Der Einsatz von phantastischen Kinderbüchern in der sozialpädagogischen Arbeit sollte nicht mit dem Anspruch geschehen, „den Problemen der Realität eine stimmige, spannende, problemlose Welt des Phantastischen entgegenzusetzen, sondern er soll in den bestehenden gesellschaftlichen Verhältnissen Orientierungshilfe bieten (wenn nötig), kompensatorisch wirken und Verhaltenskorrekturen erlauben; vor allem soll er Verständnis wecken für Handlungsalternativen und für ein kritisches Reflektieren des Neuen und Ungewohnten".[10]

Didaktisch-methodische Kriterien für den Umgang mit Kinderbüchern

1. Bevor ein Kinderbuch eingesetzt wird, bedarf es der kritischen Prüfung, für welche Kinder es eingesetzt werden soll (also der Berücksichtigung des Alters der Kinder, des bisherigen Sozialisationsprozesses etc.). Es gilt, die Zielsetzung (bzw. die Art der Förderung) festzulegen.

2. Bei der Auswahl des Buches sollte darauf geachtet werden, dass es den Kindern Spaß bereitet und dass Wünsche nach Unterhaltung und Spannung befriedigt werden.

3. Will der Erzieher das Buch in der Kindergruppe vorlesen, so sollte er die einzelnen Abschnitte des Buches vorab genau durchsehen. Weiterhin ist genügend Zeit für das gemeinsame Gespräch mit den Kindern einzuplanen.

4. Nicht immer wollen und können die Kinder nur aufnehmen. Es lassen sich folgende Aktivierungsmöglichkeiten einplanen: kleine Buchszenen durchspielen, ein größeres Spiel aus einem Buch entwickeln (als Rollenspiel, als Puppenspiel). Oder aber die Kinder fertigen Zeichnungen zu einzelnen Buchszenen oder Buchfiguren an und sprechen darüber.

Bei der Auswahl eines Kinderbuches für die Verwendung in einer Kindergruppe (Kindergarten, Hort, Spielgruppe, Jugendgruppe) ist es sinnvoll, vorher zu überlegen, „welchem Reifegrad die in dem jeweiligen Buch angesprochenen Probleme und Bedürfnisse entsprechen, welche Fähigkeiten zum Verständnis des Textes vorhanden sein müssen und – vor allem – ob sich eine Gestalt als Identifikationsfigur anbietet".[11]

Anthologien

Kurze und kürzere Kindergeschichten lassen sich häufig wegen des zur Verfügung stehenden zeitlichen Rahmens günstiger einsetzen als ein komplettes Kinderbuch. Aus diesem Grunde sollen im Folgenden noch einige Titel aufgeführt werden, die kurze Kindergeschichten beinhalten und die sich inhaltlich für die sozialpädagogische Arbeit eignen.

1. Christiane Schneider und Birgit Kneip (Hrsg.): *Erdenschwer und wolkenfern. Geschichten vom Hoffen auf Frieden* (Middelhauve München).

   In dieser Anthologie sind vielfältige und vielschichtige Geschichten zum Thema Krieg und Frieden, fremde Kulturen zusammengestellt, die Kinder zum Denken und Fühlen – angefangen über den Frieden im Großen, wie über den ganz persönlichen Frieden – anzuregen vermögen. Für Kinder ab 9./10. Lebensjahr.

2. Reiner Engelmann: *1. Klasse Wackelzahn. Geschichten, Gedichte und Rätsel rund ums erste Schuljahr* (Sauerländer Aarau)

   Diese Sammlung bietet eine reichhaltige und vielstimmige Sammlung für die Zeit vor und nach der Einschulung. Geeignet zum Vorlesen für Kinder ab dem 5. Lebensjahr.

3. Klaus Wagenbach (Hrsg.): *Wie der Hund und der Mensch Freunde wurden. Italienische Kindergeschichten* (Wagenbach Berlin).

   Eine gelungene Sammlung von Geschichten, die Kinderalltag und Erziehungsfragen ins Phantastische, z. T. auch in den Nonsens transportieren, sie zeichnen sich dabei aus durch viel Hintersinn. Sie sind zum Vorlesen für Kinder vom 6./7. Lebensjahr an geeignet.

4. Sophie Härtling (Hrsg.): *24 Weihnachtsgeschichten zum Vorlesen* (Fischer Schatzinsel Frankfurt). In diesem Band sind 24 alte und neue Weihnachtsgeschichten, für jeden Tag im Dezember eine, versammelt. Sie sind stimmungsvoll von Katrin Engelkind illustriert. Sie sind zum Vorlesen für Kinder ab dem 5. Lebensjahr geeignet.

5. Maria Rutenfranz (Hrsg.): *Unterwegs. Geschichten für die ganze Familie* (dtv junior München). In diesem Jubiläumsband (30 Jahre dtv junior) sind aufregende Geschichten von Maar, Boie, Janosch, Guggenmoos, Nöstlinger u. v. a. versammelt. Sie laden ein zum Entdecken vielfältiger Dinge. Zum Vorlesen ab 7./8. Lebensjahr geeignet.

6. Erwin Grosche und Julia Kaegel (Illustr.): *Wunder gibt es überall. Kleine und große Vorlesegeschichten* (Gabriel Stuttgart/Wien). Dieser Band versammelt 35 Vorlesegeschichten zum Lachen, Träumen und Nachdenken, in denen die beiden Hauptakteure, Leoni und Robert sich auf die Suche nach kleinen und großen Wundern machen. Zum Vorlesen für Kinder ab 4 Jahren an geeignet.

7. Sibylle Sailer (Hrsg.) und Tilman Michalski (Illustr.): *Ich hör dir zu und denk mir was. Weltliteratur zum Vorlesen* (Arena Würzburg). Diese Anthologie ermöglicht einen Streifzug durch die Weltliteratur. Geschichten von Askenazy, Bichsel, Brecht, Härtling, Kästner, Krüss, Lenz, Nöstlinger und vielen anderen bekannten Autoren ver-

locken zum Lesen und Vorlesen. Für Kinder im Kindergarten- und Grundschulalter geeignet.

8. Susanne Klein (Hrsg.) und Susann Opel-Götz (Illustr.): *Warten auf Weihnachten. 24 Geschichten bis zum Heiligen Abend* (Oetinger Hamburg). 24 Selbst- und Vorlesegeschichten von Klassikern wie Lindgren, Janosch oder Kästner sowie von zahlreichen anderen bekannten Gegenwartsautoren bieten eine Sammlung, die nicht zur weihnachtlichen Verklärung verhilft, sondern durchaus auch die Probleme des Alltags thematisiert. Geeignet für Kinder ab 6 Jahren.

Zusammenfassung

- Das Kinderbuch ist für Jungen und Mädchen vom Erstlesealter bis etwa 10–12 Jahren gedacht.
- Wo ausschließlich realmögliche Tatsachen den Inhalt ausmachen, spricht man vom „realistischen Kinderbuch", wo auch phantastische Elemente hineinspielen, vom „phantastischen Kinderbuch".
- Realistische Kinderbücher können den Kindern Hilfestellung bei der Bewältigung ihrer Realität bzw. Umwelt geben.
- Phantastische Kinderbücher können Kindern helfen, über die Identifikation mit dem Buchhelden geheime Wünsche und Träume wahrzumachen, und dadurch befriedigend und befreiend wirken.

Diskussionsvorschläge

1. Überlegen Sie, inwiefern Kinderbücher folgende pädagogische Perspektiven bieten können: Lebensbewältigung, Erkennen von Handlungsalternativen bei der Gestaltung der sozialen Umwelt, Kreativität und Spontaneität bei Problemlösungen, Handlungsoffenheit bei der Erfüllung von Rollenerwartungen.
2. Diskutieren Sie, warum die erzählende Kinderliteratur Rücksicht nehmen muss auf die Interessen, Bedürfnisse, Erlebnisweisen und das Lese- und Sprachvermögen ihrer Leser.

3. Warum sind die äußere Buchgestaltung (Zeilenlänge, Zeilenabstand, Schriftgröße, Seitenumfang, Schriftart) und die Illustration (Titelbild, Gesamtverhältnis von Illustration und Text) so wichtig beim Aufbau einer Lesemotivation?

4. Warum sollen Kindergeschichten nicht nur unterhalten, sondern auch emanzipieren?

Die Studierenden sollten einen breiten Ausschnitt aus dem Angebot der phantastischen und realistischen Kinderbücher kennen. Da die Texte in der Regel zu umfangreich sind, um im Unterricht gelesen zu werden, ist das Lesen von Kinderbüchern als Hausaufgabe sinnvoll. Dabei können die Studierenden gleichzeitig das Rezensieren von Kinderbuchtexten üben, so dass die Lesearbeit der Einzelnen mit einer erstellten Rezension für die gesamte Klasse fruchtbar gemacht werden kann.

Anregungen für die weitere unterrichtliche Bearbeitung

Besonderes Augenmerk sollte auch auf Kinderbuchtexte, die sozialpädagogische Problem- und Konfliktfälle behandeln, gerichtet werden. Die Analyse von *Das war der Hirbel* von Peter Härtling bietet sich beispielsweise an. In diesem Kinderbuch geht es um Hirbel, ein Heimkind, wie es ins Heim kam, warum es anders ist als andere und ob ihm zu helfen ist.

Die Titel *Fränze* von Peter Härtling, *Der rote Strumpf* von Elfie Donnelly und *Jakob und seine Freunde* von Willi Fährmann sind gut geeignet, genauer analysiert und besprochen zu werden.

Anmerkungen

1   Dahrendorf, M.: Das Kinderbuch. In: Das Buch in der Schule. Hrsg. von M. Dahrendorf und W. v. Schack, Hannover 1975 (2. Aufl.), S. 73
2   Ebenda S. 73
3   Ebenda S. 75 f.
4   Maier, K. E.: Die Kindergeschichte. In: Jugendliteratur. 10. Auflage. Bad Heilbrunn 1993, S. 129
5   Dahrendorf, M.: a. a. O., S. 75
6   Ebenda S. 77
7   Maier, K. E.: a. a. O., S. 102
8   Schubert, S. und Kerkhoff, E.: Pädagogische Perspektiven in phantastischen Kinderbüchern. In: Sozialpädagogische Blätter. Heft 1 /1977, S. 12
9   Ebenda S. 13
10 Ebenda S. 14
11 Ebenda S. 13

Weiterführende Literatur

Arbeitskreis für Jugendliteratur e.V.: Das Kinderbuch. Ein Empfehlungskatalog. 5. völlig überarbeitete Neuauflage. München 2004.

Armbröster-Groh, E.: Der moderne realistische Kinderroman. Frankfurt/Main 1997.

Baacke, D.: Die 6- bis 12jährigen. Einführung in Probleme des Kindesalters. Weinheim und Basel 1993 (5. Aufl.).

Cordes, R. (Hrsg.): Phantastische Kinder- und Jugendliteratur. Schwerte 1985 (Katholische Akademie Schwerte).

Doderer, K. (Hrsg.): Neue Helden in der Kinder- und Jugendliteratur. Weinheim und München 1986.

Doderer, K. (Hrsg.): Literarische Jugendkultur. Kulturelle und gesellschaftliche Aspekte der Kinder- und Jugendliteratur in Deutschland. Weinheim und München 1992.

Eggert, H., Garbe, Chr.: Literarische Sozialisation. Stuttgart 2003.

Ewers, H.-H.: Literatur für Kinder und Jugendliche. München 2000.

Ewers, H.-H. (Hrsg.): Kindliches Erzählen – Erzählen für Kinder. Weinheim und Dasel 1001.

Ewers, H.-H. (Hrsg.): Komik im Kinderbuch. Weinheim und München 1992.

Ewers, H.-H./Lypp, M./Nassen, U.: Kinderliteratur und Moderne. Ästhetische Herausforderungen der Kinderliteratur im 20. Jahrhundert. Weinheim und München 1990.

Graf, W. und Schön, E.: Das Kinderbuch als biographischer Begleiter. In: Kinder, Kindheit, Lebensgeschichte. Hrsg. von I. Behnken und J. Zinnecker. Seelze Velber 2001.

Haas, G.: Das Tierbuch. In: Kinder- und Jugendliteratur. Hrsg. von G. Haas. Stuttgart 1984 (3. Aufl.).

Haas, G./Klingberg, G./Tabbert, R.: Phantastische Kinder- und Jugendliteratur. In: Kinder- und Jugendliteratur. Hrsg. von G. Haas. Stuttgart 1984 (3. Aufl.).

Haas, G.: Aspekte der Kinder- und Jugendliteratur. Frankfurt/Main 2003.

Kojama, Y.: Außenseiterproblematik in der deutschen und japanischen Kinderliteratur. Frankfurt 1992.

Maier, K. E.: Die Kindergeschichte. In: Jugendliteratur. Bad Heilbrunn 1993
(10. Aufl.).

Meißner, W.: Phantastik in der Kinder- und Jugendliteratur der Gegenwart.
Würzburg 1989.

Müller, H.: Phantastische Erzählung. In: Lexikon der Kinder- und Jugendliteratur.
Hrsg. von K. Doderer. Bd. III. Weinheim und Basel 1984.

Schneider, P.: Realistische Kinder- und Jugendliteratur. In: Taschenbuch der
Kinder- und Jugendliteratur (Bd. 1). Hrsg. von G. Lange. Baltmannsweiler
2000.

Scheiner, P.: Realistische Kinder- und Jugendliteratur. In: Kinder- und Jugendliteratur. Hrsg. von G. Haas. Stuttgart 1984 (3. Aufl.).

Sahr, M.: Von Anderland nach Wunderland. Phantastische Kinderbücher im
Unterricht der Grundschule. Baltmannsweiler 1990.

Sahr, M.: Um der Kinder und Literatur willen. Kallmünz 1992.

Sahr, M. u. Born, M.: Kinderbücher im Unterricht der Grundschule. Baltmannsweiler 1998.

Schikorskiy, I.: Schnellkurs Kinder- und Jugendliteratur. Köln 2003.

Steffens, W.: Der psychologische Kinderroman. In: Taschenbuch der Kinder-
und Jugendliteratur (Bd. 1). Hrsg. von G. Lange. Baltmannsweiler 2000.

Tabbert, R.: Phantastische Kinder- und Jugendliteratur. In: Taschenbuch der
Kinder- und Jugendliteratur (Bd. 1). Hrsg. von G. Lange. Baltmannsweiler
2000.

Thiel, B.-J.: Die realistische Kindergeschichte in der Bundesrepublik Deutschland und in der Deutschen Demokratischen Republik. Frankfurt 1979.

Das Mädchenbuch

Begriff und Eigenart des Mädchenbuches 108

Charakteristik des Mädchenbuches 109

Das Mädchen und seine Welt im Mädchenbuch 110

Zur Beurteilung des Mädchenbuches 111

Zusammenfassung 112

Diskussionsvorschläge 113

Anmerkungen 114

Weiterführende Literatur 114

Das Mädchenbuch

Ziel und Bedeutung

Als Buchgattung zeichnet sich das Mädchenbuch durch die Darstellung einer geschlossenen, die Akzente eindeutig setzenden Wertewelt aus. Im traditionellen Mädchenbuch, das in der Tradition des Backfischbuches steht, spielt so das Mädchen eine Rolle, die von der des Mannes klar abgegrenzt ist. Im Mädchenbuch mit kritisch-emanzipatorischem Anspruch wird demgegenüber die geschlechtsspezifische Sozialisation hinterfragt und aufgebrochen, so dass sich durchaus Gegensätzliches im Genre Mädchenliteratur darbietet.

Die Studierenden sollen Eigenart und Charakteristik des Mädchenbuches kennen lernen, um Aspekte der Beurteilung zu gewinnen und Mädchen zu einem reflexiven Umgang des Unterhaltungsmittels „Mädchenbuch" zu befähigen.

Begriff und Eigenart des Mädchenbuches

Definition

Die umstrittene Annahme, dass sich Jungen und Mädchen psychisch völlig verschieden entwickeln, mitgetragen von der traditionellen Entwicklungspsychologie (Ch. Bühler, E. Lippert[1]), scheint die Produktion geschlechtsspezifischer Jugendbücher unvermindert zu beeinflussen. Was nun das Alterstypische und die Geschlechtsspezifik des Verhaltens der Mädchen angeht, so ist dieses grundsätzlich dann in Frage zu stellen, wenn es im Sinne von naturwüchsig verstanden wird. Dahrendorf stellt treffend fest: „,Mädchen' ist nicht nur ein Ergebnis biologischer Prozesse, sondern auch die gesellschaftliche Rolle (entsprechend: Frau, Junge, Mann usw.). Diese aber wird durch gesellschaftliche Erwartungen ,zugewiesen', sie ist vermittelt im Wesentlichen durch die Familie als Agentur primärer Sozialisation."[2] In diesem Sinne kann das Mädchenbuch nicht nur als Antwort auf Erwartungen und Bedürfnisse seines jugendlich-weiblichen Leserpublikums, sondern muss auch „als ein zusätzliches Instrument der Gesellschaft zur Prägung des Mädchens im Sinne ihrer Erwartungen"[3] verstanden werden.

„Als Mädchenbuch im engeren Sinne können daher alle literarischen Produkte bezeichnet werden, die als Instrumente zur Sozialisation des Mädchens zum ,Mädchen' interpretierbar sind, im weiteren Sinne allerdings auch alle diejenigen Produkte, die dem Mädchen helfen wollen, sich seiner Situation bewusst zu werden, um ihm die Chance zur Emanzipation zu geben."[4]

Charakteristik des Mädchenbuches

Malte Dahrendorf unterscheidet eine „innere" und eine „äußere" Charakteristik des Mädchenbuches.[5]

Auf den **Titeln** der Mädchenbücher werden entweder schlicht Mädchennamen präsentiert: *Cindy, Anne, Britta*, oder betonter: *Es geht um Sarah, Larissas Entscheidung, Katja tanzt ins Leben, Die Zeit mit Marie.* Viele Titel stellen auch gleich vermeintlich Mädchenspezifisches heraus: *Komm mit zum Balett – Mathe ungenügend, Ohne dich kann ich nicht leben, Liebeskummer.* Häufig wird auch noch der Untertitel *Mädchenroman, Mädchenbücher*, oder noch betonter *Sweet Sixteen* auf der Einbandseite und in den Prospekten abgedruckt. Eine Reihe stellt sich sogar in provokativer Abgrenzung mit folgendem Reihentitel (bereits 10 Buchausgaben) vor: *No Jungs! Zutritt nur für Hexen.* Auch Reihentitel wie *Pferdemädchen und Ponyträume* greifen schon vom Titel her mädchenspezifische Leseinteressen auf. Diese äußere Hinweis- und Lenkungsfunktion scheint sich jedoch zunehmend aufzulösen, die Titel werden integriert in die Kinder- und Jugendbuchreihen, ohne allerdings dadurch schon ihre inhaltliche sozialisationsspezifische Lenkungsfunktion zu verlieren. Diese wird dadurch lediglich weniger offensichtlich. Parallel zu dieser Entwicklung spiegelt sich allerdings ein zunehmend stärker werdender Schwerpunkt, nämlich der Mädchenliteratur, die sich thematisch deutlich erweitert hat und die zahlreiche problemorientierte Mädchenbücher hervorgebracht hat, die zu einem nicht unerheblichen Teil als emanzipatorische Mädchenliteratur bezeichnet werden kann. Bereits der Titel kündigt das Problem an: *Mädchen heiraten ja doch; Ulla, 16, schwanger; Gekündigt; Ayse und Devrim – Wo gehören wir hin?*

Elemente der äußeren Charakteristik

Auch durch die **Titelbildgestaltung** wurde und wird versucht, über das Angebot von Identifikationsfiguren das Mädchen rollenspezifisch zu beeinflussen. Durch das Aufgreifen von Konsuminteressen werden dabei eindeutig Werbestrategien verwendet.

Mädchenbücher mit kritisch-emanzipatorischem Anspruch bzw. mit einem deutlich veränderten Rollenverständnis durchbrechen allerdings dieses Schema, zumindestens zeitweise.

„Das Gros der Mädchenliteratur im deutschen Sprachraum steht noch heute in der Tradition des Backfischbuchs, das die Leserin zur Anpassung an die traditionelle bürgerliche Frauennorm ermutigt."[6] Hauptgestalten sind immer Mädchen. Sie sind zumeist im gleichen Alter oder etwas älter als die angesprochene Leserin. Ihre Verhaltensweisen werden so dargestellt, wie sie als typisch für Mädchen angenommen werden. „Die in den Büchern dargestellten Sozialisationsprozesse unterstützen dabei vermittels Identifikation die der lesenden Mädchen. Die Absicht wird unterstützt durch bestimmte bewährte, identifikationserleichternde Erzählformen (Ich-Erzählung, wobei das Ich regelmäßig die Heldin selber ist, auktoriale Erzählweise, allwissender Erzähler, Wirk-

Elemente der inneren Charakteristik

lichkeitssuggestion), denn der ‚Zweck' des Mädchenbuches, durch Anknüpfen an die Sozialisation des Mädchens das Leseinteresse der Mädchen zu wecken und dadurch absetzbar zu werden, wird so auf optimale Weise erreicht."[7]

Nun hat sich allerdings das Genre Mädchenliteratur inhaltlich und formal verändert, so dass die vorgenannten Ausführungen wie folgt zu relativieren sind. „Seit dem Wiedererstarken der Frauenbewegung und der emanzipatorischen Wende der Kinder- und Jugendliteratur zu Beginn der 70er Jahre gibt es auch Alternativen: eine Mädchenliteratur, die die geschlechtsspezifische Sozialisation kritisch hinterfragt, die auch für Mädchen eigenständige Handlungsperspektiven entwirft und die auch literarisch innovativ verfährt – eine emanzipatorische Mädchenliteratur also."[8]

Das Mädchen und seine Welt im Mädchenbuch

Merkmale und Umweltorientierungen der Mädchenfiguren

Im Folgenden werden in groben Zügen die Merkmale der Mädchenfiguren und ihre Umweltorientierungen, wie sie im Gros der Mädchenliteratur erscheinen, kurz skizziert.

„Das Mädchenbuch-Mädchen zeichnet sich durch eine Reihe von Eigenschaften aus, die es als Geschlechtswesen vom Jungen bzw. Mann unterscheiden und die es entweder bereits hat oder übernehmen soll. Es ist (oder sei) z. B. schutz- und anlehnungsbedürftig, lässt sich gern passiv treiben, nimmt gegenüber dem Leben eine mehr abwartende Haltung ein, neugierig darauf, was es ihm vielleicht noch bescheren mag. Die Autoren loben es besonders dann, wenn es bereit ist, sich zu opfern für andere (als Mutter für die Familie, als Frau für den Mann, als Mädchen für irgendwelche Kranken, Schwachen, Hilfsbedürftigen). Es ist vor allem dazu auserkoren, andere glücklich zu machen. [...] Ihr eigenes Glück ist insofern ein sekundäres, als es Ergebnis der Erfahrung ist, andere glücklich zu machen. Mit einem Wort: Gepredigt wird Erfüllung und Glück durch Versagung gleich Verzicht auf eigene Individualität. Diese Grund- und Idealform weiblicher Selbst-Verwirklichung wird unterstützt durch eine Reihe von ‚typischen' Fähigkeiten: Emotionalität, Tugendhaftigkeit und Stolz, Bescheidenheit, Anspruchslosigkeit und Schlichtheit (Gretchen-Typ)."[9]

Demgegenüber werden in den **kritisch-emanzipatorischen Mädchenbüchern** geschlechtsspezifische Denkstrukturen aufgebrochen. Die „neuen" Mädchenbuch-Mädchen „lassen sich nicht mehr einseitig und automatisch auf Partnerschaft und Familie festlegen, sondern wollen ihr Leben autonom gestalten. Deshalb nehmen sie Bildung und Beruf wichtig, deshalb interessieren sie sich für Politik"[10] und vieles mehr.

Zur Beurteilung des Mädchenbuches

Die Fragen, die sich aus den vorhergehenden Ausführungen für die Erzieherin ergeben, sind: Wie soll ich mich dem Phänomen Mädchenbuch gegenüber verhalten, und welche pädagogischen Möglichkeiten sind am Gegenstand zu entfalten?

Sinnvoll ist es sicher, Mädchen zu einem reflexiven Gebrauch des Unterhaltungsmittels Mädchenbuch zu befähigen. Nicht durch Bewahrung, Verbot und damit Bevormundung lässt sich Mündigkeit erreichen, sondern durch das Gewinnen von **Einsichten in die Funktion der Unterhaltung und ihre Mittel.**

„Die Mädchenliteratur sollte stärker als bisher dem Mädchen seine Aufgaben in dieser Gesellschaft klären helfen. Die Selbstrücknahme dieser Literatur wäre eine unrealistische und billige Forderung, ihre permanente Erweiterung und Differenzierung aber eine Notwendigkeit. Lesestimulierende und unterhaltende Funktionen der Mädchenliteratur bleiben weiterhin wichtig. Mädchenliteratur sollte nicht als Herausforderung zu administrativen und entmündigenden Maßnahmen zu verstehen sein, sondern als Herausforderung zu pädagogischer Aktivität. Nur indem das permanente Ärgernis Mädchenbuch zur Bewährungsprobe für die Mündigkeit gemacht wird, lässt es sich ins Positive kehren, Verachtung und Verdammung aber erreichen das Gegenteil."[11]

Mädchen sollten zu einem reflexiven Gebrauch des Mädchenbuches befähigt werden

Es hätte kaum Sinn, wollte man das Mädchen durch extrememanzipatorische Mädchenbücher beeinflussen. Aus dem vorher Gesagten ergibt sich, dass nur durch eine Schritt für Schritt voranschreitende Veränderung kritische Distanz und erhöhter Leseanspruch erzielt werden können.

Dabei sollten besonders jene Formen des Mädchenbuches Beachtung finden, „die das Mädchen aus seiner traditionellen Bevormundung und Rolleneinengung hinausführen, sei es, indem es die weibliche Rolle explizit in Frage stellt und/oder Alternativen anbietet, sei es, indem es das Mädchen schlicht über seinen herkömmlichen Lebenskreis hinausführt und ihm weitere Erfahrungsmöglichkeiten und Orientierungen anbietet".[12]

Erfreulicherweise nehmen seit Beginn der 80er Jahre die Mädchenbücher zu, „in denen Emanzipation sich nicht in der puren Ablehnung der traditionellen Frauenrolle erschöpft", sondern „in denen weibliche Stärke und Solidarität in Gegenwart und Vergangenheit dokumentiert werden, in denen weibliche Qualitäten wie Emotionalität, Empathie, Solidarität oder Mütterlichkeit (...) als wichtige und positive Eigenschaften begriffen werden".[13]

So sollte die Erzieherin/der Erzieher besonderes Augenmerk auf **Mädchenbücher** legen, die **mit kritisch-emanzipatorischem Anspruch** das traditionelle Genre Mädchenliteratur thematisch und inhaltlich erweitern und so den Selbstfindungsprozess des Leserpublikums unterstützen.

Wirksamkeit
emanzipatorischer
Mädchenliteratur

Bleibt zum Schluss noch anzumerken, dass die Emanzipation der Frau nicht über die Literatur erreichbar ist, sie kann allenfalls unterstützend diesem Ziel dienen. Die Wirksamkeit emanzipatorischer Mädchenliteratur bleibt grundsätzlich am Vorhandensein entsprechender Sozialisationsformen, die weiterführen und verstärken, gebunden.

Beispiele für Mädchenbücher vom 10./11. Lebensjahr an

Cornelia Funke: *Die wilden Hühner* (Dressler Hamburg). – Carmen Martin Gaite: *Rotkäppchen in Manhattan* (Suhrkamp Frankfurt). – Jan Prochazka: *Lenka* (Bitter Recklinghausen). – Veronika Hazelhoff: *Mensch, Mama! Tochter-Geschichten/So ein Luder! Tochter-Geschichten/Au verdammt! Tochtergeschichten* (rotfuchs/Rowohlt Reinbek). – Christine Nöstlinger: *Gretchen Sackmeier* (Oetinger Hamburg). – Christa Zeuch: *Stella vom roten Stern* (Elefanten Press Berlin). – Gabriele Dietz (Hrsg.): *Die Bärenbraut. Märchen von Töchtern und Müttern* (Elefanten Press Berlin). – Megan McDonald: *Judy Moody. Meistens mordsmäßig motzig* (DTV München). – Philip Pullman: *Lila lässt die Funken fliegen* (Carlsen Hamburg). – Pete Smith: *Tausche Giraffe gegen Freund* (Ueberreuter Wien).

Beispiele für Mädchenbücher vom 12./13. Lebensjahr an

Dagmar Chidolue: *Lady Punk* (Beltz & Gelberg Weinheim). – Susanne Kaiser: *Von Mädchen und Drachen* (Suhrkamp Frankfurt). – Diane Broeckhoven: *Tage mit Goldrand* (Dressler Hamburg). – Dagmar Chidolue: *Fieber oder Der Abschied der Gabriele Kupinski* (Beltz & Gelberg Weinheim). – Rosmarie Thüminger: *Fidan* (Herder Freiburg). – Barbara Dieck: *Plastikherzen bringen Pech* (Herder Freiburg). – Susie Morgenstern: *Als ich erstmal sechzehn war* (Sauerländer Aarau). – Sophie Brandes: *Total blauäugig* (Beltz & Gelberg Weinheim). – Dagmar Chidolue: *Aber ich werde alles anders machen* (Beltz & Gelberg Weinheim). – Heather-Lee: *Das Mädchen aus den Bergen* (Elefanten Press Berlin). – Werner Raith: *Die Hälfte des Mondes* (Elefanten Press Berlin). – Rosmarie Thüminger: *Elena* (Dachs Wien). – Charlotte Gingras: *Freiheit nimmt man sich* (Patmos Düsseldorf). – Barbara Büchner: *Überleben im Alltagsdschungel. Jung, weiblich, selbstbewusst* (Ueberreuter Wien). – Margret Steenfatt: *Superstar gesucht* (Rotfuchs Reinbek). – Carolin Philipps: *Weiße Blüten im Gelben Fluss* (Ueberreuter Wien).

Zusammenfassung

■ Als Mädchenbuch im engeren Sinne können alle literarischen Produkte bezeichnet werden, die als Instrumente zur Sozialisation des Mädchens zum „Mädchen" interpretierbar sind.

■ Als Mädchenbuch im weiteren Sinne allerdings auch alle diejenigen Produkte, die dem Mädchen helfen wollen, sich seiner Situation bewusst zu werden, um ihm die Chance zur Emanzipation zu geben.

- Es lässt sich eine „innere" und „äußere" Charakteristik des Mädchenbuches unterscheiden.

- Das Mädchen des Mädchenbuches wird überwiegend in eine traditionelle Rolle eingewiesen, die von der des Mannes klar differenziert wird.

- Das Mädchen in den Mädchenbüchern mit kritischemanzipatorischem Anspruch durchbricht diese traditionelle Orientierung und bezieht kritisch, realistisch und differenziert Stellung zur weiblichen Benachteiligung in unserer Gesellschaft.

- Der Erzieher sollte sich darum bemühen, die Mädchen zu angemessenem Umgang und selektivem Gebrauch des Unterhaltungsmittels „Mädchenbuch" zu befähigen.

- Der Erzieher sollte seine Möglichkeiten ausschöpfen, die Lektüre kritisch-emanzipatorischer Mädchenbücher zu fördern.

Diskussionsvorschläge

1. Warum ist es ein Teil heutiger Erziehung, den Menschen zu befähigen, sich rollenflexibel zu verhalten?

2. Klären Sie den Begriff Sozialisation.

3. Inwiefern liegt der Sozialisation des Mädchens zum „Mädchen" ein gesellschaftliches Interesse zugrunde?

4. Stellen Sie sämtliche Argumente für und gegen das Mädchenbuch zusammen.

5. Überlegen Sie, welche praktischen Möglichkeiten (Gespräche, Übungen) denkbar sind, Mädchen zu kritischem Umgang mit dem traditionellen Mädchenbuch zu befähigen.

6. Wie ließe sich die Verbreitung der Mädchenbücher mit kritisch-emanzipatorischem Anspruch unaufdringlich fördern?

Jungen und Mädchen haben unterschiedliche Leseinteressen. Dieses wurde nicht zuletzt durch die PISA-Studie belegt. Interessant wäre es im Rahmen einer Unterrichtseinheit diese Fragestellung genauer zu untersuchen. Also, welche Lektüre wird stärker von Mädchen, welche stärker von Jungen bevorzugt. An konkreten Buchbeispielen wäre herauszuarbeiten, wie der Vorsprung der Mädchen bei der Lesefreude gegenüber den Jungen entsteht und welche Schlüsse für die Leseförderung der Jungen daraus ggfs. gezogen werden können.

Anregungen für die weitere unterrichtliche Bearbeitung

Anmerkungen

1 Vgl. Bühler, Ch.: Das Märchen und die Phantasie des Kindes. München 1971 (3. Aufl.) und
   Lippert, E.: Der Mensch als Leser. Entwicklungsverlauf der literarästhetischen Erlebnis-
   fähigkeit. In: Begegnung mit dem Buch. Ratingen 1950. S. 47–59.
2 Dahrendorf, M.: Mädchenliteratur. In: Kinder- und Jugendliteratur. Hrsg. von G. Haas. 3.,
   völlig neu bearbeitete Auflage. Reclam Stuttgart 1984, S. 110 f.
3 Ebenda S. 111
4 Ebenda S. 111
5 Ebenda S. 112
6 Arbeitskreis für Jugendliteratur e. V.: Wie es uns gefällt! Bücher für Mädchen. Redaktion
   B. Pyerin. München 1990, S. 3
7 Dahrendorf, M.: a. a. O., S. 113
8 Arbeitskreis für Jugendliteratur e. V.: a. a. O., S. 3
9 Dahrendorf, M.: a. a. O., S. 120
10 Arbeitskreis für Jugendliteratur e. V.: a. a. O., S. 3
11 Dahrendorf, M.: Das moderne Mädchenbuch in soziologischer und pädagogischer Analyse. In: Literaturdidaktik im Umbruch. Düsseldorf 1975, S. 172
12 Dahrendorf, M.: Mädchenliteratur: a. a. O., S. 133
13 Arbeitskreis für Jugendliteratur e. V.: a. a. O., S. 4

Weiterführende Literatur

Budeus-Budde, R.: Das Mädchenbuch im Aufbruch. In: Jugendliteratur in der
   Bundesrepublik Deutschland. Hrsg. von W. Kaminski und B. Scharioth. Mün-
   chen 1986.
Dahrendorf, M.: Das Mädchenbuch und seine Leserin. Jugendlektüre als Instru-
   ment der Sozialisation. Weinheim und Basel 1980 (4. Auflage).
Dahrendorf, M.: Mädchenliteratur. In: Kinder- und Jugendliteratur. Hrsg. von
   G. Haas. Reclam Stuttgart 1984 (3. Auflage).
Dahrendorf, M.: Literarische Rezeption bei Kindern und Jugendlichen insbeson-
   dere Mädchen. In: Frauen- und Mädchenrollen in Kinder- und Schulbüchern.
   Hrsg. von W. Grossmann und B. Naumann. 1987.
Daubert, H.: Probleme bei der Rezeption „emanzipatorischer" Mädchenliteratur.
   In: Frauen- und Mädchenrollen in Kinder- und Schulbüchern. Hrsg. von
   W. Grossmann und B. Naumann. 1987.
Fischer, E.: Jugendliteratur als Sozialisationsfaktor. Literaturanalysen zum Bild
   der Frau im Kinder- und Jugendbuch. Frankfurt a. M. 1991.
Garbe, Chr.: Mädchen lesen ander(e)s. In: JuLit 2/03.
Grenz, D.: Studien zur Geschichte der Mädchenliteratur. Von den moralisch-
   belehrenden Schriften im 18. Jahrhundert bis zur Herausbildung der Back-
   fischliteratur in der zweiten Hälfte des 19. Jahrhunderts. Stuttgart 1981.
Grenz, D.: Mädchenbuch. In: Kinder- und Jugendmedien. Hrsg. von D. Grü-
   newald und W. Kaminski. Weinheim und Basel 1984.
Grenz, D.: Jugendliteratur und Adoleszenzroman. In: Kinderliteratur der
   Moderne. Hrsg. von H. H. Ewers/M. Lypp/U. Nassen. Weinheim und München
   1991.
Grenz, D.: Mädchenliteratur. In: Taschenbuch der Kinder- und Jugendliteratur
   (Bd. 1.). Hrsg. von G. Lange. Baltmannsweiler 2000.
Grenz, D. und Wilkending, G. (Hrsg.): Geschichte der Mädchenlektüre. Wein-
   heim und München 1997.
Groeben, N. und Hurrelmann, B. (Hrsg.): Lesekompetenz. Weinheim/München
   2002.

Hurrelmann, B.: Mädchen und Mütter. Signaturen des Weiblichen im neueren Mädchenbuch. In: Vater, Mutter, Schwester, Brüder – Familie, wie sie im Buche steht. Hrsg. von R. Cordes. Kath. Akademie Schwerte 1987.

Kaminiski, W.: Mädchenliteratur. Von Opfer und Verzicht. In: Zwischen Trümmern und Wohlstand. Literatur der Jugend von 1945–1960. Hrsg. von K. Doderer. Weinheim 1988.

Mayr-Kleffel, V.: Mädchenbücher: Leitbilder für Weiblichkeit. Opladen 1984.

Millhoffer: Wie sie sich fühlen, was sie sich wünschen. Eine empirische Studie über Mädchen und Jungen auf dem Weg in die Pubertät. Weinheim und München 2000.

Pellatz, S.: Körperbilder in Mädchenratgebern. Weinheim und München 1999.

Pyerin, B.: Mädchenlektüre und Emanzipation. Kritische Fragen an Dagmar Chidolue im Kontext feministischer Literaturpädagogik. Frankfurt/M. 1989.

Pyerin, B. (Redaktion): Stärker als ihr denkt! Die „neuen" Bücher für Mädchen. Analysen, Dokumente und kritische Annotationen. Stadt Heidelberg. Remscheid 1991.

Pyerin, B.: Ideal und Wirklichkeit. Emanzipatorische Mädchenbücher. In: Informationen des Arbeitskreises für Jugendliteratur, 2/1989.

Pyerin, B.: Frau kriegt nichts geschenkt. Kritische Anmerkungen zur emanzipatorischen Mädchenliteratur. In: Fundevogel, 12/1990.

Wilkending, G.: Beschränkte Abenteuer – Mädchenliteratur. Kinder- und Jugendbuch. Bamberg 1988.

Zahn, S.: Töchterleben. Studien zur Sozialgeschichte der Mädchenliteratur. Frankfurt 1983.

Das Jugendbuch

Zum Begriff Jugendbuch 118

Entwicklungspsychologische Aspekte zum
  Leserpublikum 119

Themen und Inhalte der problemorientierten
  Jugendbücher 120

Aspekte der Beurteilung 127

Zusammenfassung 128

Diskussionsvorschläge 129

Anmerkungen 130

Weiterführende Literatur 130

Das Jugendbuch

Ziel und Bedeutung

Als Buchgattung ist das Jugendbuch für Jungen und Mädchen vom 12. Lebensjahr an gedacht. Es umfasst alle Texte, die für Jugendliche konzipiert worden sind. Den Kern der Gattung machen die problemorientierten Jugendbücher aus, da sie ihre Themen und Motive aus der spezifischen Lebenssituation des Jugendlichen ziehen und erzählerisch entwickeln. Aus diesem Grunde sollen in diesem Kapitel ausschließlich diese Jugendbücher zur Sprache kommen, da ihre Bedeutung für die Erziehung von Jugendlichen unbestritten ist. Die angehenden Erzieher sollen die wichtigsten Themen und Inhalte der problemorientierten Jugendbücher kennen lernen, ihre Bedeutung für die Jugendlichen einschätzen lernen, um sie später in der sozialpädagogischen Arbeit gezielt einsetzen zu können.

Zum Begriff Jugendbuch

Begriffsbestimmung

Es sind ähnlich wie beim Kinderbuch sowohl phantastische als auch realistische Texte, die als Leseangebot den Jugendlichen zur Verfügung stehen. Das Spektrum des erzählenden Jugendbuches lässt sich weit fassen, es reicht von Alltagsgeschichten über die Detektivgeschichten bis hin zu den Abenteuergeschichten, so dass sich recht unterschiedliche Gebilde unter dem Sammelbegriff „Jugendbuch" zusammenfassen lassen.

Im Vergleich zum Kinderbuch, wo die Verteilung von phantastischen und realistischen Geschichten gleich stark sein dürfte, ist das Jugendbuch insgesamt eher realistisch orientiert, obwohl phantastische (z. B. utopische) Erzählungen auch hier ihren Platz und ihren Stellenwert haben.

Den Kern der Gattung „Jugendbuch" machen alle diejenigen Bücher aus – ihre Anzahl und Verbreitung hat in den letzten Jahren deutlich zugenommen –, die ihre Themen- und Motivwahl aus der spezifischen Lebenssituation des Jugendlichen ziehen. Diese Jugendbücher werden unter dem Terminus „problemorientierte Jugendbücher" zusammengefasst, da sie individuelle und gesellschaftliche Konflikte und Problemlagen jugendgemäß behandeln und aufbereiten. Sie bieten dem jugendlichen Leserpublikum brauchbare **Hilfen zur Realitätsbewältigung** an.

Im Weiteren dieses Kapitels soll es daher nur noch um die „problem-orientierten Jugendbücher" gehen, da sie aus dem großen Themen-spektrum der unterhaltenden Jugendbücher diejenigen sind, die für die Erziehung und für die sozialpädagogische Arbeit am bedeutungsvolls-ten, am wichtigsten sind, es zumindest sein können.

Das problem-orientierte Jugendbuch

Entwicklungspsychologische Aspekte zum Leserpublikum

Will man die Themen und Inhalte der problemorientierten Jugendbü-cher in ihrem jeweiligen Bedeutungszusammenhang einigermaßen erfassen und beurteilen, so ist es hilfreich, sich der wichtigsten **Merk-male und Charakteristiken der Jugendphase** zu versichern. „In ent-wicklungspsychologischer Perspektive wird der Beginn der Jugend-phase in der Regel mit dem Eintreten der Geschlechtsreife, der so genannten Pubertät, festgelegt.

Im Unterschied zur zurückliegenden Kindheitsphase, die durch ein ver-hältnismäßig kontinuierliches Wachstum verschiedener Körper- und Sinnesfunktionen gekennzeichnet ist, kommt es durch die Geschlechtsreife zu einem abrupten Ungleichgewicht in der psycho-physischen Basisstruktur der Persönlichkeit. Der gesamte Körper ist in anatomische und physiologische Veränderungen einbezogen."[1]

Merkmale und Charakteristiken der Lebensphase Jugend

Die Jugendphase ist eine wichtige, eine **eigenständige Lebensphase**, „weil in ihr der Prozess der Individuation und Identitätsbildung einsetzt und zu einem zumindest vorläufigen ersten Abschluss kommt, der die Basisstruktur für spätere Umformungen und Weiterentwicklungen im Erwachsenenalter setzt. Die Gewinnung der Identität gegenüber der drohenden Zerstückelung und Diffusion des Selbstbildes und des Selbstverständnisses wird als der Kernkonflikt des Jugendalters ver-standen. Die Identität wird in intensiver Auseinandersetzung mit den gesellschaftlich vorgegebenen Normen, Werten und Handlungsanfor-derungen gesucht, mit denen sich der Heranwachsende bei der Bewäl-tigung der Entwicklungsaufgaben konfrontiert sieht. Diese sozialen Vorgaben und Orientierungen werden als Bezugspunkte für die Erzeu-gung und Sicherung eines subjektiven ‚Lebenssinnes' herangezogen. Das von der (Erwachsenen-)Gesellschaft angebotene Weltbild wird systematisch nach seiner Deutungsleistung abgefragt, wobei Defizite und Leerstellen, Widersprüche und Ambivalenzen Ausgangspunkt und Auslöser für heftige Orientierungs- und Selbstwertkrisen sein können (Blos 1973; Erikson 1981)."[2]

Die **Suche nach der eigenen Identität**, Thema und Motiv in vielen pro-blemorientierten Jugendbüchern, ist also nicht zufällig so gewählt, sondern weil diese Thematik auf ein ganz wichtiges Lesebedürfnis der Jugendlichen selber stößt.

Die problemorien-tierten Jugendbücher befassen sich mit der „Adoleszenzkrise"

Andere zentrale Themen, die in gleicher Weise die Entwicklungsproblematik des Heranwachsenden differenziert behandeln, wie z. B. das Thema der geschlechtlichen Entwicklung, lassen sich ohne eine angemessene Berücksichtigung dessen, was die Lebensphase „Jugend" für die Betroffenen selbst bedeutet und ausmacht, nur unzulänglich einschätzen und beurteilen.

Erfreulich ist auf jeden Fall, dass die Anzahl der Jugendbücher in den letzten Jahren zugenommen hat, die sich angemessen mit der Thematik „Adoleszenzkrise" befassen. Sie stellen ein zeitgemäßes Mittel für die Jugendlichen selbst dar, ihren Weg zum Erwachsenen zu finden. Sie sind nicht selten hinsichtlich ihrer Form und Struktur der Erwachsenenliteratur schon völlig ebenbürtig, sie können nicht zuletzt aus diesem Grund auch Literatur für Erwachsene sein, in der diese Wichtiges über Jugendliche erfahren.

Themen und Inhalte der problemorientierten Jugendbücher

Die größte Anzahl der problemorientierten Jugendbücher beschäftigt sich mit der Entwicklungsproblematik der Heranwachsenden, mit den entscheidenden und nur selten ohne Schwierigkeiten ablaufenden **Prozessen der Identitäts- und Rollenfindung**, mit der Erfahrung der eigenen Individualität und ihrer Abhängigkeit von anderen.

Identitäts- und Rollensuche

In *Die Sonne ist eine geniale Göttin* von Jon Ewo (C. Bertelsmann München) geht es um Adam, der einen 9-Punkte-Plan entwirft, um erwachsen zu werden. Zur Realisierung dieses Plans macht er einen Deal mit der Sonne. Es geht zwar einiges schief, doch er findet ein Mädchen, einen guten Freund und einen neuen Zugang zu den Eltern.

In *Mein aufgewühltes Herz* von Christophe Honore (Fischer Schatzinsel Frankfurt/M.) steht der Jugendliche Marcel im Mittelpunkt der Handlung, der schmerzhaft, traurig aber auch aufregend und schön fühlt und erfährt, dass er erwachsen wird. Überschlagende Ereignisse lassen ihn lernen, selbst Entscheidungen zu treffen.

In *Die Brücke* von Aidan Chambers (Ravensburger Ravensburg) geht es um Jan, der herauszufinden versucht, wer er ist und was er will. Er nimmt einen einsamen Job auf einer Zollbrücke an und begegnet einem energischen Mädchen und einem rätselhaften Jungen. Es ist eine durchaus spannende Geschichte vom Erwachsenwerden.

In *Stundenplan* von Christine Nöstlinger (Beltz & Gelberg Weinheim) werden die Alltagsprobleme von Jugendlichen sehr unterhaltsam und mit trockenem Witz dargeboten. Die 14-jährige Anika hat es nicht leicht: Die Schule ist langweilig, die Lehrer oft ungerecht, und die Mutter nervt. Doch all dieses lässt sich, wenn auch nicht immer leicht, bewältigen.

In *Ihr kennt mich nicht!* von David Klass (Arena Würzburg) steht der Jugendliche John im Mittelpunkt des Buches. Er ist sich sicher: Niemand kennt ihn wirklich – weder seine Leute zu Hause noch die in der Schule. Dieses Jugendbuch ist poetisch, witzig, traurig und spannend – es zeigt John in seinen unterschiedlichsten Facetten.

Das **Ausbruch- und Fluchtmotiv** ist in Jugenderzählungen häufig zu finden. Wenn Schwierigkeiten zu Hause und in der Schule überhand zu nehmen drohen, versuchen Jugendliche, aus den Funktionszwängen ihres Alltags auszubrechen. Für den jugendlichen Leser geschieht dieses über die Hauptperson des Buches, die so möglicherweise stellvertretend für den Leser handelt.

In *Flucht nach vorn* von Julie Johnston (Urachhaus Stuttgart) hat es der Jugendliche Fred satt, immer als Versager dazustehen. Von zu Hause weg, bei seinen Großeltern am See, hofft er, allem entfliehen zu können, insbesondere den Erwartungen seines Vaters. Fred genießt seine Freiheit, macht neue Erfahrungen und beweist, dass mehr in ihm steckt.

In *Die heimlichen Museumsgäste* von E. L. Konigsburg (Rowohlt Rotfuchs) reißt die zwölfjährige Claudia zusammen mit ihrem kleinen Bruder aus, um dem langweiligen Familienleben zu entfliehen. Im großen Kunstmuseum von New York schlafen sie in königlichen Betten und geraten unversehens in spannungsreiche Geschehnisse, in dem die Kunstgeschichte eine zentrale Rolle spielt.

In *Angel* von Marliese Arold (Fischer Schatzinsel Frankfurt/M.) flieht die Jugendliche Svenja von der alkoholabhängigen Mutter zum Vater, der sie aber nicht haben will. So landet sie auf der Straße und schließt sich einer bettelnden Gruppe an, bis der Vater sie entdeckt und bei sich aufnimmt.

In *Die schlafenden Wasser* von Henri Bosco (Freies Geistesleben Stuttgart) träumt Pascalet vom Fluss weit hinter dem Haus. Als seine Eltern verreisen, reißt er aus, nutzt die Gelegenheit, den Fluss kennen zu lernen. Nach einigen Tagen auf dem Wasser – der Fluss offenbart ihm sowohl die Schönheiten als auch die Unheimlichkeiten des Lebens, die außerhalb der familiären Geborgenheit zu finden sind – trifft er einen Fischer, der ihn nach Hause zurückbringt.

In *Ilse Janda, 14 oder Die Ilse ist weg* von Christine Nöstlinger (Oetinger Hamburg) haut die vierzehnjährige Ilse von zu Hause ab. Nur ihre Schwester glaubt zu wissen, wohin sie gefahren ist. Ein gelungenes Jugendbuch über erste Irrtümer, Entäuschungen und falsche Träume.

Jugenderzählungen, in denen es um die geschlechtliche Entwicklung der Jugendlichen, in denen es um die **erste Liebesbeziehung** geht, thematisieren einen wichtigen Lebens- und Erfahrungsbereich der Heranwachsenden. Glücklicherweise wird dieses Themenfeld zunehmend offener und weniger verklärt literarisch bearbeitet.

In *Amor, Herzkönig und ich* von Joan Bauer (Omnibus München) wünscht sich die 17-jährige Allison nichts sehnlicher, als ihren Schwarm Peter zu erobern. Und so tritt Amor in das Leben der 17-jährigen und verspricht ihr die Erfüllung eines Wunsches. Allison glaubt sich am Ziel ihrer Träume.

In *Liebesleid und andere Freuden* von Rosie Rushton (C. Bertelsmann München) geht es um Chloé, die durch Irrungen und Wirrungen in ihrer Clique und ihren Gefühlen zu Nick ihren Weg finden muss.

In *Per E-Mail in den siebten Himmel* von Susanne Keller (Überreuter Wien) fühlt sich die Jugendliche Chess nach dem Umzug ziemlich allein. Über E-Mail lernt sie Lukas kennen, mit dem sie sich sofort – zumindestens virtuell – versteht, so dass sie ihn kennen lernen möchte.

In *Joe & ich* von Evelyne Stein-Fischer (Ueberreuter Wien) geht es um die zwölfjährige Sophie, die für den fünfzehnjährigen Joe schwärmt. Es ist eine sehr einfühlsam geschriebene Liebesgeschichte über die Liebe zu einem älteren Jungen.

In *Sandor slash Ida* von Sara Kadefors (Carlsen Hamburg) lernen sich die vierzehnjährige Ida und der sechzehnjährige Sandor durchs Chatten im Internet kennen. Beide verstehen sich gut bis es zur ersten Begegnung kommt. Ein gelungener Roman über das Erwachsenenwerden, der in der Frage gipfelt „Wie viel Wahrheit verträgt die Liebe?

In *So lonely* von Per Nilsson (dtv München) ist ein Junge unglücklich verliebt. In kurzen Abschnitten rekapituliert er die Geschichte. Es ist die einfühlsam erzählte Geschichte einer ersten Liebe.

So ein alberner Satz wie Ich liebe dich von Martin Casariego Cordoba (Hanser München) ist ein Roman aus der Perspektive eines 17-jähringen, der in seinem Glück die ganze Welt umarmen möchte. Es werden aber auch die Dinge erzählt, die neben der Liebe wichtig sind: die Schule, das Fußballspiel, die Familie und die Freunde.

In *Cool. Und was ist mit Liebe?* von Ned Vizzini (C. Bertelsmann München) geht es um Jeremy, der sich nicht cool genug findet. Besonders in Bezug auf Mädchen ist Coolness entscheidend. Dieser Jugendroman (der Autor ist 21 Jahre alt) liegt außergewöhnlich dicht an der Gefühlswelt der Jugendlichen.

Das Thema *Freunde/Freundinnen und Freundschaften* spielt in den meisten Jugendbüchern als Begleitmotiv eine wichtige Rolle. In nicht wenigen Jugenderzählungen wird es aber auch zum Hauptmotiv der Handlung. Freundschaften sind für die Jugendlichen noch bedeutsamer als für die Kinder, da im Erlebnishorizont Jugendlicher Freundschaften eine stärkere Orientierungshilfe im Blick auf die eigene Identitätsbildung darstellen.

In *Im Regen stehen* von Zoran Drvenkar (Rowohlt Hamburg) entdecken und erfahren Zoran und seine Freunde im Westberlin der 70er Jahre die kleine Welt im Kiez, die gleichermaßen das große Leben beinhaltet. In zahlreichen Episoden entwirft der Autor das realistische Panorama einer Berliner Kindheit und Jugend.

In *Gefangen in der Tiefe* von Joyce Sweeny (dtv junior München) erkunden Neil und sein Freund Randy eine Höhle in einem Nationalpark. Im Gewirr der Gänge verlaufen sich die Jungen.

In *Die Narbe* von Michael Cockett (dtv junior München) geht es um Simon und Leroy, zwölf Jahre alt und beste Freunde. Doch ihre Freundschaft wird immer wieder auf die Probe gestellt, da die Stadtviertel, in denen sie wohnen, verfeindet sind. Und auch in der Schule gibt es Probleme.

In *Liebe Liz* von Alison Prince (Urachhaus Stuttgart) geht es um Frances, die es kaum erwarten kann, Liz, ein Mädchen aus dem Armenviertel Glasgows, endlich kennen zu lernen. Aber es dauert, bis das Eis zwischen den beiden Mädchen – ganz unterschiedlicher Herkunft – schmilzt und die Grundlage für eine Freundschaft entstehen kann.

In *Die Clique* von Brigitte Blobel (Arena Würzburg) erzählt Lara von ihrer Clique. Es geht darum, dass es schön ist dazuzugehören – aber nicht um jeden Preis. Dargestellt wird ein typischer Erfahrungshintergrund von Jugendlichen, in dem andere Jugendliche wichtig sind.

Das Thema **Krankheit, Behinderung und Tod** findet zunehmend stärkere Beachtung in der realistischen Kinder- und Jugendliteratur. So sind zahlreiche Jugendbücher entstanden, in denen dieses schwierige und wichtige Themenfeld angemessen aufbereitet und literarisch anspruchsvoll verarbeitet worden ist.

In *Birnbäume blühen weiß* von Gerbrand Bakker (Patmos Düsseldorf) steht Gerson im Mittelpunkt der Handlung, der bei einem Autounfall sein Augenlicht verliert. Seine Zwillingsbrüder Klaas und Kees erzählen eindrücklich, glaubwürdig und unsentimental vom Leben mit ihm, dem blinden jüngeren Bruder.

Krankheit, Behinderung und Tod

In *Tanz auf dünnem Eis* von Pernilla Glaser (Carlsen Hamburg) beschreibt die Autorin, die als Regisseurin einer Theatergruppe arbeitet, ihr Zusammensein und Zusammenleben mit dem Schauspieler Robson. Robson erkrankt erneut, gerade als er seine Erkrankung an einem Gehirntumor besiegt glaubte, und beide sind gerade einmal 22 Jahre alt, als er stirbt. Offen reiht die Autorin die Momente des Zusammenlebens, der Angst und des Schmerzes aneinander. Der Schluss kündet vom Mut, trotz Verzweiflung und großem Kummer weiterzuleben.

In *Das total normale Chaos* von Sharon Creech (Fischer Schatzinsel Frankfurt/M.) berichtet ein 13-jähriges Mädchen über ihre Erfahrungen mit Krankheit und Tod.

In *Und über uns der Sternenhimmel* von Jane Mitchell (dtv pocket München) trifft Tony nach einem schweren Unfall in der Klinik auf den totkranken Stephen. Tony kämpft sich ins Leben zurück, Stephen stirbt. Ein realistischer Roman, der traurig stimmt und gleichzeitig ermutigend wirkt.

Moira. 16 Jahre: „Ich hatte Anorexie" von Moira Müller (Urachhaus Stuttgart) beschreibt in Tagebuchform die Stationen einer Heilung. Moira beschreibt ihre Anorexie (Magersucht) mit erschütternder Offenheit und genauer Selbstbeobachtungsgabe. Ein Buch, das bewegend geschrieben ist, aber auch Mut zu machen versteht.

Aggressivität und Gewalttätigkeit stellen einen vielschichtigen Themenkomplex dar, der verstärkt in Jugendbüchern aufgegriffen wird. Kinder- und Jugendbücher zum Thema Gewalt können Anstoß sein, sich mit Machtstrukturen, die sich verdeckt oder offen zeigen, zu beschäftigen. Sie können Mechanismen zeigen, die diese Machtstrukturen möglich machen und die oft genug ihre Aufdeckung und Beseitigung verhindern.

Aggressivität und
Gewalttätigkeit

In *Und wenn ich zurückhaue* von Elisabeth Zöllner (Omnibus München) geht es um Christian, der in der neuen Schule von drei älteren Jugendlichen ausgelacht und angegriffen wird. Dieses Buch behandelt eindrucksvoll das Thema Gewalt in der Schule.

In *Tanz in die Hölle* von Tor Fretheim (dtv pocket München) wird der 12-jährige Espen immer wieder brutal von seinem Vater geschlagen. Trotz dieser Misshandlung will er ihn nicht bloßstellen, so zieht er sich immer mehr in sich selbst zurück.

In *Das Leben ist anders* von Marie Regina Kaiser (Omnibus München) fabuliert sich Lothar seine eigene Welt, da er in dieser Realität mit einem gewalttätigen Vater und einer schwachen Mutter nicht mehr zurechtkommt. Von seinen Freunden wird er daher nur noch „Lügenface" genannt.

In *Die vergitterte Welt* von Jane Frey (Loewe Bindlach) wird die Geschichte eines Jungen erzählt, der kaum eine Chance hatte. Seine Aggressivität bringt ihn hinter Gittern. Doch nach zahlreichen Rückschlägen schöpft er neuen Mut. Bewegend geschrieben, ohne sentimental zu werden.

In *Kaltes Schweigen* von Mats Wahl (Hanser München) wird in einem Walstück die Leiche eines Jungen gefunden. Durch Befragungen, die Kommissar Fors vornimmt, entsteht kein sympathisches Bild des Opfers. Drogen und Gewalt sind mögliche Motive. Spannend und glaubwürdig erzählt.

Jugenderzählungen über **Länder und Menschen aus der Dritten Welt** können wichtige soziale Lernprozesse beim jugendlichen Leserpublikum in Gang setzen. In ihren gelungenen Beispielen schildern sie nicht nur die geographischen und kulturellen Besonderheiten, sondern vor allem die Menschen in ihren jeweiligen existentiell bedeutsamen Lebenssituationen und Lebenszusammenhängen.

In *Township Blues* von Lutz van Dijk (Elefanten Press München) wird erzählt, was AIDS für Afrika, besonders für Südafrika bedeutet. Am Schicksal von Thina wird die Problematik fassbar und erfahrbar.

Thema: Dritte Welt

In *Kinder im Dunkeln* von Julio Emilio Braz (Nagen und Kimche Zürich) geht es um Straßenkinder, die sich ohne Eltern, oft zusammen mit anderen Kindern und Jugendlichen, in den Großstädten durchschlagen müssen. Die Geschichte des Mädchens Rolina gibt einen wirklichkeitsnahen Einblick in das Dasein der Straßenkinder.

In *Salsavida* von Andres Caicedo (P. Hammer Wuppertal) geht es um die Kolumbianerin Mona, die aus ihrer geordneten Welt ausbricht. Der Autor vermittelt die Lebenssituation einer städtischen Jugend in Kolumbien in eindrucksvoller Weise. Das Besondere der lateinamerikanischen Kultur wird dadurch erfahrbar gemacht.

Jugendbücher mit **politischen und gesellschaftspolitischen Inhalten** stellen eine wichtige eigene Themengruppe der problemorientierten Jugendbücher dar. Sie geben Impulse für den politischen und den gesellschaftspolitischen Lernprozess der Jugendlichen. Ihr Themenfeld ist weit gespannt, die nachfolgenden Beispiele verdeutlichen dies.

In *Die schnelle Mark* von Felicitas Naumann (Rowohlt Hamburg) tappt der Auszubildende Chris in die Schuldenfalle der werbenden Banken. Als er arbeitslos wird, muss er erleben, wie die Gläubiger gnadenlos ihr Geld eintreiben.

Politische und gesellschaftspolitische Themen

In *Die Nacht, die kein Ende nahm* von Frederik Hetmann und Harald Tondern (Rowohlt Hamburg) ist in der Nachwendezeit eine Schulklasse aus dem Westen in Mecklenburg. Eine Gruppe Jugendlicher fühlt sich durch einige dunkelhäutige Schüler dieser Klasse provoziert und terrorisiert die Klasse und ihre Lehrer eine Nacht lang.

In *Plötzlich ist nichts mehr sicher* von Reiner Engelmann (Elefanten Press München) geht es um Gewalt und Krieg, genauer um Kinder und Krieg. In verschiedenen Erzählungen dieses Sammelbandes wird die ganze Problematik recht anschaulich.

In *Die Wolke* von Gudrun Pausewang (Ravensburger Ravensburg) geht es um die 14-jährige Janna Berta, die nach einem GAU durch die verseuchte Landschaft, auf der Suche nach ihrer Verwandtschaft, irrt. Eine erschreckend realistische Darstellung einer realistischen Gefährdung unserer Zeit.

In *Das Abenteuer des Denkens. Roman über Albert Einstein* von David Chotjewitz (Carlsen Hamburg) wird der Physiker Albert Einstein menschlich sehr nahe gebracht, in seiner Freude und Launenhaftigkeit, seinem zuweilen provokativen Umgang mit Freunden und Kollegen, in seinem Einsatz gegen den Krieg. Ein ausgezeichneter Jugendroman, spannend und informativ.

In *LAB 47. Gefahr aus dem Labor* von Malcom Rose (Arena Würzburg) geht es um den jungen Chemiker Kyle Proctor, der in einem Pharmakonzern arbeitet und dabei auf ein geheimes Forschungsprojekt stößt. Es ist ein Thriller über die Risiken der Gentechnik, über biologische Waffen und Rassismus. Aktuell und aufrüttelnd.

Problemorientierte historische Jugendbücher und Jugendromane, die an Beispielen aus vergangener Zeit aufzeigen, wie die Lebenswirklichkeit aussah, wie z. B. Unterdrückung und Machtmissbrauch stattfanden, haben zahlenmäßig und hinsichtlich ihrer thematischen Reichweite deutlich zugenommen. Sie können zu geschichtskritischen und gesellschaftspolitischen Einsichten führen, die für unsere Gegenwart und ihrer Ausdeutung bedeutsam sind.

Historische
Jugendbücher

In *Im Schatten des schwarzen Todes* von Harald Parigger (dtv junior München) geht es um den schwarzen Tod, wie die Pest auch genannt wurde. Im Zentrum der Erzählung steht der junge David, der eine alte medizinische Abhandlung, die vielleicht Rettung bringt, nach Mainz bringen soll. Es wird ein eindrucksvolles Bild mittelalterlichen Lebens in düsteren Zeiten vermittelt.

In *Der Fremdling* von Sigrid Heuck (Thienemann Stuttgart) wird die authentische Geschichte von Michael und Emmerenzia, einem heimatlosen Trommler und einer als Außenseiterin angesehenen Bäuerin, erzählt. Der Handlungsrahmen ist gegen Ende des Dreißigjährigen Krieges angesiedelt.

In *Hexenkind* von Celia Rees (Arena Würzburg) muss die junge Mary mitansehen, wie ihre geliebte Großmutter als Hexe hingerichtet wird. Das Geschehen spielt im England des 17. Jahrhunderts. Durch Form der Tagebuchaufzeichnung wirkt dieser Roman in besonders eindrücklicher Weise auf die Leser.

In *Der Freund des Malers* von Elisabeth Borton de Trevino (Beltz & Gelberg Weinheim) geht es um die Geschichte eines afrikanischen Sklaven, der mit dem großen spanischen Maler Velazquez befreundet ist. Der Roman vermittelt Einblicke in spanische Geschichte und Kunst des 17. Jahrhunderts.

In *Becky Brown. Versprich, nach mir zu suchen!* (C. Bertelsmann München) wird das Einwandererschicksal eines Geschwisterpaares aus dem New York des 19. Jahrhunderts spannend und glaubwürdig erzählt. Im erläuternden Anhang wird auch Kartenmaterial mitgeliefert.

Einige **utopische Jugenderzählungen und Jugendromane** lassen sich durchaus auch zu den problemorientierten Jugendbüchern zählen. Sie entwickeln Visionen, die die Gefährdungen durch gegenwärtige und zukünftige gesellschaftliche Entwicklungen aufzeigen. Die nachfolgenden Beispiele machen die Aktualität und Brisanz der angegangenen Themen und Inhalte deutlich.

In *Hüter der Erinnerung* von Louis Lowry (dtv junior München) entdeckt Jonas, dass er, anders als seine Mitmenschen, Farben unterscheiden kann. In diesem Zukunftsroman wird nämlich die Fähigkeit zur Unterscheidung abgelehnt.

Utopische Jugendbücher/ Science-fiction

In *Oceantec 2051* von Hilari Bell (Arena Würzburg) wird im Jahr 2051 die Menschheit gezwungen, im Meer zu leben. Aber auch dort wird dieses Leben durch Anschläge, Sabotage und Mord gefährdet. Es ist ein spannender Zukunfts-Thriller, der zukünftige Möglichkeiten und Gefahren erahnen lässt.

In *Justin Time – Zeitsprung* von Peter Schwindt (Loewe Bindlach) geht es um die Welt im Jahr 2385. In diesem Roman, im Mittelpunkt steht der Internatsschüler Justin Time, wird der Leser auf eine faszinierende Zeitreise mitgenommen, die zwischen den Gegensätzen von Zukunft und Vergangenheit ihren dramatischen Lauf nimmt.

Aspekte der Beurteilung

Problemorientierte Jugendbücher vermitteln nicht nur vielfältige und zum Teil vielschichtige Informationen, sie können auch den Aufbau von Einstellungen und Haltungen fördern.

Thematisch und inhaltlich geht es in vielen problemorientierten (erzählenden) Jugendbüchern „um die exemplarische Darstellung krisenhafter Lebenssituationen junger Menschen, in denen sich offenbar fundamentale Widersprüche zwischen den Lebensansprüchen und autonomen Wertvorstellungen der jungen Generation und dem von der Erwachsenengeneration repräsentierten Normengefüge der Gesellschaft manifestieren".[3]

Damit begegnet der jugendliche Leser im Buch fiktiven Situationen, die Parallelen zu seiner ganz spezifischen Lebenssituation aufweisen. Er erhält über die Jugendlektüre **Entscheidungs- und Lebenshilfen**, die ihm bei der Lösung der eigenen Konflikt- und Problemsituationen unterstützen können.

Der Jugendliche begegnet im Jugendbuch Personen, mit denen er sich identifizieren kann, und solchen, von denen er sich distanzieren kann. Er erhält aber nicht Rezepte zur Lösung der eigenen Identitäts- und Rollenkonflikte. In der Findung von Lösungsperspektiven verweisen die meisten problemorientierten Jugendbücher den Leser auf sich selbst zurück.

„Das Scheitern des Einzelnen an der Umwelt, der sich selbst bescheidende Rückzug aus der Gesellschaft oder die innere Veränderung in einer neuen zwischenmenschlichen Beziehung sind typische Konfliktlösungsmuster, die den Leser herausfordern, sein eigenes Verhältnis zu seiner sozialen Umwelt neu zu überdenken und aus seinem persönlichen Erlebnishorizont heraus Gegenperspektiven zu seinen Realitätserfahrungen zu gewinnen."[4]

Jugendbücher, die durch ihre Themen- und Motivwahl Jugendlichen bei der Bewältigung ihrer konfliktreichen Lebensphase helfen können, die durch ihre inhaltliche Aufbereitung die Integration des Jugendlichen in diese Welt zu unterstützen vermögen, die außerdem auch noch spannend und unterhaltend sind, können ihren Lesern eine echte **Hilfestellung zu einer sinn- und wertorientierten Lebensgestaltung** geben.

Jugendbücher mit dieser Konzeption beinhalten eine pädagogische Dimension, die sich bereits in zahlreichen problemorientierten Jugendbüchern widerspiegelt.

Zusammenfassung

- Das Jugendbuch ist für Heranwachsende vom 12. Lebensjahr an gedacht.
- Das problemorientierte ist das für die Erziehung bedeutungsvollste Jugendbuch.
- Problemorientierte Jugendbücher entwickeln ihre Themen und Motive aus der spezifischen Lebenssituation des Jugendlichen.
- Problemorientierte Jugendbücher beschäftigen sich mit der Entwicklungsproblematik der Jugendlichen.
- Die wichtigsten Themengruppen des problemorientierten Jugendbuches sind:
  - Identitäts- und Rollensuche
  - Ausreißer- und Fluchtmotiv
  - Erste Liebesbeziehungen
  - Freunde/Freundschaften
  - Krankheit, Behinderung, Tod
  - Aggressivität und Gewalttätigkeit
  - Dritte Welt
  - Politik/Gesellschaftspolitik
  - Historische Jugendbücher
  - Utopische Erzählungen und Romane

■ Jugendbücher, die durch ihre Themen- und Motivwahl Jugendlichen bei der Bewältigung ihrer konfliktreichen Lebensphase helfen können, die durch ihre inhaltliche Aufbereitung die Integration des Jugendlichen in diese Welt zu unterstützen vermögen, die außerdem auch noch spannend und unterhaltend sind, können ihren Lesern eine echte Hilfestellung zu einer sinn- und wertorientierten Lebensgestaltung geben

Diskussionsvorschläge

1. Welche Möglichkeiten haben Erzieher, Jugendliche bei der Auswahl ihrer Bücher zu beraten?
2. Welche Gesprächsformen lassen sich denken, um mit Jugendlichen über die Inhalte von Jugendbüchern zu diskutieren?
3. Lässt sich das Freizeitverhalten der Heranwachsenden, besonders der Medienkonsum, zugunsten des problemorientierten Jugendbuches beeinflussen?
4. Von zahlreichen Jugendbüchern gibt es Verfilmungen und Tonkassetten. Diskutieren Sie die Vor- und Nachteile dieser Medien als Mittel zur Hinführung zum Buch.

Auch hier könnte der Lehrer zunächst einige ausgewählte (problemorientierte) Jugendbücher einführen und im Unterricht anlesen lassen. Die Studierenden könnten als Hausarbeit verschiedene Jugendbücher vollständig durchlesen und kurze Rezensionen dazu anfertigen. Im Unterricht ließe sich dann anhand dieser angefertigten Rezensionen eine vergleichende und wertende Diskussion führen.

Anregungen für die weitere unterrichtliche Bearbeitung

Empfehlenswert für eine exemplarische Bearbeitung ist das Taschenbuch *Berts beste Familienkatastrophen* von Anders Jacobsson und Sören Olsson (Rotfuchs Reinbeck) aus der Reihe der Katastrophen-Tagebücher von Bert (Oetinger Hamburg). In diesem Buch, das in der Form eines Tagebuches verfasst ist, wird humorvoll und treffsicher das Lebensgefühl und Empfinden eines pubertierenden Jungen beschrieben.

Anmerkungen

1 Hurrelmann, K./Rosewitz, B./Wolf, H. K.: Lebensphase Jugend. Eine Einführung in die
   sozialwissenschaftliche Jugendforschung. Weinheim und München 1985, S. 11
2 Ebenda S. 13 f.
3 Scheiner, P.: Realistische Kinder- und Jugendliteratur. In: G. Haas (Hrsg.): Kinder- und
   Jugendliteratur. 3., völlig neu bearbeitete Auflage. Stuttgart 1984, S. 50
4 Ebenda S. 54

Weiterführende Literatur

Baacke, D.: Die 13- bis 18-jährigen. Weinheim und Basel 1983 (6. Aufl. 1993).
Dahrendorf, M.: Problemorientierte Jugendbücher in der Bundesrepublik
    Deutschland. In: H. Gärtner (Hrsg.): Jugendliteratur im Sozialisationsprozess.
    Bad Heilbrunn 1978.
Dahrendorf, M.: Gesellschaftliche Probleme im Kinderbuch. In: Literaturdidaktik
    im Umbruch. Düsseldorf 1975.
Dahrendorf, M.: Jugendliteratur und Politik, Gesellschaftliche Aspekte der Kin-
    der- und Jugendliteratur. Frankfurt 1986.
Ewers, H.-H./Lypp, M./Nassen, U. (Hrsg.): Kinderliteratur und Moderne. Wein-
    heim und München 1990.
Fuchs, M.: Jugend, Jugendkultur und Gesellschaft. Akademie (RAT) Remscheid
    1992.
Gansel, C.: Der Adoleszenzroman. Zwischen Moderne und Postmoderne. In:
    Taschenbuch der Kinder- und Jugendliteratur. Hrsg. von G. Lange. Balt-
    mannsweiler 2000.
Groeben, N. und Hurrelmann, B.: Lesekompetenz. Weinheim und München
    2002.
Haas, G.: Aspekte der Kinder- und Jugendliteratur. Frankfurt/M. 2003.
Haas, G./Klingberg, G./Tabbert, R.: Phantastische Kinder- und Jugendliteratur.
    In: Kinder- und Jugendliteratur. 3., völlig neu bearbeitete Auflage.
Hurrelmann, K.: Lebensphase Jugend. Weinheim und München 1994.
Knobloch, J. und Dahrendorf, M. (Hrsg.): Offener Unterricht mit Kinder- und
    Jugendliteratur. Baltmannsweiler 1999.
Lettner, F.: Aspekte der aktuellen problemorientierten Jugenliteratur. In: Sterz.
    Zeitschrift für Literatur, Kunst und Kulturpolitik. Graz 1997.
Milhoffer, P.: Wie sie sich fühlen, was sie sich wünschen. Eine empirische Studie
    über Mädchen und Jungen auf dem Weg in die Pubertät. Weinheim und Mün-
    chen 2000.
Maier, K. E.: Das problemorientierte Jugendbuch. In: Jugendliteratur. 10., über-
    arb. Auflage. Bad Heilbrunn 1993.
Pette, C.: Psychologie des Romanlesens. Lesestrategien zur subjektiven Aneig-
    nung eines literarischen Textes. Weinheim und München 2001.
Radde, M., U. Sander und R. Vollbrecht: Jugendzeit – Medienzeit. Weinheim und
    München 1988.

Rank, B. (Hrsg.): Erfolgreiche Kinder- und Jugendbücher. Baltmannsweiler 1999.

Scheiner, P.: Realistische Kinder- und Jugendliteratur. In: Kinder- und Jugendliteratur von G. Haas (Hrsg.) Stuttgart 1984.

Scheiner, P.: Rollenbilder in der problemorientierten Jugendliteratur der Gegenwart. In: H. Gärtner (Hrsg.): Jugendliteratur im Sozialisationsprozess. Bad Heilbrunn 1978.

Schreiner, P.: Realistische Kinder- und Jugendliteratur. In: Taschenbuch der Kinder- und Jugendliteratur. Hrsg. von G. Lange. Baltmannsweiler 2000.

Tabbert, R.: Phantastische Kinder- und Jugendliteratur. In: Taschenbuch der Kinder- und Jugendliteratur. Hrsg. von G. Lange. Baltmannsweiler 2000.

Vohland, U.: Jugendbuch und soziales Lernen. Düsseldorf 1979.

Ziehe, T.: Pubertät und Narzissmus. Frankfurt 1975.

Zima, P.: Postmoderne, Gesellschaft, Philosophie, Literatur. Tübingen und Basel 1999.

Zinnecker, J.: Jugendkultur 1940–1985. Opladen 1987.

Das Abenteuerbuch

Zum Begriff Abenteuerbuch 134

Formen des Abenteuerbuches 134

Aspekte der Beurteilung 141

Zusammenfassung 143

Diskussionsvorschläge 143

Anmerkungen 144

Weiterführende Literatur 144

Das Abenteuerbuch

Ziel und Bedeutung

Die Abenteuerliteratur für Jugendliche hat bereits viele Berührungspunkte mit der für die Erwachsenen. Viele jugendgemäße Abenteuerbücher waren ursprünglich Erwachsenendichtung. Besonders bei der Altersstufe der 10- bis 14-jährigen lässt sich eine Vorliebe für Abenteuerbücher feststellen. Darüber hinaus bleibt das Interesse an Abenteuerliteratur sicher auch beim jungen Erwachsenen wie beim Erwachsenen überhaupt in einem nicht zu unterschätzenden Umfang erhalten.

Die Studierenden sollen die verschiedenen Formen der Abenteuerlektüre kennen lernen und Aspekte der Beurteilung – speziell im Hinblick auf die sozialpädagogische Praxis – entwickeln.

Zum Begriff Abenteuerbuch

Beg riffsbestimmung

Das Abenteuer kann als ungewöhnliches oder außergewöhnliches, gewagtes Unternehmen und gefährliches Erlebnis bezeichnet werden. Es kann von einem einzelnen oder einer Gruppe von Menschen erlebt bzw. durchstanden werden. Der Begriff „Abenteuerbuch" lässt sich dementsprechend wie folgt definieren: „Das Abenteuerbuch ist die Darstellung des Erlebens eines ungewöhnlichen, seltsamen, in Unsicherheit versetzenden Ereignisses oder Wagnisses von einem einzelnen oder mehreren Menschen. Das; Erlebnis ist persönlichste Angelegenheit und kann sich im erdkundlichen, geschichtlichen oder technisch-utopischen Bereich vollziehen. Das Abenteuer erregt die Gefühlswelt, beansprucht alle Kräfte, besitzt und erzeugt Spannung."[1]

Formen des Abenteuerbuches

Einteilung der Abenteuerlektüre nach inhaltlichen Kategorien

K. E. Maier geht bei der **Einteilung der Abenteuerlektüre** von inhaltlichen Kategorien aus und kommt zu folgender Gruppierung:[2]

1. Völkerkundlich-geographisch orientierte Abenteuerbücher
2. Robinsonaden
3. Seegeschichten
4. Historisch-orientierte Abenteuergeschichten
5. Indianergeschichten
6. Abenteuerliche Erzählungen mit Tieren
7. Detektivgeschichten
8. Utopische und phantastische Abenteuergeschichten (Science Fiction und Fantasy)

Im Sinne dieser Einteilung wird im Folgenden das Spektrum der Abenteuerlektüre kurz skizziert.

Völkerkundlich-geographisch orientierte Abenteuerbücher

„Diese zahlreich vertretenen Abenteuerbücher schildern auf dem Hintergrund ferner Landschaften und bei fremden Völkern außergewöhnliche Tatsachen, Taten und Schicksale von Menschen."[3]

So lässt sich kaum ein Gebiet der Erde finden, das noch nicht von der Abenteuerliteratur erfasst wurde.

Beispiele (ab 12./13. Lebensjahr)

Kurt Lütgen: *Kein Winter für Wölfe* (Arena Würzburg). – Leosch Schimanek: *Im Bann des Polarwinters* (Union Fellbach). – K. Verleyen: *Das Geheimnis des Roten Wikingers* (Arena Würzburg). – Leosch Schimanek: *Durch die Wildnis zum Eismeer* (Union Fellbach). – Ronald M. Hahn: *Goldfieber am Yukon River* (Ensslin Eningen). – Don H. Meredith: *Das Rennen* (St. Gabriel Mödling). — *Polarkreis, Alaska, Nordkanada*

Sembene Ousmane: *Chala* (P. Hammer Wuppertal). – Maretha Maartens: *Sidwell und der Müllhaldenmann* (Lamuv Göttingen). – Sigrid Heuck: *Saids Geschichte oder Der Schatz in der Wüste* (Thienemanns Stuttgart). – E. Campbell: *Das Lied des Leoparden* (Ueberreuter Wien). – R. Burger: *Der Wind und die Sterne* (Beltz & Gelberg Weinheim). — *Afrika*

Franz Braumann: *Aufstieg zum Dach der Welt* (Boje Erlangen). – Klaus Kordon: *Monsum oder Der weiße Tiger* (Beltz & Gelberg Weinheim). – Herbert Kranz: *In den Klauen des Ungenannten* (Herder Freiburg). – J. Carlsson: *Kleiner grauer Vogel aus Kabul* (Boje Erlangen). – Colin Thiele: *Die Höhle* (Ravensburger Ravensburg). — *Asien*

Eve Sutton: *Im Tal der Goldgräber* (Arena Würzburg). – Rainer M. Schröder: *Abby Lynn – Verbannt ans Ende der Welt* (C. Bertelsmann München). – Joy Cowley: *JONAS und die Schildkröte* (Arena Würzburg). – Kurt Lütgen: *Auf Geheimkurs/Weit hinter dem Wüstenmond/Wie Sand vor dem Wind.* 3 Bde. Australien Saga (Arena Würzburg) — *Australien, Südsee*

Juri Korinetz: *Dort, weit hinter dem Fluss* (Beltz & Gelberg Weinheim). – Juri Korinetz: *Der Mückensammler* (C. Bertelsmann München). – Barbara Bartos-Höppner: *Taigajäger* (Loewes Bindlach). – Nelly Däs: *Mit Timofej durch die Taiga* (G. Bitter Recklinghausen). – Rainer M. Schröder: *Dschingis Khan* (C. Bertelsmann München). — *Sibirien, Mongolei und Nordrussland*

Friedrich Gerstäcker: *Die Flußpiraten des Mississippi/Gold* (Union Stuttgart). – William Judson: *In den Wäldern am kalten Fluss* (C. Bertelsmann München). – William Mayne: *Der Clan des Bären* (Arena Würzburg). – Werner J. Egli: *Bis ans Ende der Fährte* (Ueberreuter Wien). – Kathryn: *Jenseits der Wasserscheide* (dtv junior München). — *Nordamerika*

Werner J. Egli: *Das Gold des Amazonas* (Ueberreuter Wien). – Lira Willems: *Manchmal bin ich ein Jaguar* (Beltz & Gelberg Weinheim). – E. Salgari: *Der schwarze Korsar* (Arena Würzburg). – Franz Braumann: *Fluss ohne Namen* (Loewes Bindlach). – Sebastiáo Bastos: *Mein Wald am Ufer des großen Flusses* (Lamuv Göttingen). — *Mittel- und Südamerika*

Robinsonaden

Robinson Crusoe von Daniel Defoe (1719) ist das klassische Aus-
gangswerk dieser Buchgruppe, das zu zahlreichen Nach- und Neu-
schöpfungen anregte.

Motiv der
Inselexistenz

„Die Zentralidee einer echten Robinsonade bildet die Inselexistenz; ob
einer allein oder eine Gruppe von Menschen das inselhafte Dasein
erlebt, ob sie ungewollt oder freiwillig in diese Situation geraten, ja
selbst die Tatsache, ob es sich um eine Insel im Meer oder einen anderen von Menschen isolierten Flecken Erde handelt, ist nicht entscheidend. Maßgeblich für die Kennzeichnung als Robinsonade ist die Iso-
lation von Zivilisation und Gesellschaft und die sich daraus ergebende
ursprungshafte Anfangslage, in der sich der Mensch zurechtfinden und
bewähren muss."[4]

Beispiele deutscher Jugendbuchausgaben von Defoes Robinson

Daniel Defoe: *Robinson Crusoe* (Boje Erlangen, Thienemanns Stuttgart, Loewes Bindlach, Arena Würzburg, Ueberreuter Wien u. a.)

Beispiele von Jugendbuchausgaben mit Robinson-Motiv

Scott O'Dell: *Insel der blauen Delphine* (Oetinger Hamburg und dtv Junior). –
Harry Mozer: *Cleos Insel* (Anrich Weinheim). – Natalie Scharf: *Die schwarze Trom-
mel* (Spectrum Fellbach). – Lisa Tetzner: *Die Kinder aus Nr. 67.* Band 4: *Das Schiff
ohne Hafen* und Band 5: *Die Kinder auf der Insel* (Sauerländer Frankfurt/M. und
dtv Junior). – A. Th. Sonnleitner: *Die Höhlenkinder im Heimlichen Grund* (Franckh
Stuttgart und dtv Junior München).

Seegeschichten

Die Seeabenteuergeschichte hat sich vor allem in England entwickelt
(Herman Melville: Moby Dick, Robert Lois Stevenson: Schatzinsel und
die Bücher von Frederik Marryat). Die Gefahren in Wellen und Sturm,
die Fahrt in die unbekannte und endlose Weite, männliche Leistung und
Kameradschaft, das Wagnis der Erforschung neuer Seewege, der
Kampf mit Piraten und Meuterern, das alles sind Stoffe von Seegeschichten. Seit der Ablösung der gefahrvollen Segelschiffe durch
Dampfschiffe werden vorwiegend historische Stoffe verwendet, in
denen die vorgenannten Abenteuer des Meeres noch vorherrschen.

Beispiele abenteuerlicher Seegeschichten (ab 12./13. Lebensjahr

Robert Lois Stevenson: *Die Schatzinsel* (Loewes Bindlach). – Herman
Melville: *Moby Dick* (Arena Würzburg und Hanser München). – Karl Rolf
Seufer: *Kurs West!* (Loewes Bindlach). – Kurt Lütgen: *Das Rätsel der
Nordwestpassage* (Arena Würzburg). – James F. Cooper: *Der rote Frei-
beuter* (Arena Würzburg). – Colin Thiele: *Sturm Boy* (Ravensburg
Ravensburg). – Sarita Kendall: *Schatzsuche im Glockenriff* (Boje Erlan-
gen). – Eve Sutton: *Seeräuber an Bord* (Boje Erlangen. – Günter Sachse:

Die Meuterei auf der Bounty (C. Bertelsmann München). – Jack London: *Der Seewolf* (Loewes Bindlach). – Johan Ballegeer: *Kaperkapitän Jan Bart* (Anrich Weinheim).

Historisch orientierte Abenteuergeschichten

Führen Abenteuergeschichten in frühere Zeiten, wird die geschichtliche Vergangenheit zum Rahmen der Handlung gewählt, so „spricht man vom historisch orientierten Abenteuerbuch."[5] Nicht immer lässt sich genau unterscheiden, ob die Abenteuerbücher mit historischer Orientierung erlebnishaft gestaltete Sachbücher oder Abenteuerbücher sind. „Maßgeblich für die Einordnung in der Abenteuerliteratur ist die Konzentration auf einzelmenschliche Ereignisse und Schicksale, sind Dynamik und Besonderheit der Handlung."[6]

Frühere Zeiten bilden den Handlungsrahmen

Während früher die Entdeckungsgeschichten verhältnismäßig breit vertreten waren, nimmt seit geraumer Zeit die Zahl der Jugenderzählungen zu, die das Leben und Schicksal der einfachen Menschen in den Mittelpunkt stellen.

Beispiele (ab 11./12. Lebensjahr)

Erich Ballinger: *Der Gletschermann* (Ueberreuter Wien). – Arnulf Zitelmann: *Kleiner-Weg* (Beltz & Gelberg Weinheim). – Rosemarie Sutcliff: *Scharlachrot* (dtv Junior München). – Michael Tesch: – *Im Schatten des roten Mondes* (Herder Freiburg). – J. H. Brennan: *Shiva* (aare Solothurn).

Frühzeit

Arnulf Zitelmann: *Zwölf Steine für Judäa* (Beltz & Gelberg Weinheim). – H. Kneifel: *Pompeji – Flucht aus Feuer und Asche* (Arena Würzburg). – Jakob Streit: *Milon und der Löwe* (Freies Geistesleben Stuttgart). – Rosemarie Sutcliff: *Der Adler der Neunten Legion* (Union Stuttgart). – Arnulf Zitelmann: *Hypatia* (Beltz & Gelberg Weinheim). – Rosemarie Sutcliff: *Das vertauschte Kind* (Urachhaus Stuttgart).

Antike und frühes Christentum

Tonke Dragt: *Der Brief für den König* (Beltz & Gelberg Weinheim). – Thea Beckmann: *Der goldene Dolch* (Urachhaus Stuttgart). – Kurt Wasserfall: *Minona und der Schwarze Tod* (Anrich Weinheim). – Gertrud Ott: *Widukind* (Freies Geistesleben Stuttgart). – J. C. Grund: *Reiter aus der Sonne* (Loewes Bindlach). – Ole Rösholdt: *Die goldene Schlange* (Anrich Weinheim). – Walter Scott: *Ivanhoe* (Hoch Stuttgart).

Mittelalter

Eric P. Kelly: *Der Trompeter von Krakau* (Freies Geistesleben Stuttgart). – Cynthia Harnett: *Die Lehrlingsprobe* (Freies Geistesleben Stuttgart). – Sigrid Heuck: *Meister Joachims Geheimnis* (Thienemann Stuttgart). – Thea Beckmann: *Karen Simonstochter* (Urachhaus Stuttgart). – Rosemarie Sutcliff: *Bonnie Dundee* (dtv Junior München). – Dietlof Reiche: *Der Bleisiegelfälscher (Anrich Weinheim).*

Frühe Neuzeit

Heinz Markstein: *Der sanfte Konquistador* (Freies Geistesleben Stuttgart). – Anton Quintana: *Die Nachtreiter* (dtv Junior München). – J. Aiken: *Geh, zügle den Sturm* (Oetinger Hamburg). – Sigrid Heuck: *Die alte Mühl* (Thienemanns Stuttgart). – Philip Pullmann: *Der Rubin im Rauch* (Anrich Weinheim).

Späte Neuzeit

Indianergeschichten

Völkerkundlich-
geographische sowie
historisch orientierte
Indianerbücher

Indianergeschichten sind sowohl völkerkundlich-geographisch als auch historisch orientiert. Zahlreich sind die Abenteuerbücher, die „über Nordamerika in der Pionierzeit, über Leben und Kampf der Indianer und der Ansiedler, über den Wilden Westen"[7] entstanden sind. „Seit über hundert Jahren zählen sie zu den beliebtesten Stoffen der Kinder- und Jugendlektüre."[8]

James Fenimore Cooper (1789–1851) ist, besonders mit seinen *Lederstrumpf*-Erzählungen, Vorbild für viele Schriftsteller von Indianergeschichten geworden. Bei Karl May zeigt sich die Nachfolgeschaft besonders deutlich. „Auch er stellt die Freundschaft zwischen einem großen Häuptling und einem ebenbürtigen weißen Trapper in den Mittelpunkt der Handlung; auch er überhöht die Gestalten. Während aber Cooper seine Helden in angemessener Berücksichtigung der äußeren und psychologischen Möglichkeiten beschreibt und handeln lässt, versteigt sich Karl May in ein unwirkliches und unwahrhaftes Superheldentum."[9]

In seiner Tecumseh-Reihe (8 Bände/1930 ff.) hat Fritz Steuben das Abenteuerliche mit historisch fundiertem Wissen verbunden, so dass seine Bücher eine Mittelstellung zwischen dem abenteuerlichen und sachlichen Indianerbuch einnehmen.

„Eine ähnliche Erzählposition vertritt auch Liselotte Welskopf-Henrich, die in ihren Indianererzählungen *Die Söhne des Großen Bären* die soziale und völkerkundliche Problematik besonders berücksichtigt."10

Sozialkritische
Ansätze

Etwa seit Beginn der 70er Jahre lässt sich verstärkt eine neue Entwicklung in der Indianerliteratur ausmachen. „Sie schließt an die sachlich-historische Entwicklungslinie an, behandelt die Indianerthematik von der sozial-politischen und der ethnologischen Seite, klammert das abenteuerliche Element weitgehend aus und wendet sich mit ihren sozialkritisch engagierten Ausführungen den Leser."[11]

Beispiele (ab 10./11. Lebensjahr)

Lieselotte Welskopf-Henrich: *Die Söhne des großen Bären*. Bd. 1–6 (Ravensburger Ravensburg). – James Fenimore Cooper: *Lederstrumpf*. Bearb. von Lotte Weitbrecht (Thienemann Stuttgart). – Nanata Mawatani: *Kleiner Bär und Weißer Vogel* (Arena Würzburg). – Käthe Recheis (Hrsg.): *Lasst mein Volk leben/Die Söhne des großen Geistes* (Hoch Stuttgart). – Käthe Recheis: *Red Boy* (St. Gabriel Mödling). – F. Carter: *Der Stern der Cherokee* (C. Bertelsmann München). – Federica de Cesco: *Der rote Seidenschal* (Ravensburger Ravensburg). – Frank Bass: *Wie ein junger Wolf* (Ueberreuter Wien). – Betty Sue Cummings: *Vergesst die Namen nicht* (Union Stuttgart). – Hannelore Westhoff: *Indianergeschichten* (Ravensburger Ravensburg). – Fritz Steuben: *Tecumseh*, 8 Bde. (Kosmos Stuttgart).

Beispiele für sachbetonte Indianerbücher (ab 10./11. Lebensjahr)

Jane Bendix: *Die Türkishöhle* (Anrich Weinheim). – Frederik Hetmann: *Indianer* (Ravensburger Ravensburg). – René Orth: *Auf den Spuren der Indianer* (Ensslin Eningen). – Karin von Weick: *Bisonjäger und Mäusefreunde* (Ravensburger Ravensburg).

Abenteuerliche Erzählungen mit Tieren

In zahlreichen Geschichten wird das Tier zum Handlungsträger und zum Helden. Es muss sich mit seinesgleichen, mit Natur oder Mensch kämpferisch auseinander setzen. Andere Schilderungen verlegen den Schwerpunkt der Betrachtung auf den Menschen, der in der Begegnung mit dem Raubtier oder als Jäger gezeigt wird. Abenteuerlichen Charakter können auch Erzählungen haben, in denen das Tier als treuer und mutiger Helfer des Menschen auftritt und durch sein Verhalten den Verlauf des Geschehens wesentlich beeinflusst.

Beispiele (ab 11./12. Lebensjahr)

Jack London: *Der Ruf der Wildnis/Wolfsblut* (Ravensburger Ravensburg). – Lothar Streblow: *Manka, das Mammut* (Loewes Bindlach). – Barbara Bartos-Höppner: *Silvermoon*. Bd. 1–3 (Ravensburger Ravensburg). – Walter Thorwartl: *Der Luchsfelsen* (Dachs Wien). – Werner J. Egli: *Bis ans Ende der Fährte* (dtv Junior München). – R. Siegel: *Das Lied der Wale* (Arena Würzburg). – Jean C. George: *Julie von den Wölfen* (Sauerländer Frankfurt/M.). – C. Pullein-Thompson: *Black Beautys Vorfahren* (Boje Erlangen). – Colin Thiele: *Der Hai mit der Narbe* (Ravensburger Ravensburg). – Michelle Gilles: *Orka gibt nicht auf* (Titania Stuttgart). – Helga Wegener-Olbricht: *Mein Pony ist mein bester Freund* (Schneider München). – Don H. Meredith: *Das Rennen* (St. Gabriel Mödling). – Käthe Recheis: *Amarog, Wolf mein Freund* (Hoch Stuttgart). – Sylvia Brandis: *Espaniol* (rororo Tb/Rowohlt Reinbek).

Detektivgeschichten

Detektivgeschicheten oder Kriminalerzählungen für Jugendliche lassen sich auch zur Abenteuerliteratur zählen. Sie entsprechen allerdings nicht ganz den mit einem dezidierten Abenteuerbegriff verbundenen Vorstellungen. So fehlt ihren Schauplätzen das: Fremdartige (ferne Räume, ferne Zeiten); sie ziehen die bekannte Umwelt mit ihren alltäglichen und zivilisatorischen Verhältnissen vor.

Der Held (oder die Helden) der Detektivgeschichten unterscheidet sich von den Hauptgestalten der typischen Abenteuerlektüre. „Der Detektiv ist weniger vielseitig mit seinen Fähigkeiten ausgestattet, er ist sozusagen ein spezialisierter Held. Seine charakterlichen Merkmale sind nicht körperliche Tüchtigkeit, sondern neben Mut und Kaltblütigkeit geistige Qualitäten wie Logik, Kombinationsgabe, Schärfe der Beobachtung, Schnelligkeit der Auffassung."[12] In vielen Geschichten, in denen nicht

Der Held/die Helden der Detektivgeschichte

ein Erwachsener als Detektiv oder Kriminalbeamter im Mittelpunkt steht, sind Jugendliche als Gruppe die Hauptakteure (z. B. ein Fall für TKKG, ein Fall für vier), die gemeinschaftlich detektivische Aufgaben lösen. In diesen Geschichten verteilen sich dann die zuvor aufgeführten charakterlichen Merkmale auf mehrere Handlungsträger.

Beispiele (ab 10./11. Lebensjahr)

Stefan Wolf: *... ein Fall für TKKG,* über 60 Bde. (Pelikan Hannover). – Joe Pestum: *Der Kater kommt zurück/Der Kater und der Mann aus Eisen* (Ravensburger Ravensburg). – Thomas Brezinka: *Die Knickerbocker-Bande* (C. Bertelsmann München). – Wilhelm Matthießen: *Das Rote U* (dtv Junior München). – Alfred Hitchcock: *Die drei ???,* bisher über 40 Bde. (Kosmos Stuttgart). – Roger H. Schoemans: *Chico – Überleben in Lima* (Herder Freiburg). – J. Aiken: *Wölfe ums Schloss* (Oetinger Hamburg). – Astrid Lindgren: *Meisterdetektiv Blomquist* (Oetinger Hamburg). – Erich Kästner: *Emil und die Detektive* (Dressiler Hamburg). – Agatha Christie: *Miss Marple,* bisher 20 Bde. (Loewes Bindlach). – Doris Gercke: *Versteckt* (Elefanten Press München).

Utopische Abenteuergeschichten/phantastische Abenteuergeschichten

Der Begriff „Utopie"

„Utopien schildern Zustände und Ereignisse, die der Zukunft angehören, an keinem Ort (u topos) Wirklichkeit sind und daher nur in gedanklicher Konstruktion entwickelt werden können."[13]

Utopische Abenteuergeschichten (Science Fiction)

Gelungene utopische Geschichten können in alternative Denk- und Sichtweisen einführen, können den Möglichkeitssinn des Menschen fördern, sie können die Palette des Denkmöglichen ausschöpfen, sie können in diesem Sinne eine spannungsreiche und intelligente Lektüre für Jugendliche sein. Sicher vermag die Masse der utopischen Abenteuerlektüre diese Funktionen nicht zu erfüllen, doch hat in den letzten Jahren die Zahl der anspruchsvollen Geschichten und Romane, die auch die vorgenannten Möglichkeiten zu erschließen beginnen, sichtbar zugenommen.

Keine Begrenzung auf Weltraumabenteuer

Abschließend sei noch darauf hingewiesen, dass sich die Motive und Handlungsräume keineswegs nur auf Weltraumabenteuer beschränken. „Neben ihnen stehen gleichberechtigt auf die Erde und die Geschichte des Menschen bezogene Zukunftsvisionen ebenso wie die Themenkreise neuartiger Bewusstseins- und Erkenntnisstrukturen, neuer Techniken jenseits des bisher Vorstellbaren und der Begegnung dieser technisch-zivilisatorischen höchst entwickelten Welt mit dem Unerklärbaren: Phantastik in der Phantastik."[14]

Beispiele (ab 12. Lebensjahr)

L. Pesek: *Die Erde ist nah* (Bitter Recklinghausen). – J. Joubert: *Das darf nicht das Ende sein. Februar 2006* (Sauerländer Frankfurt/M.). – L. Pesek: *Falle für Perseus* (Beltz & Gelberg Weinheim). – Clifford Wells: *Warnung aus der Zukunft* (C. Bertelsmann München). – C. Wells: *Die Zeitmaschine* (Diogenes Zürich). –

Horst Heidtmann (Hrsg.): *Auf der Suche nach dem Garten Eden. Science-fiction-Geschichten für eine bessere Welt* (Signal Baden-Baden). – H. J. Alpers/W. Fuchs R. M. Hahn (Hrsg.): *13 Science-fiction* Stories (Reclam Stuttgart).

Phantastischen Abenteuergeschichten fehlt die Realistik, der Anspruch und das Bemühen, eine zumindestens „mögliche" Wirklichkeit darzustellen. „Die abenteuerliche Handlung spielt in eine irreale und magische Welt hinüber bzw. wird von numinosen und übersinnlichen Mächten und Personen ganz wesentlich beeinflusst, und es steht fest, dass zwei Ebenen einander berühren od aufeinander treffen. (...) Abweichend von der Science Fiction, die durch realistische Utopie gekennzeichnet ist und weitgehend von Wissenschaft und Technik getragen ist, spielen in der heute auch mit ‚Fantasy' bezeichneten phantastischen Erzählung Außernatürliches und Unerklärliches, Entlehnungen aus der Mythologie und der Sagenwelt eine zentrale Rolle."[15]

Phantastische Abenteuergeschichten (Fantasy)

Beispiele (ab 12. Lebensjahr)

Michael Ende: *Die unendliche Geschichte* (Thienemanns Stuttgart) – W. u. H. Hohlbein: *Der Greif/Märchenmond* (Ueberreuter Wien). – Astrid Lindgren: *Die Brüder Löwenherz* (Oetinger Hamburg). – Madeleine L'Engle: *Die große Flut/Die Zeitfalle* (Thienemanns Stuttgart). – I. Edelfeldt: *Robin und die Unsichtbaren* (Urachhaus Stuttgart). – Michael Ende: *Momo* (Thienemanns Stuttgart). – Josefine Ottesen: *Feder und Rose* (Bitter Recklinghausen).

Aspekte der Beurteilung

Ein wichtiges Grundmerkmal der Abenteuerlektüre ist die **gesteigerte Dynamik des Handlungsablaufes**, die sich kurz mit dem Terminus „Spannung" umreißen lässt. Aus diesem Grundmerkmal ergibt sich ein erster Aspekt der Beurteilung von Abenteuergeschichten: Wird das Element der Spannung übersteigert, tritt die (billige) Sensation in den Vordergrund, so sinkt die Lektüre ins Triviale ab. Wird der Spannungsgrad in den Grenzen des zumindestens denkbar Möglichen belassen, gewinnt die Abenteuerlektüre an literarischem Wert. In diesem Zusammenhang kommt es natürlich auch auf eine glaubwürdige Charakterisierung der Hauptgestalt (der Hauptgestalten) an, die an der glaubwürdigen Darstellung der äußeren und der psychischen Möglichkeiten zu messen ist.

Grundmerkmale der Abenteuerliteratur

Ein weiteres Grundmerkmal der Abenteuerliteratur ist die **Betonung des Außergewöhnlichen und Fremdartigen**. Sie führt in Verhältnisse, die sich durch z. T. extreme Gegebenheiten deutlich vom Gleichmaß und der Überschaubarkeit des Alltags abheben. Insofern ergibt sich hieraus ein zweiter Aspekt der Beurteilung von Abenteuergeschichten, in dem zu fragen sein wird, ob die Reizwirkung des Fremdartigen und Außergewöhnlichen den Autor nicht zu Wirklichkeitsverfälschungen, die Realistik vortäuschen, verführt haben. Gute Abenteuergeschichten zeichnen sich durch sich durch eine realistische und kenntnisreiche Schilderung der fernen Handlungsschauplätze aus.

Abenteuerbücher schaffen Leseanreize

Die literarische Qualität von Abenteuergeschichten und Abenteuerbüchern umfasst einen weiten Spannungsbogen. Neben sehr trivialer gibt es auch eine Vielzahl von qualitativ hochwertiger Abenteuerlektüre. Der Spannungsbogen kann durchaus vom Trivialen bis zur Weltliteratur verlaufen. Dieses lässt sich pädagogisch nutzen, wenn es darum geht, für Nichtleser bzw. Wenigleser Leseanreize zu schaffen, die das Buch wieder ins Zentrum von entspannender Freizeitbeschäftigung rücken lassen. Der Einstieg kann also durchaus mit einfachen Abenteuergeschichten beginnen, um dann Schritt für Schritt den Weg zu anspruchsvoller Abenteuerlektüre zu gehen.

Querverbindungen zwischen Abenteuerbüchern und Sachbüchern

Schließlich sei noch darauf hingewiesen, dass zwischen zahlreichen Abenteuergeschichten **Querverbindungen zu Sachbüchern** bestehen, besonders zwischen historischen Abenteuer- und Sachbüchern ist eine Grenze nicht deutlich zu ziehen, so dass nicht selten Abenteuerbücher mit einem Sachinformationsteil und mit Schautafeln versehen sind. Insofern ist Abenteuerlektüre nicht selten Sachinformationslektüre, die Jugendlichen neben Spannung und Unterhaltung auch zahlreiche Informationen zu vermitteln vermag.

Aufgabe des Erziehers

Für die Erzieherin und für den Erzieher ist die literaturpädagogische Arbeit mit Abenteuerlektüre also durchaus zu Beginn mit eher leichterer „Kost" als Einstieg denkbar, um das Hinführen zu qualitativ guten, bis qualitativ sehr guten Abenteuergeschichten zu ermöglichen, die die Jugendlichen zu anspruchsvollen Leserinnen und Lesern werden lassen. Unterstützend für den Aufbau der Lesemotivation ist die große Beliebtheit der Abenteuerlektüre. Spannungslektüre fasziniert und ihre Rezeption lässt den Leser andere Erfahrungen machen, die persönlich befreiend und bereichernd wirken können, die ihn mit neuen Erkenntnissen in das eigene Leben zurückkehren lassen. Begleitende Gespräche, in denen über die Geschehnisse und die handelnden Personen der Geschichten gesprochen wird, können dabei das Urteilsvermögen der Jugendlichen Schritt für Schritt entwickeln und verbessern.

Zusammenfassung

- Das Abenteuerbuch ist die Darstellung des Erlebens eines ungewöhnlichen, seltsamen, in Unsicherheit versetzenden Ereignisses oder Wagnisses von einem oder mehreren Menschen.

- Die Abenteuerlektüre lässt sich in folgende Gruppen einteilen:
  Völkerkundlich-geographisch orientierte Abenteuerbücher
  Robinsonaden
  Seegeschichten
  Historisch-orientierte Abenteuergeschichten
  Indianergeschichten
  Abenteuerliche Erzählungen mit Tieren
  Detektivgeschichten
  Utopische und phantastische Abenteuergeschichten

- Merkmale der Abenteuerliteratur sind die „gesteigerte Dynamik des Handlungsablaufes" (Spannung) und die Betonung des „Außergewöhnlichen und Fremdartigen".

- Pädagogische Aufgabe des Erziehers ist, den Einfluss der reißerischen Abenteuerlektüre in Grenzen zu halten.

Diskussionsvorschläge

1. Was wirkt am Zustandekommen des Abenteuerdranges mit?

2. Warum ist die Abenteuerliteratur besonders bei Jugendlichen so beliebt?

3. Welche Wirkungen der Abenteuerliteratur auf den jugendlichen Leser sind denkbar?

4. Durch welche Merkmale kann die Abenteuerlektüre ins Triviale absinken?

5. Inwiefern weisen besonders Abenteuerbücher viele Berührungspunkte zwischen Jugend- und Erwachsenenliteratur auf?

Anregungen für die weitere unterrichtliche Bearbeitung

Die Studierenden sollten auch hier eine Reihe von Abenteuergeschichten aus den einzelnen Themengruppen vollständig durchlesen. Im Unterrich; können ausgewählte Texte etwa nach folgenden Fragen untersucht werden:

1. Haben die Helden wirklich gelebt, oder sind es nur erfundene Gestalten?
2. Stimmt das von den Abenteuerbuchautoren gezeichnete Geschichtsbild? Stimmt der völkerkundlich-geographische Hintergrund?
3. Sind die Konflikte, die von den Abenteuerbuchautoren aufgebaut wurden, logisch überzeugend, können sie an der eigenen Erfahrung und der Wirklichkeit des Lesenden vergleichend gemessen werden?

Anmerkungen

1 Schack, W. v.: Das Abenteuerbuch. In: Das Buch in der Schule. Hrsg. von M. Dahrendorf und W. v. Schack: Hannover 1975 (2. Aufl.), S. 92
2 Vgl. Maier, K. E.: Das Abenteuerbuch. In: Jugendliterarur. 10. Auflage. Bad Heilbrunn 1993, S. 162
3 Ebenda S. 162
4 Ebenda S. 165
5 Ebenda S. 169
6 Ebenda S. 169
7 Ebenda S. 173
8 Ebenda S. 173
9 Ebenda S. 174
10 Ebenda S. 175
11 Ebenda S. 175
12 Ebenda S. 180
13 Ebenda S. 184
14 Haas, G.: Science-fiction als Jugendliteratur. In: Kinder- und Jugendliteratur. Stuttgart 1984. S. 326
15 Maier, K. E.: Das Abenteuerbuch: a. a. O., S. 187

Weiterführende Literatur

Baumgärtner, A. und Launer, Chr.: Abenteuerliteratur. In: Taschenbuch der Kinder- und Jugendliteratur. Hrsg. von G. Lange. Baltmannsweiler 2000.

Baumgärtner, A. C.: Das Abenteuer und die Jugendliteratur. Überlegungen zu einem literarischen Motiv. In: Sub tua platano. Emsdetcen 1981

Baumgärtner, A. C./Pleticha, H. (Hrsg.): Abc und Abenteuer. Bd, 2. München 1985.

Baumgärtner, A.: Das Abenteuerbuch. In: Kinder- und Jugendliteratur. Ein Lexikon. Hrsg, von Kurt Franz/Günter Lange/Franz-Josef Payrhuber. Meitingen 1995 – 2004.

Best, O. F.: Abenteuer. Wonnetraum aus Flucht und Ferne. Geschichte und Deutung. Frankfurt/M. 1980.

Biesterfeld, W.: Science Fiction. In: Lexikon der Kinder- und Jugendliteratur. Bd. 3. Hrsg. von K. Doderer. Weinheim und Basel 1984.

Dankert, B.: Detektiv- und Kriminalgeschichten für junge Leser. In: Kinder und Jugendliteratur. Hrsg. von G. Haas. Stuttgart 1984 (3. Auflage).

Eggebrecht, H.: Sinnlichkeit und Abenteuer. Zur Entstehung des Abenteuerromans im 19. Jahrhundert. Berlin und Marburg 1985.

Haas, G.: Science Fiction als Jugendliteratur. In: Kinder- und Jugendliteratur. Stuttgart 1984 (3. Auflage).

Haas, G.: Eigene Welt – Fremde Welt – Eine Welt. Die Geschichte eines Bewusstseinswandels in der neueren Kinder- und Jugendliteratur. In: Das Fremde in der Kinder- und Jugendliteratur. Hrsg. von B. Hurrelmann und K. Richter. Weinheim 1998.

Hasubek, P.: Indianerbuch. In: Lexikon der Kinder- und Jugendliteratur. Bd. 2. Hrsg. von K. Doderer. Weinheim und Basel 1984.

Lang, Th.: Kinder brauchen Abenteuer. München 1992.

Maier, K. E.: Das Abenteuerbuch. In: Jugendliteratur. 10. Auflage. Bad Heilbrunn 1993.

Mattenklott, G.: Abenteuer der Wirklichkeit und der Phantasie. Aufbruch und Rückkehr. In: JuLit 3/1990.

Pattensen, H.: Abenteuer in der Schule. Eine Untersuchung. In: JuLit 3/1990.

Pleticha, H.: Das Abenteuerbuch. In: Kinder- und Jugendliteratur. Hrsg. von G. Haas. Stuttgart 1984 (3. Auflage).

Pleticha, H.: Abenteuer-Lexikon. Alles über Motive, Inhalte und Autoren alter und neuer Abenteuerbücher. Würzburg 1978.

Pleticha, H. und Augustin, S. (Hrsg.): Lexikon der Abenteuer- und Reiseliteratur. Von Afrika bis Winnetou. Stuttgart 1999.

Pleticha, H.: Geschichtliche Kinder- und Jugendliteratur. In: Taschenbuch der Kinder- und Jugendliteratur. Hrsg. von G. Lange. Baltmannsweiler 2000.

Schack, W. v.: Das Abenteuerbuch. In: Das Buch in der Schule. Hrsg. von M. Dahrendorf und W. v. Schack. Hannover 1975 (2. Auflage).

Scharioth, B.: Die Demontage des Helden im historischen Jugendroman. In: Neue Helden in der Kinder- und Jugendliteratur. Hrsg. von K. Doderer. Weinheim und München 1986.

Stach, R.: Robinsonaden in der Jugendliteratur. In: Kinder- und Jugendliteratur. Ein Lexikon. Hrsg. von A. Baumgärtner und H. Pleticha, Meitingen 1999.

Waldmann, G.: Produktionsorientierte Textarbeit mit Trivialliteratur. Modelle einer Unterrichtseinheit über den Detektivroman. In: Literatur im Unterricht. Hrsg. von G. Haas. Stuttgart 1982.

Waldmann, G.: Der Detektivroman. In: Literatur zur Unterhaltung. Unterrichtsmodelle. Reinbek 1980.

Das Sachbuch

Zum Begriff Sachbuch 148

Formen des Sachbuches 148

Das Kinder-Sachbuch 149

Das Jugend-Sachbuch 151

Aspekte der Beurteilung 153

Zusammenfassung 154

Diskussionsvorschläge 155

Anmerkungen 156

Weiterführende Literatur 156

Das Sachbuch

Ziel und Bedeutung

Das Sachbuch erschließt dem Leser ein oder mehrere Sachgebiete, Dinge, Ereignisse oder Zusammenhänge in unterhaltsamer und bildender Form. Die Studierenden sollen die Gestaltungsformen und Inhalte des Sachbuches kennen lernen und daraus Aspekte der Beurteilung entwickeln.

Zum Begriff Sachbuch

Definition

Eine genaue und eindeutige Definition des Sachbuches ist schwierig, sie wird besonders auch deshalb erschwert, da es zahlreiche Überschneidungen mit anderen Gattungen gibt.

Mit dem Rückgriff auf die Sachbuchdefinition von Doderer[1] lassen sich nach Hussong **drei Elemente** herausstellen, die eine begriffliche Eingrenzung dessen, was unter dem Sachbuch verstanden werden kann, ermöglichen:

> „– Der Sachbuchautor findet die Sache bereits in der Welt vor. Als Bestandteil der Umwelt ist sie Gegenstand wissenschaftlicher Forschung geworden. Anders als der Autor fiktionaler Texte muss er den Sachverhalt nicht erst im Schreibakt konstituieren.
> – Die Sache bzw. das Wissen über sie soll an Nichtfachleute, an Laien vermittelt werden.
> – Diese Vermittlung bedarf besonderer Methoden. Offensichtlich muss der Sachbuchautor mit zwei Schwierigkeiten fertig werden: einmal mit dem begrenzten Verständnishorizont des Nichtfachmanns, zum anderen mit einer affektiven Distanz gegenüber ‚schwierigen‘ Sachen. Der Leser von Sachbüchern will unterhalten werden, d. h., er begegnet Sachbüchern mit seinen Freizeiterwartungen.“[2]

Formen des Sachbuches

Formale Gestaltung

Mit der Zielsetzung und inhaltlichen Festlegung ist das Sachbuch noch nicht hinreichend charakterisiert, es kommt die formale Gestaltung hinzu. Da das Sachbuch kein Schulbuch ist, sondern so genannte Privatlektüre, muss es Didaktik und Methodik in sich selbst tragen, um der Intention des Verfassers gerecht zu werden. Intention und formale Gestaltung sind also wesentlich aufeinander angewiesen.

Zwei Formen der Sachbuchgestaltung lassen sich (grob gesehen) unterscheiden[3]:

> 1. Das erlebnishaft gestaltete Sachbuch
> 2. Das sachlich informierende Sachbuch

Das **erlebnishaft gestaltete Sachbuch** bedient sich der Darstellungselemente der dichterischen und unterhaltenden Literatur. Rein äußerlich ergibt sich dadurch also kein wesentlicher Unterschied zur übrigen erzählenden Kinder- und Jugendliteratur. „Dass aber ein bestimmtes Tatsachenmaterial in den Mittelpunkt gesetzt wird, mit der Absicht, das Wissen des Lesers zu bereichern, ist der Grund, warum wir trotz Formgleichheit von einem Sachbuch sprechen können."[4]

Das erlebnishaft gestaltete Sachbuch

Das Sachbuch dieses Formtyps kann als Erlebnisbuch bezeichnet werden. „Sprachlich stilistisch tritt an die Stelle der objektiven Beschreibung und Erklärung die subjektive Schilderung, an die Stelle des nüchternen Berichts und der bloßen Mitteilung die lebendige Erzählung. Der Aufbau ist nicht durch wissenschaftliche Ordnungskategorien, sondern durch eine Handlung, meistens ein menschliches Geschehen, bestimmt."[5]

Das **sachlich informierende Sachbuch** verzichtet auf Anleihen aus der dichterischen und unterhaltenden Literatur. Der Autor dieses Formtyps versucht, direkt Kenntnisse zu vermitteln. Die Probleme, die sich daraus ergeben, liegen auf der Hand: Die angemessene Vereinfachung des Gegenstandes, die gelungene didaktische Aufbereitung (nicht zu große Stofffülle, verdeutlichende Fotografien und Zeichnungen) bereiten erhebliche Schwierigkeiten, fordern vom Verfasser erheblich mehr als nur die umfassende Kenntnis der zu behandelnden Sache. So werden im Einzelnen die gelungenen Sachbücher dieses Formtyps daran zu erkennen sein, inwieweit sie die Auffassungsgabe und -grenze des intendierten Leserkreises von Kindern und Jugendlichen zu berücksichtigen vermögen, ohne dass dabei der inhaltliche Kern der Sache verloren geht, ohne den Gegenstand allzu sehr zu simplifizieren.

Das sachlich informierende Sachbuch

Das Kinder-Sachbuch

„‚Sachen' sind es, die schon im Pappbilderbuch dargestellt sind: Haus und Hase, Löffel und Lamm, Tasse und Tisch. Diese Lebewesen und Dinge erkennt und benennt das Kleinkind. Es freut sich, aus der Umwelt vertraute Spielsachen, Haushaltsgegenstände, Tiere und Kleidungsstücke auch im Buch wiederzufinden. Zunehmend interessiert sich das Kind für Gegenstände in Haus und Hof, auf Wiese und Feld, in der Familie oder im Umkreis der Mitmenschen, für Vorgänge und Zusammenhänge. Sie zu verdeutlichen, kindgerecht zu erklären und zu deuten, in einfacher Sprache und in vielerlei Bildformen aufzugreifen – das ist Aufgabe des Kindersachbuches. Es ist in Kindergarten und Grundschule einsetzbar und regt zur Selbstbeschäftigung an."[6]

In den letzten Jahren hat sich das Angebot an Sachbüchern für Kinder ganz erheblich erhöht, so dass es nicht leicht fällt, die gelungenen Ausgaben dieses Buchtyps von den weniger gelungenen zu unterscheiden. Im Folgenden sind einige (empfehlenswerte) Kinder-Sachbücher zusammengestellt:

Übersicht:
Empfehlenswerte
Kinder-Sachbücher

Beispiele für Sacherzählungen

Susanne Partsch: *Wie die Häuser in den Himmel wuchsen* (Hanser München).– Helmut Hornung: *Safari ins Reich der Sterne* (Oetinger Hamburg). – Jostein Gaarder: *Hallo, ist da jemand?* (Hanser München). – Pernilla Stalfelt: *Und was kommt dann? Das Kinderbuch vom Tod* (Moritz Frankfurt/M.). – Alois Prinz: *Und jedem Anfang wohnt ein Zauber inne* (Beltz & Gelberg Weinheim). – Leo Hartas und Richard Platt: *Lizzy und Lucas, die Weltraumforscher* (Gerstenberg Hildesheim). – Eirik Newth: *Abenteuer Zukunft* (Hanser München). – Heiderose Fischer-Nagel: *Alle unsere Tiere* (kbv Luzern). – Elisabeth Rotenberg: *Von Ponys und Pferden* (Oetinger Hamburg). – Franz Sales Sklenizka: *Schmeichel* (Dachs Wien). – Swindells, R. und Lambert, S. (Illustr.): *Götter, Tempel, Pharaonen* (Urachhaus Stuttgart). – Dreyer, E.-M.: *Tiere an Strand und Küste* (Kosmos Stuttgart). – Clause, M. und Tebbenhoff, K.: *Meise, Spatz und Nachtigall. Das Sachbuch für den kleinen Vogelforscher* (Patmos Düsseldorf). – Gohl, Chr. und Ziegler, R.: *Pferde und Ponys* (Kosmos Stuttgart).

Beispiele für Sachdarstellungen

Philip Wilkonson: *Kühne Konstruktionen* (Gerstenberg Hildesheim). – Margret Rettich: *Das Buch vom Bergwerk* (Oetinger Hamburg). – Robert Prince: *Forschen und Experimentieren* (Tessloff Nürnberg). – *Roboter. Das Innere der Dinge* (Gerstenberg Hildesheim). – *Tiere im Wald/Tiere als Stadtbewohner* (ars edition München). – *Der Regenwald/Die Unterwasserwelt/Die Wüste* (ars edition München). – Michael Tambini: *Zukunft. Faszinierende Einblicke in das 21. Jahrhundert* (Gerstenberg Hildesheim). – Jürgen Teichmann: *Das unendliche Reich der Sterne* (Arena Würzburg). – Burghard Bartos: *Die Welt im Mikroskop* (Arena Würzburg). – Philippa Wingate: *Das Internet* (Arena Würzburg). – Haag, H. und Tommers, S.: *Kosmos-Uni für Kinder. Tiere und Pflanzen* (Kosmos Stuttgart). – *Tessloffs Schülerlexikon. Biologie* (Tessloff Nürnberg). – *Was ist was. Unsere Erde* (Tessloff Nürnberg). – Meckes, O. und Ottawa, N.: *Der Mikrokosmos für Kinder erklärt* (GEO Gruner + Jahr Hamburg). – Saan van, A. und Buresch, B.: *Im Wald* (arsEdition München).

Beispiele für Sammelwerke, Lexika, Nachschlagewerke, Atlanten usw.

David Macauly: *Das neue Mammutbuch der Technik* (Tessloff Nürnberg). – *1000 Fragen und Antworten aus Natur, Wissenschaft und Technik* (Arena Würzburg). – *Das große Buch der Autos* (Arena Würzburg). – *Das visuelle Lexikon der Technik* (Gerstenberg Hildesheim). – *3-Atlas* (ars edition München). – *Das große Tierlexikon* (ars edition München). – *Das visuelle Lexikon der Umwelt* (Gestenberg Hildesheim). – Achim Bröger: *Der große Diercke Kinderatlas* (Arena Würzburg). – *Dorling Kindersley Kinderatlas* (Dorling Kindersley Starnberg). – *Meyers bunter Weltatlas* (Meyer Mannheim). – Tessloffs illustrierte Bibliothek. *Geschichte des*

Menschen (Tessloff Nürnberg). – Pope, J. und Orr. R.: *Das große Lexikon der Säugetiere* (Patmos Düsseldorf).

Beispiele für Spiel- und Bastelbücher, Kinderbeschäftigung

Ludger Buse u. a.: *Werkbuch Regenwurm. Für Kindergarten und Grundschule* (edition liberacon). – Edmund Jacoby (Hrsg.): *Himmel, Hölle, Blinde Kuh* (Hanser München). – Almuth Bartl und Marlit Peikert: *101 Bastelideen* (ars edition München). – Ute und Tilman Michalski: *Kunterbunter Bastelspaß* (ars edition München). –Johanna Friedl: *Schlechtwetterspiele* (dtv junior München). – Dagmar von Cramm und Ida Bohatta: *Das große Kinderbackbuch* (ars edition München). – Dahlke, T.: *365 Kinderspiele für jeden Tag* (Moses Kempen). – *Petterson und Findus. Das große Gartenbuch* (Xenos Hamburg). – Binder, D.: *Piraten ahoi! Geschichten, Lieder, Spiele und Sachinformationen aus der Welt der Piraten* (Patmos Düsseldorf). – Haas, Chr. Schießer, S. und Wahrenberg, A.: *Das Wasserbuch. Wasserwissen, Experimente, Wasserspiele* (Patmos Düsseldorf).

Das Jugend-Sachbuch

„Viele Medien – vom Fernsehen bis zur Tageszeitung – bieten Jugendlichen heutzutage Möglichkeiten an, sich über Tatsachen und Ereignisse der näheren Umgebung und der fernen Welt zu informieren. Das Jugendsachbuch spielt dabei keine unwesentliche Rolle: Jungen Lesern bereitet es das Wissen über Tatbestände und Abläufe aus der Natur und Kultur, Technik, Politik, Kunst, Sport – aus allen Wissensgebieten – verständlich auf. Es befriedigt Neugier, beschreibt sachkundig, erklärt anschaulich, dokumentiert zuverlässig Fakten und Daten. Und es gibt Anleitung zu eigenen Versuchen, Spielen, Experimenten. Auf vergnügliche Weise hilft das Jugendsachbuch beim Aufbau eines wissenschaftsorientierten Weltbildes.“[7] Immer vorausgesetzt freilich, es gehört zu den gelungenen Ausgaben dieses Formtyps. Folgende Titelbeispiele, die hier allerdings nach thematischen Schwerpunkten geordnet sind, sollen das Themenspektrum des Jugend-Sachbuches verdeutlichen:

Beispiele für das Themenspektrum des Jugend-Sachbuches

Technik

Peter Turvey: *Erfindungen. Vom Faustkeil zum Biochip*. (Tessloff Nürnberg). – Eryl Davies: *Transport und Verkehr. Vom Ochsenkarren zum Solarmobil* (Tessloff Nürnberg). – Steve Parker: *Technik im Alltag* (ars Edition München). – Marianne Steinecke: *Elektronik* (Gerstenberg Hildesheim). – Konrad Dietzelbinger: *Elektrizität* (Gerstenberg Hildesheim). – *Roboter. Von den ersten Automaten bis zu den Cyborgs der Zukunft* (Gerstenberg Hildesheim).

Natur

Hochgebirge (Gerstenberg Hildesheim). – *Das visuelle Lexikon der Umwelt. Ökosystem Erde* (Gerstenberg Hildesheim). – *Lin Sutherland: Erdbeben und Vulkane* (Tessloff Nürnberg). – Nicolas Harris u. a.: *Die unglaubliche Reise in den menschlichen Körper* (Tessloff Nürnberg). – *Faszination Naturkräfte* (Dorling Kindersley Starnberg).

Geographie

Michael Vigoreux/Damien Chavanat: *Japan heute* (Tessloff Nürnberg). – Jane Olliver: *Jugend-Weltatlas* (Tessloff Nürnberg). – David C. Money: *Wohnort Erde*

(Herder Freiburg). – Jean-Paul Albert/Mann de Renty: *Westafrika heute* (Tessloff Nürnberg). – Asten, C.: *Länder der Erde* (Tessloff Nürnberg).

Geschichte

So lebten sie im alten Griechenland (Tessloff Nürnberg). – Rosalie David: *Ägypter* (Schneider München). – Anthony Marks: *Die Römer* (ars Edition München). – Ludwig Barring: *Der große Augenblick in der Weltgeschichte* (Loewes Bindlach). – *Taten und Träume. Bildatlas zur Weltgeschichte* (Herder Freiburg). – Leppin, H. und Rathke, M.: *Die erste Demokratie. Athen im 5. Jahrhundert v. Chr.* (Gerstenberg Hildesheim).

Politik

Christopher Coker: *Terrorismus* (Tessloff Nürnberg). – Georg Popp: *Die Großen der Welt* (Arena Würzburg). – Nigel Hawkes: *Die atomare Bedrohung* (Tessloff Nürnberg). – Barbara Veit/Hans-Otto Wiebus: *Dritte Welt Buch für Kinder* (Ravensburger Ravensburg). – Prinz, A.: *Die Lebensgeschichte der Ulrike Marie Meinhof* (Beltz & Gelberg Weinheim). – Fritsche, S.: *Die Mauer ist gefallen. Eine kleine Geschichte der DDR* (Hanser München).

Ökologie

Fiona Macdonald/Carolyn Scrace: *Regenwald* (Arena Würzburg). – Hans Georg Noack: *Die Ozeane* (Esslinger/Klett Stuttgart). – Gunter Steinbach (Hrsg.): *Wir tun was für naturnahe Gewässer* (Kosmos Stuttgart). – Barbara Veit/Christine Wolfrum: *Das Buch vom Klima* (Ravensburger Ravensburg). – Aston, C. und Addario, S.: *Natur und Tiere – Lebensräume* (Tessloff Nürnberg).

Kunst/Musik

Nicholas Ingman: *Die Geschichte der Musik* (Tessloff Nürnberg). – Helmut Höfling: *Der große Applaus. Zweitausend Jahre Theater* (Ensslin Eningen). – *Musikinstrumente* (Gerstenberg Hildesheim). – Brigitte Walzer/Regine Schulz: *Theater-Theater* (Altberliner Berlin). – Werner-Jensen, A.: *Opernführer für junge Leute* (Schott Mainz).

Religion

John Rogerson: *Das Buch vom Land der Bibel* (Arena Würzburg). – Lynn Underwood: *Welt der Religionen* (Herder Würzburg). – Jacques Musset: *Ich entdecke die Welt der Bibel. 1.Bd. Altes Testament. 2. Bd. Neues Testament* (Ravensburger Ravensburg). – *Länder und Völker der Bibel* (Gerstenberg Hildesheim). – Abdel-Qadir, G. u.a.: *Mensch sucht Sinn. Fünf Erlebnisse mit den Weltreligionen* (Gabriel/Thienemann Stuttgart). – Gellman, M. und Hartman, T.: *Wie buchstabiert man Gott?* (Carlsen Hamburg).

Spielbücher/ Bastelbücher

Hajo Bücken: *Das große Spielbuch für alle Gelegenheiten* (Herder Freiburg). – Howard Harrison: *Papiermusik. 10 Musikinstrumente zum Selbermachen und Spielen* (Tessloff Nürnberg). – Anne Blanchard/ Irvine Peacock: *Navigation – Wir fahren auf allen Meeren* (Südwest München). – King, D.: *Tessloffs Buch der Brett- und Kartenspiele* (Tessloff Nürnberg).

Sport

Andreas Türk: *Fußball. Wissen von A-Z* (Loewes Bindlach). – Roland Eitel: *Fußball-Fußball* (Hoch Stuttgart). – Christiane Gohl: *Das Kosmos-Buch vom Reiten* (Kosmos Stuttgart). – *Schwimmen/Skifahren/Tennis* (Südwest München). – Bausenwein, Chr.: *Fußballbuch* (Tessloff Nürnberg).

Tiere

Margot Hellmiß/Nikola Neubauer: *So leben Wale und Delphine* (Arena Würzburg). – Helen Gilks/Andrew Bale: *Bären* (Schneider München). – Dominique und Serge Simon: *Tessloffs großes Hundebuch* (Tessloff Nürnberg). – Otto von Frisch: *Loewes Tierlexikon* (Loewes Bindlach). – Papastavrou, V. und Greenaway, F.: *Wale und Robben* (Gerstenberg Hildesheim).

Wissenschaft

Steve Parker: *Marie Curie und das Radium* (Peters Hanau). – Hans Georg Noack: *Wissenschaft und Forschung* (Esslinger/Klett Stuttgart). – Steve Parker: *Charles Darwin und die Evolution* (Peters Hanau). – Alain Dupas: *Start ins Weltall* (Ravensburger Ravensburg). – Köthe, R.: *Wissenschaft und Technik 2000* (Tessloff Nürnberg).

K. H. Tobias/Bruno Neurath: *Fototips für Kids* (Schneider München). – Casper Verner-Carlsen: *Das große Buch vom Angeln* (Oetinger Hamburg). – Hannelore Müller-Scherz: *Tausend Tipps und Tricks für unterwegs* (Loewes Bindlach). – Kienitz, G.: *Der Internet-Guide für Schüler. Das Wissen der Welt und wo du es findest* (Moses Kempen).

Tipps und Anregungen

Barbara Poche und Norman Filz: *Girls, Girls, Girls* (Ueberreuter Wien). – Esther E. Schütz und Theo Kimmich: *Körper und Sexualität. Entdecken, verstehen, sinnlich vermitteln* (pro juventute Zürich). – Maria Coole: *Jungs – und wie sie funktionieren* (Ueberreuter Wien). – Sunny Graff und Birgit Rieger: *Mädchen sind unschlagbar. Selbstverteidigung ist lernbar* (Ravensburger Ravensburg). – Harris, R.: *Total normal. Was du schon immer über Sex wissen wolltest* (Beltz & Gelberg Weinheim).

Aufklärung/Sexualität

Jill Bailey und Tony Seddon: *Young Oxford Urgeschichte* (Beltz & Gelberg Weinheim). – Pete Rowan und John Temperton: *Hauptsache Köpfchen! Was unser Gehirn alles kann* (Kbv Luzern). – *Die visuelle Geschichte der Kunst* (Gerstenberg Hildesheim). – *Die visuelle Weltgeschichte der alten Kulturen* (Gerstenberg Hildesheim). – Tim Furniss: *Der Kosmos-Atlas vom Weltall* (Kosmos Stuttgart). – Anna Claybourne: *Das Kosmos-Buch der Erde* (Kosmos Stuttgart). – *Meyers Jugendlexikon* (Meyer Mannheim). – *Der Jugend Brockhaus* (Brockhaus Mannheim). – *1000 Porträts. Das große Buch der Biographien von A – Z* (Ravensburger Ravensburg).

Lexika/Atlanten/ Nachschlagewerke

Neiser, B.: *Max macht Mäuse. Geldratgeber* (Moses Kempen). – Reisach, U. und Knappe, J.: *Wirtschaft* (Tessloff Nürnberg). – Piper, N.: *Geschichte der Wirtschaft* (Beltz & Gelberg Weinheim). – *Die Mercedesstory* (Tessloff Nürnberg).

Wirtschaft

Aspekte der Beurteilung

Klaus Doderer hat in seiner Studie „Das Sachbuch als literarpädagogisches Problem" **sechs Regeln zur Beurteilung von Sachbüchern** aufgestellt:

Regeln für die Beurteilung

„1. Das Sachbuch muss sachlich richtig sein.

2. Das Sachbuch darf das zu vermittelnde Wissen nicht ungestaltet anhäufen, sondern muss es auswählen und durch die Form der Darstellung akzentuieren.

3. Die Form des Sachbuches ist bestimmt durch das erzählerische Nacheinander. Damit unterscheiden sich das Sachbuch einerseits und andererseits Lehrbuch und wissenschaftliche Arbeit voneinander.

4. Der Leser des Sachbuches muss die Möglichkeit haben, nicht nur Erlebnisse vorgesetzt zu bekommen, sondern an dem Zustandekommen der Ergebnisse sich retrospektiv beteiligen zu können.

5. Dazu sind nicht nur die Formen der Epik, wie Erzählung, Reportage, Abenteuergeschichte usw., geeignet und nötig, sondern auch eine Sprache, die klar und einfach und dem Laien verständlich ist. Es gilt, Abstraktion in Anschauung umzusetzen.

6. Das Sachbuch soll durch alle sachliche Vermittlung hindurch erkennen lassen, dass der Mensch der eigentliche Beziehungspunkt ist."[8]

Der Erzieher wird nun bei der Beurteilung eines Sachbuches neben der Beachtung dieser 6 Regeln auch besonderes Augenmerk auf den Inhalt zu richten haben, um ein Sachbuch nicht nur von seiner Gestaltung, sondern wesentlich vom Inhalt und seiner Bedeutung her für das Kind und den Jugendlichen zu beurteilen.

Zusammenfassung

- Im Sachbuch geht es um wirkliche Realitäten.
- Sachbuch-Autoren wollen Wissen, Kenntnisse und Fertigkeiten weitergeben.
- Es lassen sich zwei Formen der Sachbuchgestaltung unterscheiden:
  1. Das erlebnishaft gestaltete Sachbuch
  2. Das sachlich informierende Sachbuch
- Bei der Beurteilung von Sachbüchern ist nicht nur die gelungene Gestaltung zu beachten, sondern ganz wesentlich auch der Inhalt selbst und seine Bedeutung für das Kind und den Jugendlichen.

1. Welche Leserinteressen werden durch Sachbücher angesprochen?

2. Welche Wirkungen von Sachbüchern können auf den jugendlichen Leser erwartet werden?

3. Warum wird die Popularisierung des Wissensstoffes, die Steigerung des Interesses und die Erleichterung der Aufnahme des Stoffes vor allem durch literarische Elemente (Erzählformen, Dialoge, Verbindung mit Menschenschicksalen) erreicht?

4. Wie lässt sich der gegenwärtige Boom der Sachbuchproduktion erklären?

5. Überlegen Sie anhand von ausgewählten Textbeispielen, welche Leserhaltung intendiert wird (naiv, kritisch, identifizierend, projektiv)?

6. Wie lassen sich Sachbücher in der sozialpädagogischen Praxis einsetzen?

Zweckmäßig ist die Analyse ausgewählter Sachbücher. Dabei kann die Seh- und Beurteilungsweise von Wissenschaft und Technik der Sachbuch-Autoren genauer untersucht und wertend diskutiert werden. Weiterhin können die Interessen der Autoren (Information – Orientierung – kritische Aufklärung) ermittelt und überprüft werden.

Anregungen für die weitere unterrichtliche Bearbeitung

Die beiden Sachbücher *Wachsen und erwachsen werden. Ein Aufklärungsbuch für Kinder* von Sabine Thor-Wiedemann und Birgit Rieger (Ravensburger Ravensburg) und *Max macht Mäuse. Der Geldratgeber für Kinder* von Birgit Neiser und Ralf Butschkow (Moses Kempen) lassen sich sehr gut exemplarisch im Unterricht anschauen und bewerten, da in ihnen Themen und Inhalte vorkommen, die für alle Kinder von Bedeutung sind.

Anmerkungen

1 Vgl. Doderer, K.: Das Sachbuch als literaturpädagogisches Problem. Diesterweg Frankfurt 1961, S. 14
2 Hussong, M.: Das Sachbuch. In: G. Haas (Hrsg.): Kinder- und Jugendliteratur. Stuttgart 1984 (3. Aufl.), S. 65 f.
3 Vgl. Maier, K. E.: Das Sachbuch. In: Jugendliteratur. 10. Auflage. Bad Heilbronn 1993, S. 228
4 Ebenda S. 228
5 Ebenda S. 228
6 Broschüre „Deutscher Jugendliteraturpreis '85". Arbeitskreis für Jugendliteratur e.V. München 1985, S. 14
7 Ebenda S. 16
8 Doderer, K.: a. a. O., S. 35

Weiterführende Literatur

Binder, L. (Hrsg.): Das sachorientierte Kinder- und Jugendbuch. Wien 1983.
Dahrendorf, M. und Schack, W. v. (Hrsg.): Das Buch in der Schule. Hannover 1975 (2. Aufl.).
Doderer, K.: Das Sachbuch als literaturpädagogisches Problem. Diesterweg Frankfurt/M. 1961.
Franz/Meier: Sachbuch. In: Was Kinder alles lesen. München 1978.
Gärtner, H.: Trends im Sachbuch für Kinder, die nicht von gestern sind. In: Die Horen 1977/4.
Gierhl, H.: Erlebte Wissenschaft. Zum Jugendsachbuch. In: Jugendliteratur in der BRD. Hrsg. von Kaminiski/Scharioth. München 1986.
Gärtner, H.: Kommt, Kinder, ins Wunderland des Wissens! Zum Kindersachbuch der Gegenwart. In: Gorschenek/Rucktäschl (Hrsg.): Kinder- und Jugendliteratur. München 1979.
Gärtner, H.: Kindersachbücher. In: Büchereinachrichten 1991/3.
Hussong, M.: Das Sachbuch. In: Haas, G. (Hrsg.): Kinder- und Jugendliteratur. Stuttgart 1984 (3. Aufl.).
Künnemann, H. (Hrsg.): Kinder- und Jugendsachbücher. Beiheft 4 zum Bulletin Jugend + Literatur. Hardebek 1977.
Künnemann, H.: Sach-Buch Nr. 2. Beiheft 8 zum Bulletin Jugend + Literatur. Hamburg und München 1978.
Künnemann, H.: Jugendsachbücher. In: R. Radler (Hrsg.): Die deutschsprachige Sachliteratur. München 1978.
Maier, K. E.: Das Sachbuch. In: Jugendliteratur. 10. Auflage. Bad Heilbronn 1993.
Ossowski, H.: Sachbücher für Kinder und Jugendliche. In: Taschenbuch der Kinder- und Jugendliteratur (2. Bd.). Hrsg von G. Lange. Baltmannsweiler 2000.
Ossowski, H.: Sachbilderbücher: Von Bildern, die Wissen schaffen. In: Bilderwelten. Hrsg. von K. Franz und G. Lange. Baltmannsweiler 1999.
Ossowski, H.: Das Sachbuch. In: Kinder- und Jugendliteratur. Ein Lexikon. Hrsg. von K. Franz, G. Lange und F.-J. Payrhuber. Meitingen 1995 – 2004.
Psaar, W. und M. Klein: Sage und Sachbuch. Paderborn 1980.

Psaar, W.: Sachbuch. In: D. Grünewald u. W. Kaminiski (Hrsg.): Kinder- und Jugendmedien. Weinheim und Basel 1984.

Riegel, Ch.: Lesen, was Sache ist. Das Jugendsachbuch im Unterricht der Sekundarstufe I. Weinheim 1986.

Schmidt-Dumont, G.: Kriterien zur Beurteilung von Sachbüchern. In: Materialien Jugendliteratur und Medien 1989/21.

Schmidt-Dumont, G.: Sachbücher. Analyse und Bewertung. In: JuLit 1991/1.

Voigt, G.: Kritisches Verstehen. Erscheinungsweisen des Verhältnisses von Erzählen und Information im Sachbuch. In: Praxis Deutsch 1981/49.

Wölbert, J.: Vier Fragen an Sachbuchautoren. In: Jugendbuchmagazin 1982/1.

Das religiöse Kinder- und Jugendbuch

Begriff und Eigenart des religiösen Kinder- und
   Jugendbuches 160

Das religiöse Kinderbuch 161

Das religiöse Jugendbuch 165

Aspekte der Beurteilung 165

Zusammenfassung 167

Diskussionsvorschläge 167

Literaturhinweise für die religionspädagogische Arbeit
   des Erziehers 168

Anmerkungen 169

Weiterführende Literatur 169

Das religiöse Kinder- und Jugendbuch

Die angehenden Erzieher sollen die Inhalte, Themen und Fragen der religiösen Kinder- und Jugendbücher kennen lernen und Aspekte der Beurteilung dieser Bücher entwickeln. Sie sollen lernen, diejenigen Bücher in der pädagogischen Arbeit nutzbar zu machen, die Kinder und Jugendlichen helfen können, einen eigenen religiösen Standort zu finden.

Begriff und Eigenart des religiösen Kinder- und Jugendbuches

Zum erzählenden Kinder- und Jugendbuch mit religiösem Inhalt oder religiösem Fragehorizont lassen sich alle Texte zählen, die am literarischen Beispiel explizit oder implizit die **menschlichen Grundfragen** „nach dem Woher und Wohin, dem Wozu und Warum, nach dem Sinn und Wert oder der Sinn- und Wertlosigkeit des Ganzen und des Einzelnen in der Welt"[1] thematisieren.

Der Begriff „religiös" ist weit gefasst

Der Begriff „religiös" ist somit keineswegs eng gefasst, etwa nur im Sinne von „christlich – kirchlich – konfessionell", sondern „religiös ist jedes Übersteigen (Transzendieren) der empirisch fassbaren, vertrauten, endlichen Wirklichkeit, auf der Suche nach einem tieferen Sinn-Grund, der seinerseits dazu ermutigt, sich nicht mit den Endlichkeiten abzufinden".[2]

Nach Halbfas lassen sich zu den Autoren des religiösen Kinder- und Jugendbuches in diesem erweiterten Verständnis nicht nur Christen, sondern auch Nichtchristen zählen. Denn „nicht diese Etiketten, sondern die Wahrhaftigkeit des Fragens, der Mut zur Wirklichkeit und der Ernst des sozialen Engagements geben ihren Werken religiöse Qualität."[3] Es lassen sich daher durchaus auch zahlreiche problemorientierte Kinder- und Jugendbücher zum religiösen Kinder- und Jugendbuch zählen, zumindestens aber in der Peripherie dieses Genres ausmachen.

Formale Ansprüche

Zu den formalen Ansprüchen, die an religiöse Kinder- und Jugendbücher zu stellen sind, lässt sich feststellen: „In derselben Weise, wie es in der Vergangenheit üblich war, im Stofflichen das Religiöse oder Christliche eines Buches gegeben zu sehen, herrschte zugleich eine Geringschätzung bzw. ein völliges Übersehen von Stil, Formen und Strukturen. Mit der Neigung, von den Ansprüchen an das sprachliche und bildliche Niveau eines Buches zu abstrahieren, um stattdessen pädagogische oder katechetische Brauchbarkeit hervorzuheben, beginnt aber bereits ein ausweglose Missverständnis. Fragen der

Form sind auch Fragen der Gültigkeit, darum kann es keine akzeptable Kinderliteratur geben, die in Stilfragen ohne Niveau und Qualität wäre."[4]

Die allgemeinen Kriterien für gute Kinder- und Jugendbücher gelten genauso für das religiöse Kinder- und Jugendbuch.

Es gibt gegenwärtig zahlreiche Anzeichen, dass die literarische Qualität der Bücher dieses Genres zahlenmäßig ansteigt. Damit ist Grund zur Hoffnung, dass die eher trivialen Produkte dieser Buchgruppe zurückgehen.

Das religiöse Kinderbuch

Das religiöse Kinderbuch lässt sich vom religiösen Jugendbuch im Blick auf seine pädagogischen Perspektiven und seine leserkreisspezifischen Voraussetzungen sowie Interessenslagen unterscheiden, analog der Trennung von Kinderbuch und Jugendbuch.

Im Kinderbuch (und Bilderbuch) geht es um die Heranführung an religiöse Inhalte, geht es um die altersspezifischen Fragen des Kindes, die sich deutlich von den Fragen des Jugendlichen unterscheiden.

Bei der Auswahl der Bücher sollte eindeutig den Kinderbüchern der Vorzug gegeben werden, die **ohne belehrende Hervorhebung** religiöse Inhalte und Grundfragen in Geschichten, Gedichten und Sachtexten thematisieren und darstellen. Die Bücher, die von vornherein den gläubigen Leser voraussetzen, mögen sie auch in noch so guter Absicht verfasst sein, die Antworten geben, noch bevor Kinder eigene Erfahrungen und Fragen formulieren, können kaum geeignet sein, eine eigene Einstellung zur Religion bzw. zu den zentralen Lebensfragen zu finden. Vorzuziehen sind also die erstgenannten Bücher. Dazu folgende Beispiele:

Auswahl religiöser Kinderbücher

In *Tinogeschichten* von Lene Mayer-Skumanz (Herder Freiburg) werden kurze Episoden dargeboten, die humorvoll und hintergründig kindliches Welterleben einfangen – einer Welt, die über sich hinausweist. Die einzelnen Episoden bieten gute Gesprächsanlässe mit Kindergarten- und Hortkindern.

Mayer-Skumanz: Tinogeschichten

In *Elf-Minuten-Geschichten* von Eckart zur Nieden (Oncken und R. Brockhaus Haan) wird in 13 einfühlsam erzählten Geschichten eine Brücke vom Alltag der Kinder zu dem, was sie von Gott erfahren haben, geschlagen.

Nieden: Elf Minuten-Geschichten

In *Die weite Reise* von Mig Holder (Brunnen Gießen) wird die Geschichte von Artaban, dem vierten Weisen, der nicht an der Krippe erscheint, erzählt. Immer wieder wird er unterwegs aufgehalten und in Abenteuer verwickelt: Er versorgt einen Überfallenen, rettet einem Kind das Leben oder kauft eine junge Sklavin frei. Damit gibt er nicht nur ein

Holder: Die weite Reise

eindrucksvolles Beispiel echter Mitmenschlichkeit und Nächstenlie-
ben, er selbst kommt auch einem großen Geheimnis auf die Spur.

Schindler/Schmid:
Der verlorene Sohn

In *Der verlorene Sohn* von Regine Schindler und Eleonore Schmid
(Kaufmann Lahr) wird das bekannte Gleichnis Kindern nahe gebracht.
Nicht nur vom ausziehenden, später „verlorenen" jüngeren Sohn wird
erzählt, sondern auch vom älteren, eifersüchtigen Bruder. Kinder erfahren, wie weit die Liebe des barmherzigen Vaters für alle geht, die sich
elend und verloren fühlen. Zum Zeigen und Vorlesen in Kindergruppen
sehr geeignet.

Fährmann:
*Wie sieht eigentlich
Gott aus?*

In *Wie sieht eigentlich Gott aus?* von Willi Fährmann (Arena Würzburg)
wird zwischen Enkelin und Oma über Gott und sein Aussehen diskutiert. In den Kindergeschichten dieses Erzählbandes wird aus der Welt-
sicht der Kinder von heute auf die Symbolgehalte von Kirche und Alltag
auf humorvolle Weise eingegangen.

Jooß:
*Weißt du, dass die
Sterne singen?*

In *Weißt du, dass die Sterne singen?* von Erich Jooß (Herder Freiburg)
sind gelungene Texte und Geschichten vom Wünschen und Träumen
zusammengestellt. Es sind die beiden menschlichen Grundhaltungen,
Wünsche und Träume, aus denen sich Glaube speist. In seiner
Mischung aus Märchen und realistischer Kindergeschichte, Sage und
Fabel versucht dieses Buch, zeitgenössische Antworten zu geben.

Zeevaert:
*Und das alles wegen
Hannah*

In *Und das alles wegen Hannah* von Sigrid Zeevaert (Dressler Hamburg)
geht es um Jugendliche, die eine bange Nacht mit ihren Betreuern während einer Bergtour verbringen. Alptraum und Rettung aus einer fast
ausweglosen Situation werden glaubhaft geschildert. Erinnerungen,
Reflexionen und Hoffnungen der Handelnden sind gut nachvollziehbar
dargeboten.

Donelly:
*Servus Opa, sagte ich
leise*

In *Servus Opa, sagte ich leise* (dtv München) von Elfie Donelly erlebt der
zehnjährige Michael das Sterben seines geliebten Opas. Am Tag der
Beerdigung wird ihm klar, dass der Großvater nicht richtig tot ist,
solange jemand an ihn denkt. Eine kindgerechte und warmherzige
Erzählung, die viel Raum für Gespräche bietet.

Gebetbücher für Kinder

Aus dem Alltag vieler Menschen ist heute das Gebet verschwunden,
hat bestenfalls noch vor dem Essen oder dem Schlafengehen seinen
Platz, wird dabei automatisch dahergesagt, ohne über die Inhalte ein
Nachdenken zu bewirken.

„Über dieses unlebendige Beten hinauszuführen, zu vermitteln, dass
Beten ein persönliches Gespräch mit dem lebendigen Gott ist – das ist
das Ziel vieler Bücher, die das Kindergebet zum Inhalt und zum Thema
haben. Dabei ist den meisten VerfasserInnen klar, dass der Weg, der
beschritten werden muss, um Kindern ein lebendiges Gebetsleben
nahezubringen, über die Eltern und Erzieher führt."[5]

In *Deine Welt ist schön und rund* von Regine Schindler (Kaufmann Lahr) wird Eltern Mut gemacht, mit ihren Kindern zu beten. So enthält dieses Buch nicht nur Kindergebete, sondern auch Begleittexte für Eltern und Erzieher zum Thema Beten.

Schindler: *Deine Welt ist schön und rund*

Wichtig ist, „dass die Gebete wirklich das Sprechen und Empfinden von Kindern treffen."[6]

So zeichnen sich z. B. Detlef Blocks *Leselöwen-Kindergebete* (Loewes Bindlach) durch kurze, verständliche Sätze aus. Auch die gereimten Gebete wirken in der Regel nicht gezwungen und erfüllen so auch den Anspruch der Einprägsamkeit.

Block: *Leselöwen-Kindergebete*

In *Meistens ist das Leben schön* von Ilse Jüntschke (Kaufmann Lahr) wird Kindern und Eltern Mut gemacht zum frei formulierten Gebet, in dem das Kind ohne Scheu vor Gott bringt, was es bewegt.

Jüntschke: *Meistens ist das Leben schön*

In *Beten* von Oliviero Toscani (Pattloch) sind Gebete von Kindern und Jugendlichen aus aller Welt zusammengetragen worden. Ein Nationen übergreifendes und höchst anregendes Buch zum Thema Beten.

Toscani: *Beten*

In *Vor 2000 Jahren fing es an* von Gerhard Vidal (Kaufmann Lahr) geht es darum, Kindern Jesus in kurzen, sehr bibelnahen Texten nahe zu bringen und daran anknüpfend Gebete zu formulieren.

Vidal: *Vor 2000 Jahren fing es an*

In *Sonne und Mond sind Geschwister. Geschichten und Gebete für Familien* (Patmos Düsseldorf) von H.-J. Frisch und A.-K. Piepenbrink sind auf stimmungsvoll gestalteten Seiten kindgerechte Geschichten und Gebete rund um den kleinen Ben und seine Licht-und-Schatten-Erfahrungen. Das Buch stimmt insgesamt hoffnungsvoll, es verschweigt dabei auch nicht, dass Gebete nicht immer sofort „Wirkung zeigen".

Frisch/Piepenbrink: *Sonne und Mond sind Geschwister*

In *Wie fröhlich bin ich aufgewacht. Die schönsten Kindergebete* (Patmos Düsseldorf) von G. Hafermaas sind zahlreiche „klassische" Morgen-, Abend- und Tischgebete, die sich durch ihre Reimform und Kürze sehr gut einprägen, zusammengestellt und Kindern ab 3 Jahren verständlich.

Hafermaas: *Wie fröhlich bin ich aufgewacht*

In *Bevor du einschläfst* (Herder Freiburg) von M. Bollonger und Verena Pavoni ist eine stimmungsvolle Sammlung von Gebeten und Geschichten zur guten Nacht enthalten. Es sind Texte für die kleinen und großen Fragen des Lebens, über die abends noch nachgedacht werden kann.

Bollonger/Pavoni: *Bevor du einschläfst*

Kinderbibeln

Eine große Gruppe innerhalb des religiösen Kinderbuches stellen die Kinderbibeln dar. „Wer das große Angebot der Bibel für Kinder durchforstet, staunt und erschrickt, was sich hinter dem Namen ‚Kinderbibel' alles verbirgt. Obwohl die Titel der Werke fast identisch sind (*Kinderbibel – Bibel für Kinder – Die Bibel erzählt* usw.), weichen Anliegen, Inhalt und Aufbereitung weit voneinander ab. Wer sich beim Kauf einer Kin-

Große Unterschiede in Anliegen, Inhalt, Aufbereitung

derbibel nur nach ihrem Titel richtet, braucht sich nicht zu wundern, wenn er statt einer kindgemäßen Vorstellung der wichtigsten Inhalte der Bibel manipulierte und einseitig dargestellte Interpretationen der jeweiligen Verfasser erhält."[7] Die Kinderbibeln entsprechen am ehesten ihrer Vorlage, wenn sie nichts anderes tun, „als in kindgemäßer Sprache ohne religionspädagogische Kommentare ausgewählte Texte jungen Lesern zu vermitteln".[8]

Dies geschieht z. B. in *Die Bibel für Kinder* (Georg Bitter Recklinghausen), in *Die große bunte Kinderbibel* (Loewes Bindlach), in *Kommt, wir sind eingeladen!* (R. Brockhaus Haan), in *Kinderbibel* (Kaufmann Lahr) und in *Die große Patmos-Bibel* (Patmos Düsseldorf), die alle aus diesem Grunde empfohlen werden können.

In sprachlich noch einfacherer Form (daher auch gut im Kindergarten einsetzbar) werden biblische Erzählungen in der *Elementarbibel* (mehrere Bändchen, Kaufmann Lahr und Kösel München) dargeboten.

Illustrationen in den Kinderbibeln

Die Illustrationen in den Kinderbibeln zeigen, „dass sich die Grafiker schwer tun, wenn sie biblische Motive für junge Betrachter gestalten. Die Menschen werden oft missgebildet, unecht, verklärt und in den kuriosesten Proportionen dargestellt".[7]

Als Beispiel mit besonders gelungenen Illustrationen soll *Die neue Patmos Bibel* von José Maria Rovira Belloso, übersetzt von Dr. Hans Hoffmann, illustriert von Carme Solé Vendrell (Patmos Düsseldorf), hervorgehoben werden.

Die einfachen, farblich sehr ansprechenden Bilder, die durch ihren eigenen, frischen und unkonventionellen Stil eine besondere Ausdruckskraft erlangen, ergänzen den Bibeltext in eindrucksvoller Weise.

Aber auch der Text selber ist ebenso bemerkenswert: In frischer, dem Verständnis von Kindern angemessener Sprache wird der Bibeltext nacherzählt, ohne ihn zu verfremden oder zu verfälschen. Eine Kinderbibel, die rundherum empfohlen werden kann.

Ebenfalls gelungen sind die Illustrationen in *Die große bunte Kinderbibel* von Gisela Röder (Loewes Bindlach), die Bilder von außerordentlicher Frische geschaffen hat. Der Text von Detlef Block ist ohne Schnörkel, in klaren und kurzen Sätzen entfaltet er den Stoff in kindgerechter Weise.

Sehr empfehlenswert ist auch *Mit Gott unterwegs. Die Bibel für Kinder und Erwachsene neu erzählt* (bohem Press Zürich) von Regine Schindler und Stephan Zavrel (Illustr.). Text und Bilder laden geradezu zum Vorlesen und Anschauen ein. Für die Familie ebenso wie für den Kindergarten und die Grundschule hervorragend geeignet.

Schließlich soll auch noch die Kinderbibel *Gottes Wege. Die Bibel von Klaus Knocke nacherzählt* (Bischoff Frankfurt) empfohlen werden. Sie überzeugt durch ihren kindgerechten Text, die gelungenen Illustrationen und durch Sachinformationstexte, die durch eine Zeitleiste ergänzt sind.

Das religiöse Jugendbuch

Im religiösen Jugendbuch geht es um die Suche nach einem eigenen Standort. Die existenziellen Grundfragen haben hier einen erweiterten Fragehorizont (im Vergleich zum Kinderbuch), die Auseinandersetzung mit religiösen Themen und Lebensfragen ist wichtiger Teil der Lebensphase Jugend. Viele problemorientierte Jugendbücher sind daher gleichzeitig auch religiöse Jugendbücher.

An folgenden Beispielen soll das weite Spektrum der **Inhalte und Themen der religiösen Jugendbücher** verdeutlicht werden.

In *Lieber Niemand* von Grete Randsborg-Jenseg (St. Gabriel Mödling) wird eine vielschichtige, sensible Erzählung dargeboten, die von Freundschaft, erster Liebe, Pubertät und von Verzweifeltsein und Glücklichsein einer Fünfzehnjährigen handelt.

Randsborg Jenseg: *Lieber Niemand*

In *Eine Wolke zum Abschied* von Katrien Seynaere (Herder Freiburg) geht es um ein mit 17 Jahren an Knochenkrebs gestorbenes Mädchen. Während des Trauergottesdienstes kreisen die Gedanken der Eltern, Geschwister, Freunde und Bekannten um Fragen und Eindrücke, die ihr Leben und Sterben hinterließ.

Seynaere: *Eine Wolke zum Abschied*

In *Der sprechende Stein* von Josephine Croser (Oetinger Hamburg) werden durch die christliche Haltung einer Lehrerfamilie die Vorurteile gegen ein taubes Mädchen in einem australischen Dorf überwunden.

Croser: *Der sprechende Stein*

In *Der Schatten des Vaters* von Cynthia Voigt (Sauerländer Aarau) geht es um zwei ungleiche Brüder, die sich auf die Suche nach ihrem Vater machen. In vielen kritischen Situationen, die sie gemeinsam bewältigen müssen, erweist sich ihre Verschiedenartigkeit auf einmal nicht mehr als Problem, sondern als wahrer Segen.

Voigt: *Der Schatten des Vaters*

In *Die ohne Segen sind* von Richard Van Camp (Ravensburger Ravensburg) versucht Larry, der Ich-Erzähler und Held, sich in der sozialen Misere seines kleinen Wohnortes im kanadischen Norden zu behaupten.

van Camp: *Die ohne Segen sind*

In *Der Tag, an dem die Welt untergeht* von Jane Yolen und Bruce Coville (Arena Würzburg) erzählen die Jugendlichen Marina und Jed abwechselnd, wie ihre Familien den Verlockungen einer Sekte verfallen. Es gelingt ihnen aber auch, sie diesen Verlockungen wieder zu entziehen.

Yolen/Coville: *Der Tag, an dem die Welt untergeht*

Aspekte der Beurteilung

Es wurde aufgezeigt, dass das religiöse Kinder- und Jugendbuch nicht nur die Texte einschließt, die sich durch explizit religiös definierte

Inhalte auszeichnen. „Neben Büchern, die manifest-religiöse Inhalte thematisieren (ohne dass dieser Umstand bereits etwas über ihre religiöse Qualität besagen müsste), gibt es die wesentlich größere Menge solcher Bücher, deren materiale Inhalte religiös gänzlich unspezifisch sein können, wohingegen deren innerer Gehalt von hoher religiöser Relevanz zu sein vermag. Dabei kann offen bleiben, ob die religiöse Relevanz dieser zweiten Kategorie immer in einem positiven Korrespondenzverhältnis zum Christentum steht. Denkbar sind hier auch solche Bücher, die zwar eine offene, sich selbst überschreitende Humanität artikulieren, doch nicht in jeder Hinsicht überlieferte religiöse, christliche oder kirchliche Wertmaßstäbe respektieren."[8]

Themen und Inhalte des religiösen Kinder- und Jugendbuches

Kinder- und Jugendbücher können dann als „religiös" bezeichnet werden, wenn in ihnen folgende Fragen, Themen und Inhalte aufgegriffen und behandelt werden:

„wenn Anfang und Ende des Daseins in den Blick genommen, wenn Leben als geschenkt, der Mensch als Geschöpf gedeutet wird;

wenn in ihnen ermutigt wird, in das Leben Vertrauen zu setzen, wenn Hoffnung erfahrbar gemacht wird;

wenn in ihnen Grundfragen gestellt werden nach Normen, Werten, Gewissen und Verantwortung des Einzelnen und der Gesellschaft;

wenn Kritik dieser Verhältnisse – an diesen Grundlagen orientiert – erkennbar wird."[9]

Religiöse Kinder- und Jugendbücher sind also danach zu beurteilen, inwieweit es ihnen gelungen ist, die vorgenannten Fragen, Themen und Inhalte literarisch zu verarbeiten.

Werden **ohne Dogmatismus, ohne aufdringliche Belehrungs- und Bekehrungstendenz** die religiösen Stoffe literarisch glaubhaft und psychologisch überzeugend verarbeitet, wie es in nicht wenigen Büchern aus den letzten Jahren bereits der Fall ist, so sind ihre Wirk-Möglichkeiten von kaum zu unterschätzender Bedeutung.

Geschieht dieses nicht, so wie es in den traditionellen Ausgaben dieses Genres so zahlreich der Fall ist, ist eher kritische Distanz oder Ablehnung angebracht. Auf moralträchtige und bekehrungssüchtige Titel lässt sich sehr wohl verzichten, da sie den jugendlichen Leser mit Formeln und Floskeln traktieren, statt ihm Hilfen bei der Auseinandersetzung mit religiösen Grund- und Lebensfragen zu bieten.

Zusammenfassung

■ Religiöse Kinder- und Jugendbücher thematisieren die menschlichen Grund- und Sinnfragen.

■ Der Begriff „religiös" umfasst mehr als nur „christlich – kirchlich – konfessionell," er beinhaltet jedes Übersteigen (Transzendieren) der empirisch fassbaren, vertrauten, endlichen Wirklichkeit.

■ Das religiöse Kinderbuch führt an religiöse Inhalte und Fragen heran.

■ Das religiöse Jugendbuch gibt Hilfe bei der Suche nach einem eigenen religiösen Standort.

■ In den gelungenen religiösen Kinder- und Jugendbüchern werden ohne Dogmatismus, ohne aufdringliche Belehrungs- und Bekehrungstendenz die religiösen Stoffe literarisch glaubhaft und psychologisch überzeugend dargeboten.

Diskussionsvorschläge

1. Können Erzieher Kinder religiös „neutral" erziehen?

2. Welche Vorgaben können die religiösen Fragen der Kinder hervorbringen?

3. Muss man als Erzieher einen eigenen religiösen Standort gefunden haben, um Kindern ein richtiger Gesprächspartner in religiösen Fragen zu sein?

4. Inwieweit sollten Erzieher die religiösen Vorstellungen der Eltern bei ihrer Arbeit berücksichtigen?

Anregungen für die weitere unterrichtliche Bearbeitung Die Studierenden könnten unterschiedliche Titel zu Hause durchlesen, um kurze Rezensionen anzufertigen. Anhand der Rezensionen ließe sich recht gut eine Diskussion über die pädagogischen Möglichkeiten der religiösen Kinder- und Jugendbücher führen. Möglicherweise können die angehenden Erzieher bei diesem Vorgehen ihren eigenen religiösen Standort überprüfen, ihn festigen oder verändern.

Literaturhinweise für die religionspädagogische Arbeit des Erziehers

Ergänzend zu diesem Kapitel sollen einige Titel empfohlen werden, die dem angehenden oder bereits praktizierenden Erzieher eine vertiefte Auseinandersetzung mit dem Thema „Religion" ermöglichen sowie praxisnahe Arbeitshilfen und Anregungen für die religionspädagogische Arbeit im Kindergarten und Hort sein können:

Betrachtungen zur religiösen Erziehung im Vorschulalter auf der Grundlage der Montessori-Pädagogik bietet das Buch *Das religiöse Potential des Kindes* von Sofia Cavalletti (Herder Freiburg).

Das Buch *Was Kinder von Gott erwarten* von Regine Schindler (Kaufmann Lahr) ist eine zeitgemäße Gebetschule, die zum Nachdenken über christliche Erziehung in unserer Zeit anregt.

Im *Kindergarten Glauben erleben von* Ilse Jüntschke und Werner Böse (Kaufmann Lahr) werden Anregungen und Hilfen für die Glaubensvermittlung im Kindergarten gegeben, die die religionspädagogische Kompetenz in diesem Arbeitsfeld zu stärken vermögen.

Kataloge, Zeitschriften

Gott, die Welt und wir. Religiöse Kinder- und Jugendliteratur – Ausgabe 2001/ 2002. Hrsg.: Deutsche Akademie für Kinder- und Jugendliteratur e.V., Hauptstr. 42, 97332 Volkach 2001.
Katholischer Kinder- und Jugendbuchpreis. Preisgekrönte und empfohlene Bücher 1979–1997. Hrsg.: Zentralstelle Medien der Deutschen Bischofskonferenz. Bonn 1997.
Der Evangelische Buchberater. Vierteljährlich erscheinende Rezensionszeitschrift. Hrsg.: Deutscher Verband Evangelischer Büchereien. Bürgerstr. 2a, 37073 Göttingen.
Konflikte und Gewalt im Bilderbuch. Hrsg.
    Deutscher Verband Evangelischer Büchereien

Anmerkungen

1 Rabl, J.: Religion im Kinderbuch – Analyse zeitgenössischer Kinderliteratur unter religionspädagogischem Aspekt. Religion Nr. 3. Hardebek 1982, S. 265
2 Dinges, O./Lange, G.: Literaturbericht: Religiöse Kinderbücher. In: Christ in Gegenwart 1978 (Beilage: Bücher der Gegenwart), S. 4
3 Halbfas, H.: Das religiöse Kinder- und Jugendbuch. In: Haas, G. (Hrsg.): Kinder- und Jugendliteratur. Stuttgart 1974, S. 431
4 Halbfas, H.: Das religiöse Kinder- und Jugendbuch. In: Haas, G. (Hrsg.): Kinder- und Jugendliteratur. 3. Auflage. Stuttgart 1984, S. 235
5 Voss, M.: Gebetbücher für Kinder. „Komm Herr Jesus hinunter . ...“ In: Bulletin Jugend + Literatur 1/1993, S. 13
6 Ebenda S. 13
7 Krenzer, R.: Kinderbibeln im Test. In: Eselsohr. Informationsdienst für Kinder- und Jugendmedien. Juli 7/1985, S. 12
8 Ebenda S. 12
9 Ebenda S. 14

Weiterführende Literatur

Biser, E.: Religiöse Sprachbarrieren. München 1980.
Born, M.: Religiöse Kinder- und Jugendliteratur. In: Taschenbuch der Kinder- und Jugendliteratur. Hrsg. von G. Lange. Baltmannsweiler 2000.
Cordes, R. (Hrsg.): Die Bibel als Kinderbuch. Dokumentationen 21 der Katholischen Akademie Schwerte. Schwerte 1991.
Dinges, O.: Religiöse Funde in der modernen Kinder- und Jugendliteratur. In: Inform. d. Arbeitskreises für Jugendlit. Beiheft 1983.
Hahn, F.: Zwischen Verkündigung und Kitsch. Religiöse Probleme in der heutigen Jugendliteratur. Weinheim 1968.
Halbfas, H.: Das religiöse Kinder- und Jugendbuch. In: Haas, G. (Hrsg.): Kinder- und Jugendliteratur. 3., völlig neu bearbeitete Auflage. Stuttgart 1984.
Hoffmann, R.: Religiöse Jugendbücher. Hildesheim 1975.
Jacoby, R. (Hrsg.): Kinderbuch und Religion. Regensburg 1979.
Janning, J. u. a. (Hrsg.): Gott im Märchen. Kassel 1982.
Krenzer, R.: Kinderbibeln im Test. In: Eselsohr. Informationsdienst für Kinder- und Jugendmedien. Juli 7/1985.
Müller-Martin, S./Kesenhagen, A.: Krieg und Frieden in der Kinder- und Jugendliteratur der Bundesrepublik Deutschland. In: Deutschunterricht 2/1991.
Mottè, M.: Auf der Suche nach dem verlorenen Gott. Religion in der Literatur der Gegenwart. Mainz 1996.
Krems, G. (Hrsg.): Kinder- und Jugendbücher in der religiösen Erziehung. Paderborn 1981.
Pitsch, R.: Schöpfungsgeschichten in Kinderbibeln. In: Spurensuche Bd. 8. Mühlheim 1996.
Rabl, J.: Religion im Kinderbuch – Analyse zeitgenössischer Kinderliteratur unter religionspädagogischem Aspekt. Religion Nr. 3. Hardebek 1982.
Stock, A.: Umgang mit theologischen Texten. Methoden, Analysen, Vorschläge. Zürich und Köln 1974.
Voss-Eiser, M. (Hrsg.): Religion im Kinder- und Jugendbuch. Religion Nr. 2. Hardebek 1981.
Werner, A.: Es müssen nicht Engel mit Flügeln sein. Religion und Christentum in der Kinder- und Jugendliteratur. München 1982.

Comics

Geschichte der Comics 172

Gestaltungselemente der Comics 175

Comic-Arten und Motive 176

Zur Beurteilung der Comics 177

Didaktisch-methodische Anregungen 180

Zusammenfassung 181

Diskussionsvorschläge 182

Anmerkungen 184

Weiterführende Literatur 185

Comics

Ziel und Bedeutung

Comics zählen weltweit zu den populärsten Literaturproduktionen. In Form von Zeitungs-Strips, Heften, Alben und Büchern werden sie weltweit von einem Millionenpublikum konsumiert. Obwohl sie in den ersten zwei Nachkriegsjahrzehnten in Deutschland von Teilen der Bevölkerung und Literaturpädagogik abgelehnt wurden, gehören sie heute zu einem weitgehend akzeptierten Lesestoff. Mehr noch, sie haben sich auch als eine spezifische Literaturform, nämlich die der gezeichneten Bildfolge, eine beachtliche gesellschaftlich-kulturelle Reputation erworben.

Comics gehören zum bevorzugten Lesestoff von Kindern und Jugendlichen. Die Studierenden sollen aus diesem Grunde Comics kennen lernen, nach Möglichkeit unterschiedliche Produktionen, um einen Überblick zu gewinnen. Sie sollen lernen, dieses Medium zu analysieren, um Kinder und Jugendliche zum kritischen Umgang mit Comics zu befähigen.

Geschichte der Comics

Wirtschaftliche Motive bestimmen die Entstehung und Entwicklung der Comics

Gegen Ende des 19. Jahrhunderts sind die ersten Comics in Amerika entstanden, nachdem im 18. und 19. Jahrhundert die europäische satirische und politische Karikatur unmittelbare Vorarbeit geleistet hatte. Einer der bedeutendsten Vertreter dieser europäischen Karikatur war Wilhelm Busch (1832–1908) mit seinen Bildergeschichten. Aus dem Konkurrenzverhältnis der beiden großen amerikanischen Zeitungsverleger W. R. Hearst und J. Pulitzer, die sich durch Bildergeschichten eine verkaufsfördernde Wirkung versprachen, sind die ersten Comic-Strips entstanden. So schufen R. F. Outcault (New York World) *The Yellow Kid* (1895) und Rudolph Dirks (New York Journal) *The Katzenjammer Kid* (1897) in direkter Nachfolge der deutschen Bilderbogen und französischen Bilderromane.

„Die Verleger hatten sehr schnell die Zugkraft der Bildergeschichten in Fortsetzungen für den Absatz ihrer Zeitungen erkannt. So blieben die Bilderserien auch in den ersten drei Jahrzehnten des 20. Jahrhunderts Strips, die an die Entwicklung und Verbreitung der Tagespresse gebunden waren und von dort her ihre Durchschlagskraft erhielten."[1]

Die Comics blieben bis zum Ende der zwanziger Jahre die **lustig-komischen und satirischen Karikaturen** des Anfangs. In dieser Zeit entstanden Strips wie *Crazy Cat, Little Nemo, Mut and Jeff* und *Felix the Cat*. In den 30er Jahren wurden die Comics auf eine neue wirtschaftliche Basis gestellt. Agenturen und Syndikate betreuen seitdem die

Zeichner von Erfolgsserien, verwerten und vertreiben national und international die Druckrechte.

In den 30er Jahren traten nun auch neben den **„Funnies"**, den lustig-komischen und satirischen Comics, die **„Adventure Strips"** neu auf den Plan. „Deprimiert von der Weltwirtschaftskrise und vom Überhandnehmen des Gangstertums in den Vereinigten Staaten, sehnten sich breite Massen der amerikanischen Bevölkerung wohl nach einem Helden, der alle diese Probleme meistern konnte. Dieser Held wurde zwar nicht in der Wirklichkeit, wohl aber in den Supermännern der Abenteuer-Comics gefunden: 1929 begann die ‚Tarzan'-Serie, es folgten ‚Phantom', ‚Superman', ‚Batman', der Superdetektiv ‚Dick Tracy', der Ritter ‚Prince Valiant' und der Science-fiction-Held ‚Flash Gordon'."[2] Die humoristischen Bildergeschichten werden in diesen Jahren mit Ausnahme der besonders für Kinder bestimmten **„Animal Strips"** (wie der Micky-Maus-Geschichten) in den Hintergrund gedrängt.

Entstehung der Abenteuer-Comics

Die große Beliebtheit der Zeitungs-Strips veranlasste ihre Hersteller, Comics ab 1937 unabhängig von den Zeitungen als Hefte und Alben (Comic-Books) herauszugeben. Comic-Books erreichten eine sensationelle Verbreitung – weit über die Grenzen Amerikas hinaus, besonders in Westeuropa – und wurden ein Verkaufsschlager ersten Ranges. „Bis zum Ende des 2. Weltkrieges hat die Literaturform Comic in den USA eine beeindruckende Vielfalt vorzuweisen, erreicht über hohe Auflagen und eigene Periodika Massen von jungen wie älteren Lesern, hat neben überwiegend trivialer Serienunterhaltung bis heute nachgedruckte Klassiker hervorgebracht."[3]

Comics als Hefte

Während des Zweiten Weltkrieges wurden **Kriegs-Comics** entwickelt, die eine wichtige Rolle als Propagandamedium spielten.

Nach dem Weltkrieg geht das Bedürfnis nach diesen Kriegs-Comics zurück. „Der Zwang zur Profitmaximierung führt zu Experimenten mit einem bisher tabuisierten Gebiet, den Horrorgeschichten. Damit bringen sich einige Comics-Verlage in einen Gegensatz zu den herrschenden Wertvorstellungen, als deren Agenten sich vor allem kirchliche Institutionen, pädagogische Kreise und konservative Politiker erweisen. Diese Entwicklung führte letztlich zu einer Welle der Anti-Comics-Propaganda, als deren hauptsächlichen Ziele der ‚Kampf' gegen alle schlechten Comics und oft die ‚Ausrottung' der Comics überhaupt (...) genannt wurden, und die sich auch nach England und Deutschland ausdehnte."[4] In den 50er Jahren erreichen Anti Comic-Kampagnen ihren Höhepunkt, die Verkäufe der Comics gehen zunächst merklich zurück. Die Produzenten reagierten auf diese Protestwelle und brachten die „Funnies" wieder in größeren Auflagen auf den Markt. Diese gelangten unter anderem auch mit Hilfe des Fernsehens zu einer neuen Blüte, die bis heute anhält. Besonders Walt Disneys *Tierzoo*, die *Peanuts* von Chades M. Schultz und *Asterix und Obelix* von René Goscinny und Albert Uderzo erfreuen sich großer Beliebtheit, die an ihren riesigen Auflagen messbar ist.

Anti-Comic-Propaganda

Deutsche Comics

Deutsche Comics haben – mit Ausnahme des 1934 entstandenen Strips *Vater und Sohn* von E. O. Plauen und *Fix und Foxi* (seit 1953) von Rolf Kauka – zu keiner größeren Verbreitung geführt. Noch heute besteht der größte Anteil der bei uns angebotenen Comics aus amerikanischen Lizenzproduktionen. Allerdings wurden daneben auch Produktionen aus Belgien *(Michael Vaillant, Lucky Luke, Die Schlümpfe)*, Italien *(Marco Polo, Akim)* und Frankreich *(Asterix und Obelix)* verwertet.

Neues Comic-bewusstsein

„Seit etwa 1964/65 bahnt sich (...) in Europa eine Art Besinnungsaktivität an, die sich zunächst der Sichtung des gesamten und nicht nur des Kinder- und Jugend-spezifischen Comic-Materials widmet. Man fordert eine wissenschaftliche, betont emotionsfreie Analyse des Angebots. Internationale Kongresse, Ausstellungen, Kolloquien schaffen die Basis für ein neues Comic-Bewusstsein und die Voraussetzungen für eine multiple Auseinandersetzung mit einem Gegenstand, der bislang von Pädagogen und Literaten als Inbegriff der Schundliteratur verachtet und bekämpft worden ist. Es bildet sich eine Pro-Comic-Bewegung heraus, die neben den bedächtig-abwägenden Stimmen auch Comicfans zu Wort kommen lässt, deren Aussagen den Eindruck entstehen lassen, es handle sich bei Comics um das zeitgemäße Medium schlechthin."[5]

Entstehung von Erwachsenen-Comics

In den 60er Jahren zeichnete sich ein neuer Trend der Comics-Produktion ab, der durch deutliche Züge zur Intellektualisierung, Sexualisierung und Politisierung gekennzeichnet war. Es erschienen **Erwachsenen-Comics** wie: *Barbarella* (1964) von JeanClaude Forest, in dem die Heldin allen Gefahren mit Hilfe ihres Sexes trotzt. Oder auch *Jodelle und Pravda* von M. O. Donoghue und F. Springer, die in der zweiten Hälfte der 60er Jahre entstanden.

Im Zusammenhang mit der Studentenbewegung wurden auch politische und aufklärerische Comics veröffentlicht. Zu diesen zählen die **Aufklärungs-Comics:** *Glamour-Girl* und *Super-Mädchen* (beide 1968) des Deutschen K. A. Meysenberg. „Daneben gibt es bereits eine unübersehbare Flut von Protest-Comics in satirischen Monatszeitschriften, auf Plakaten und Flugblättern."[6]

Comics avancierten zur Ausstellungskunst

Vertreter der Pop art und Pop-Literatur erkannten die vielfältigen ästhetischen Möglichkeiten der Comics, was auch zu einer Wandlung der Rezeption führte. Große europäische Comic-Ausstellungen ließen die Comics von der Gebrauchs- und Verbrauchskunst zur Ausstellungskunst avancieren.

Schließlich sei noch erwähnt, dass Darstellungstechniken der Comics auch im Kinderbuch etwa seit Beginn der 70er Jahre Verwendung finden oder sogar zum durchgehenden Gestaltungsstil werden.

Comics auf dem Weg zu einer graphischen Literatur

„Im Verlauf der 70er Jahre machen sich die Comics ‚auf den Weg zu einer graphischen Literatur' (Dölle-Weinkauff), erschließen sich neue Formen des Realismus wie der künstlerischen Verdichtung und Verfremdung. Neue, zumeist jüngere Comic-Künstler aus Frankreich (Bilal, Caza, Lonstal, Tardi), Italien (Manara), der Schweiz (Cosey), den USA (Spiegelman) haben sich von Genrevorgaben unabhängig gemacht, verschränken die Comics mit der zeitgenössischen bildenden Kunst."[7]

Gestaltungselemente der Comics

Comics sind in Bildfolgen erzählte, handlungsbetonte Geschichten mit einem spezifischen Zeichenrepertoire. Man kann Comic Strips als den Versuch bezeichnen, den Film in ein Druckmedium zu übertragen. Die Visualisierung bezieht sich einerseits auf die Handlungsabläufe mit ihren Elementen Raum und Personen und andererseits auf die Sprache und die Geräusche. Die Zeichnungen der publikumswirksamen Comics sind in der Regel einfach ausgeführt und beschränken sich auf wenige schematisierte Grobmerkmale der dargestellten Figuren und Gegenstände. Bild und Text sind durch die eingezeichnete **Sprechblase** unmittelbar miteinander verbunden. Die Sprechblasen enthalten Dialoge und Gedanken in knappster Form. Weiterhin geben **Textbalken** zum Verständnis des Handlungsablaufes notwendige kurze Erklärungen.

Versuch, den Film in ein Druckmedium zu übertragen

„Neben der Verwendung filmischer Darstellungsmittel – wie Totale, Großaufnahme, Bildschnitt als einem Spezifikum dieser Gattung – sind in den Comics einige **Bildsymbole** zu finden. Sie sind sozusagen bildliche ‚Wörter‘, die in allen Comic-Serien das Gleiche bedeuten. Sie sind eine durch Konvention entstandene Bildgrammatik, die international verwendet wird."[8] Hierzu einige Beispiele: Herzen, die um eine Person gezeichnet sind, deuten Verliebtheit oder Liebe an. Noten bedeuten Gesang oder Musik; verzerrt gezeichnete Noten bedeuten schrille, misstönende Musik (Katzenmusik). Eine Glühbirne steht für „Mir geht ein Licht auf". Ausrufezeichen stehen für Erstaunen oder Verblüffung. Bei der Darstellung der Figuren ist das ganz ähnlich. „Bestimmte Körpermerkmale und Physiognomien stehen für bestimmte Charaktereigenschaften, Stimmungslagen usw., sie signalisieren dem geübten Leser sofort die Funktion der gezeichneten Person im Rahmen des Geschehens, sie ordnen sie in ein Schema von Typen ein, wobei gewisse äußerliche Merkmale immer gleich signifikant für innere Wesensmerkmale der Person sind."[9]

eine eigene Bildgrammatik

Wenngleich nun auch die vorgenannten Gestaltungselemente auf eine große Anzahl der Comics (vorwiegend der Serienproduktionen) zutrifft, so muss auch auf die Produktionen hingewiesen werden, die von diesem Schema abweichen. „Es gibt inzwischen eine Fülle von Alben, die Genuss auf differenzierten Ebenen bereiten, die Neues bieten, die Anlass zum Nach-, Über- und Weiterdenken geben, die demonstrieren, welche erzählerische Qualität in der Bildergeschichte steckt."[10]

Comic-Arten und Motive

Lustige Comics, „Funnies"

Zur Gruppe der **„Funnies"** lassen sich die heiteren, witzigen und ironischen Comics zusammenfassen. Alle direkt für Kinder konzipierten Serien zählen hierzu. Durch Situationskomik, Slapstick-Humor und karikaturistische Verzeichnung von Menschen und Tieren wird das „Lustige" hervorgerufen.

Zu diesen Comics gehört die gesamte Disney-Produktion, insbesondere mit *Micky Maus* und *Donald Duck*, dann die Serien *Felix, Fix und Foxi* sowie der überwiegende Teil der Eigenproduktion des Kauka Verlags. Intellektuelle Spielart und generationsübergreifend ist in dieser Gruppe die Reihe *Asterix und Obelix*, in der es trotz ständiger Schlägereien recht unblutig zugeht.

„Bei älteren Kindern beliebtes Genre sind die Semi-Funnies, also halbkomische Serien, die sich mit den Abenteuercomics überschneiden, klassisches Beispiel *Lucky Luke*: Ernst und Spannung einer abenteuerlichen Geschichte lösen sich durch komisch-überzeichnete Figuren, durch skurrile Helden wie Gegenspieler oder durch parodistisch übertriebene Konflikte und durch Situationskomik."[11]

Abenteuer-Comics

Die klassischen Abenteuer-Comics, **„Adventure Comics"**, verzichten im Gegensatz zu den „Funnies" weitgehend auf das karikierende Moment. Sie sind durchweg ernst und humorlos. Historische und erfundene Vorgänge und Figuren werden dargestellt. „Alle sind durch Übermenschen und Superhelden gekennzeichnet: *Tarzan – Superman – Batman – Der Eiserne – Die fantastischen Vier* – (...) – *Prinz Eisenherz – Perry Rhodan*, um nur einige der in Deutschland verbreiteten Serien zu nennen."[12] Die Gegenspieler der Superhelden werden schon von ihrer äußerlichen Erscheinung als abstoßende bzw. lächerliche Figuren gezeichnet. Zur Verdeutlichung der überragenden Kräfte und Fähigkeiten der Helden dienen sie gewissermaßen als Staffage, ehe sie unterliegen.

Das Themenfeld der Abenteuer-Comics reicht von Dschungelgeschichten über Western, Krimis, Gespenster- und Horrorgeschichten bis zu Science-fictions.

Die neueren Adventure-Comics enthalten aber auch teilweise komische Elemente, so z. B. „die ,Teenage Mutant Hero Turtles', die zu Superhelden mutierten, vernunftbegabte Schildkröten, die schlagfertig außerirdische Monster vertreiben. Auch für ,Die echten Ghostbusters' gehören komische Sprüche und Überzeichnungen zur Geisterjagd."[13]

Zur Beurteilung der Comics

Comics sind aus unserem Leben kaum mehr wegzudenken. In weltweiter Verbreitung werden sie in Form von Zeitungs-Strips, Heften, Alben und Büchern von einem Millionen-Publikum konsumiert.

Etwa 90 % aller Kinder lesen Comics, „zumindest gelegentlich, Jungen häufiger als Mädchen. Für etwa 20 % der Grundschüler sind sie die bevorzugte Lektüre (EuW Niedersachsen 6/90). Sechs- bis Dreizehnjährige geben für Comics mehr Geld aus als für andere Printmedien oder Tonträger. Die Gruppe der Sechs- bis Neunjährigen nutzt Comics sogar zeitaufwendiger als Bücher. Mit zunehmendem Alter lässt bei Kindern das Interesse an der Comic-Lektüre nach."[14]

Kinder und Jugendliche beurteilen die Comics als so schön lustig, witzig und komisch, aber auch als spannend und aufregend. Zudem lassen sie sich schnell und einfach am nächsten Kiosk vom eigenen Taschengeld kaufen. Von der Buntheit der meisten Hefte und der verwirrenden Fülle der Figuren und Ereignisse werden schon die kleineren Kinder angezogen, wenngleich sie die Ereignisse einer längeren Geschichte noch nicht erfassen, bleibt doch der Spaß an den hervorgehobenen Figuren wie: Mickey Maus, Donald Duck, Fix und Foxi, Bugs Bunny und anderen Gestalten.

Der Reizcharakter der Comics für Kinder und Jugendliche

Für alle Altersstufen liegt der Reizcharakter der „Funnies" in deren Groteskkomik und Situationswitz. Dagegen ist der Reizcharakter der „Adventure Comics" dem Krimi und Western in Film und Fernsehen benachbart.

„So vielfältig sich die Literaturform Comic insgesamt entwickelt hat, so trivial, so eingegrenzt ist das Angebot der marktführenden Kinder-Comics, deren Spannungsstruktur sich auf das Prinzip ‚Gut gegen Böse' reduzieren lässt, deren Humor auf dem Prinzip ‚Lachen über den Schaden anderer' basiert. Die Serien arbeiten mit deutlichen, (wieder-) erkennbaren visuellen Stereotypen, was Vorurteile verfestigen kann: Böse haben schräge Augen, sind schwarz, weichen körperlich von der Norm ab."[15]

Für Eltern und Erzieher ist es daher wichtig, bei der Beurteilung der Comics zu differenzieren. Comic ist nicht gleich Comic, neben genialen und unverwechselbaren Bildstreifen sind viele höchst triviale und banale Hefte und Geschichten als Massenangebotsware anzutreffen Empfehlenswert ist, dass Eltern und Erzieher selbst Comics lesen, nach Möglichkeit unterschiedliche Produktionen, um sich ein genaueres Bild zu machen. Erst die Kenntnis vieler unterschiedlicher Beispiele ermöglicht die Herausbildung einer kritisch wertenden Kompetenz, die für Eltern und Erzieher ebenso notwendig ist wie für das jugendliche Leserpublikum.

Das Phänomen Comics erfordert Differenzierungen

Kinder sollten im Umgang mit Comics unterstützt werden, indem ihnen ein breites, vielfältiges Angebot zugänglich gemacht wird. Gemeinsames Lesen und Sprechen über die Comiclektüre tragen darüber hinaus zur Herausbildung eines kritischen Urteilsvermögens bei, ohne dass dabei die Anregung der Phantasie, Spielfreude und Unterhaltung zu kurz kommen muss.

Empfehlenswerte Comics

Im Folgenden werden einige **empfehlenswerte Comics** genannt:

1. *Asterix und Obelix* von R. Goscinny u. A. Uderzo (Egmont Ehapa Berlin). Bereits kleine Kinder lachen über die Situationskomik und die Kontrastspannung zwischen dem kleinen, pfiffigen Krieger Asterix und seinem großen, runden Gefolgsmann Obelix. Ältere Leser lachen über den ironischen Hintergrund der einzelnen Episoden. Bisher sind über 30 Sonderhefte erschienen. Empfehlenswert für alle Altersstufen.

2. *Walt Disneys Micky Maus, Donald Duck und Strolchi* (Egmont Ehapa Berlin). Zumeist gelungene Mischung zwischen Phantasie und Realität, humoristischer Gehalt. Neben den regelmäßig erscheinenden Heften auch in Sonderheften und dickeren Taschenbuchausgaben erhältlich. Unbedenklich bis empfehlenswert. Für alle Altersstufen geeignet.

3. *Tim und Struppi* (Carlsen Hamburg) bieten Spannung und Humor in einer Vielzahl von Abenteuergeschichten, die weitgehend realistisch aufgebaut sind. Durchweg anspruchsvolle Bildgestaltung. Bisher über 30 Einzelbände in Buchform erschienen. Empfehlenswert für alle Altersstufen.

4. *Snoopy und die Peanuts* von Charles M. Schulz (Carlsen Hamburg). Snoopy, Charlie Brown, Lucie und all die anderen Helden wirken in den knapp und gehaltvoll verkürzten Episoden, die komisch und tiefgründig viele Alltagsbezüge beinhalten und zwischenmenschliche Beziehungen und Verwicklungen aufzeigen. Bisher sind zahlreiche Einzelbände erschienen. Empfehlenswert für alle Altersstufen.

5. *Lucky Luke* (Egmont Ehapa Berlin) der glorreiche Westernheld. In diesen Heften wird den Lesern eine glänzende Parodie auf die Pionierzeit Amerikas dargeboten. Der Text stammt vom Asterix-Vater und Erfinder R. Goscinny. Empfehlenswert für Kinder ab 11./12. Lebensjahr. Bisher sind über 50 Einzelhefte erschienen.

6. *Hägar der Schreckliche* (Goldmann München). Hägar ist ein „hart arbeitender" Wikinger, der im gnadenlosen Konkurrenzkampf pausenlos unterwegs ist. Der aktuelle Bezug wird sofort klar: Statt einer Aktentasche trägt der Held ein Schwert, statt Flanellanzug ein Lederwams. Empfehlenswert für Jugendliche.

7. *Spirou und Fantasio* von Franquin u. a. (Carlsen Hamburg). Nichts ist aufregender als ein Tag im Leben von Spirou und seinem Freund

Fantasio. Komischlustige Abenteuergeschichten zweier Freunde und ihrem Marsupilami, den zweifellos interessantesten fiktiven Tier in der Welt der Comics. Empfehlenswert für Kinder ab 9/10 Jahren. Bisher sind über 40 Einzelbände erschienen.

8. *Benni Bärenstark* von Peyo (Carlsen Hamburg), dem Vater der „Schlümpfe", ist ein kleiner Junge, der nicht nur bärenstark ist, sondern auch so schnell wie der Wind laufen und über Häuser springen kann. Doch bekommt er einen Schnupfen, dann verlassen ihn die Kräfte. Eine phantasievolle und spannende Serie (bisher 12 Bände) für alle Altersstufen.

9. *Bone* von Jeff Smith (Carlsen Hamburg) ist Fantasy vom Feinsten. Smith hat mit seinen Hauptfiguren, den Vettern Phoncible, Fone und Smily, märchenhafte Fortsetzungs-Erzählungen (Schwarzweiß-Comicgeschichten) geschaffen, die durch eine überzeugende und vielfältige Zeichnung der Charaktere, die sich einer simplen Einordnung entziehen, sowohl ein junges wie auch älteres Leserpublikum zu fesseln vermögen. Bisher sind 15 Einzelbände erschienen. Empfehlenswert für Jugendliche und Erwachsene.

10. Das *Marsupilami* von Franquin u. a. (Ehapa Berlin) ist eines der beliebtesten Phantasie-Tierfiguren in der Comicwelt. Das gelbschwarze Dschungeltier, zunächst als Nebenfigur von Spirou und Fantasio eingeführt, nun als Haupthandlungsträger einer eigenen Reihe, erweist sich als ausgesprochen liebenswerte Comicfigur in zahlreichen Einzelbänden. Empfehlenswert für Kinder ab 9/10 Jahren.

11. *Lanfeust von Troy* von Arleston und Tarquin (Carlsen Hamburg). Troy ist ein zeitloses Universum, eine geheimnisvolle Welt, in der Magie den Alltag bestimmt. Die Hauptfigur, der junge Lanfeust, besitzt wie jeder Bewohner von Troy eine spezielle Zauberkraft. Die einzelnen Erzählungen (bisher 8 Bände) sind abenteuerlich, sehr phantasievoll und dabei auch zuweilen derb-humorvoll. Schon für jüngere Leser und Leserinnen ab 10/11 Jahren sehr unterhaltsam und anregend.

12. *Der kleine Hobbit* von J. R. R. Tolkien. Adaption: Charles Dixon, David Wenzel u. Michael Nagula (Carlsen Hamburg). Der Hobbit ist Comic-Lektüre für Jung und Alt, für den Tolkien-Fan ebenso wie für alle Leser und Leserinnen, die ihren Spaß an hervorragend gezeichneten phantastischen Geschichten haben.

13. *Die Schlümpfe* (Bastei-Lübbe Bergisch-Gladbach). Die Schlümpfe sind kleine blaue Zwerge, die fröhlich und heiter in ihrem kleinen Dorf leben. Sie sind höflich und hilfsbereit, auch wenn sie trotz allem immer wieder mit höchst menschlichen Problemen zu kämpfen haben. Unbedenklich bis empfehlenswert. Bisher sind zahlreiche Einzelhefte erschienen.

Didaktisch-methodische Anregungen

Durch Übungen mit begleitenden Gesprächen kann die Erzieherin gezielt die Medienkompetenz der Kinder und Jugendlichen entwickeln und stärken. Comics beurteilen und kritisch einschätzen lernen, heißt dabei nicht, den Unterhaltungswert gering zu schätzen, sondern es geht darum, ein differenziertes Beurteilungsvermögen schrittweise zu entwickeln. Comics können für Leseanfänger durchaus motivierend sein, da sie ja die parallele Verarbeitung von Wort und Bild erfordern. Insofern können sie durchaus auch das Lesenlernen unterstützen. Bei älteren Kindern und Jugendlichen kann das Lesen/Schauen von Comics durchaus auch Brücke zum Lesen sein, wenn dafür Anreize geschaffen werden.

Gespräche über Comics

Bei den jüngeren Kindern sind zumeist die witzigen Comics beliebt, so dass es sich anbietet, mit ihnen über die Stellen und Figuren zu sprechen, die sie als besonders witzig empfinden. Mit den Kindern lässt sich so gemeinsam über die **Witzqualität** der einzelnen Serien sprechen, welchen „Gag" sie beispielsweise gut finden und welcher als abgenutzt beurteilt wird. Weiterhin kann man feststellen, inwieweit sie schon **ironische und satirische Passagen** erkennen und begreifen. Ausgehend von diesen Überlegungen kann der Erzieher den Kindern in Gesprächen helfen, die Geschichten und Figuren bewusster und damit kritischer zu sehen und zu beurteilen.

Mit älteren Kindern und Jugendlichen sollten die Abenteuer-Comics diskutiert werden. An Beispielen wie *Superman* oder *Teenage Mutant Hero Turtles* lässt sich mit ihnen gut über die **Verhaltens- und Konfliktlösungsmodelle** dieser Helden reden. Durch das Vergleichen von eigenem Verhalten und Verhalten der Helden, durch das Herstellen von Beziehungen der Science-fiction-Welt mit der real erfahrbaren Welt lassen sich viele Ansatzpunkte finden zu einer interessanten und kritischen Durchleuchtung der Abenteuer-Comics.

Der schon für Kinder ab 8 Jahren zugedachte Comic *Störtebecker* von K. Schmidt u. P. Wirbeleit (Carlsen Hamburg), ist eine modern verpackte Abenteuergeschichte (in Folgen), in dem das Piratenleben des Klaus Störtebeckers erzählt wird. Dieser historische Stoff in bunten Bildern bietet sich für eine Diskussion über die Verhaltens- und Konfliktmuster der handelnden Personen an.

Kinder stellen selbst Comics her

Wichtig ist natürlich auch, neben diesen Gesprächen, praktisch mit dem Medium Comics umzugehen, indem Kinder und Erzieher selbst kreativ werden. In selbst hergestellten Comics können Kinder und Erzieher die in den zuvor geführten Gesprächen gewonnenen kritischen Einsichten umsetzen. Hierzu einige **Anregungen:**

1. Kinder schneiden aus alten Heften Handlungsmotive und Figuren aus und stellen aus diesen eine Bildergeschichte zusammen.

2. Kinder schneiden Einzelelemente aus verschiedenem Bildmaterial aus und erstellen eine Geschichte, die sie durch eigene Zeichnungen ergänzen und ausschmücken.

3. Erzieher und Kinder versuchen gemeinsam, eine völlig neue Bildergeschichte zu erfinden. Eigene Ideen können so ohne Vorlage realisiert werden, wobei die technischen Schwierigkeiten erfahrbar werden, etwas ohne vorhandene Modelle entstehen zulassen.

4. Kinder vermischen Comics-Strips-Elemente mit anderem Bildmaterial, wodurch neue und heitere Effekte zustande kommen.

5. Kinder erstellen ein Comic-Buch auf der Grundlage einer Kindergeschichte bzw. eines Kinderbuchs.

Eine anregende Lektüre ist „*Comics richtig lesen*" von Scott McCloud (Carlsen Hamburg) für alle, die sich mit Kindern und Jugendlichen über dieses Medium auseinandersetzen wollen. McCloud öffnet auf unterhaltsame und fantasievolle Art den Blick auf die Formen und Zeichen dieses Mediums mit genau den Mitteln, die es verwendet. Ein Comic, der intelligent die Bild- und Zeichensprache der Comics untersucht und erklärt.

McCloud: Comics richtig lesen

Zusammenfassung

■ Die Entstehung der Comics geht auf die wirtschaftliche Konkurrenzsituation der beiden großen amerikanischen Zeitungsverleger W. R. Hearst und J. Pulitzer gegen Ende des 19. Jahrhunderts zurück. Diese versprachen sich durch die Bildergeschichten eine erhebliche verkaufsfördernde Wirkung.

■ In den ersten drei Jahrzehnten blieben die Comic Strips an die Entwicklung und Verbreitung der Tagespresse gebunden. Von dort her erhielten sie zunächst ihre Popularität.

■ Die große Beliebtheit der Zeitungs-Strips veranlasste ihre Hersteller, Comics ab 1937 unabhängig von den Zeitungen als Hefte und Alben (Comic-Books) herauszugeben. Comic-Books erreichten eine sensationelle Verbreitung und wurden ein Verkaufsschlager ersten Ranges.

■ Comic Strips kann man als Versuch bezeichnen, den Film in ein Druckmedium zu übertragen. Die Visualisierung bezieht sich einerseits auf die Handlungsabläufe mit ihren Elementen Raum und Person und andererseits auf die Sprache und die Geräusche.

■ Es lassen sich grob unterteilt 2 Comic-Arten unterscheiden: die „Funnies" und die „Adventure Comics".

■ Eltern und Erzieher sollten bei der Beurteilung der Comics differenzieren, da neben höchst trivialen und banalen auch ganz ausgezeichnete und geniale Bilderstreifen anzutreffen sind.

■ Erzieher sollten in Gesprächen und praktischen Übungen dazu beitragen, Kinder und Jugendliche zu kritischem Umgang mit Comics zu befähigen.

Diskussionsvorschläge

1. Vergleichen Sie Form und Funktion von Märchen und Comics.

2. Wann, warum und von welchen gesellschaftlichen Gruppierungen wurden Comics bekämpft?

3. Welche Auswirkungen haben Repressionen gegen Comics auf ihre Leser?

4. Stellen Sie Argumente zusammen, die für Comics sprechen.

5. Von welchen Bedingungen ist die geistige Arbeit der Comics-Verfasser abhängig?

6. Lässt sich eine tendenziöse Weltdarstellung in bestimmten Comic Strips feststellen bzw. nachweisen?

7. Wie ließe sich die tatsächliche Auswirkung der Comic-Welt auf den jugendlichen Leser überprüfen?

8. Überlegen Sie, inwiefern Comics Erholungs-, Entlastungs- und Bestätigungsliteratur sein könnten.

Sinnvoll ist die Analyse verschiedener Comic-Arten, um die Comic-spezifischen Mittel zu erschließen, mit denen Handlungen aufgebaut und Informationen vermittelt werden. Bei diesen Vorgehen lassen sich Beurteilungskriterien für Comics erarbeiten.

Anregungen für die weitere unterrichtliche Bearbeitung

Weiterhin ist es denkbar, dass die Studierenden selbst Comics herstellen, um zu kreativem und produktivem Umgang mit diesem Medium angeregt zu werden. Hierbei kann in etwa wie im Abschnitt „Methodische Vorschläge" aufgezeigt vorgegangen werden. Folgende Schritte zu Eigenproduktionen von Comics wären außerdem noch möglich:

● Die Wiedergabe von Comic-Dialogen in Prosa
● Verfassen von Dialogen für Comic Strips ohne Text
● Neufassung von Blasentexten
● Schriftliche und mundliche Nacherzählung des Inhalts von ausge-wählten Comics

Anmerkungen

1 Greiner, R. (Hrsg.): Comics. Stuttgart 1974, S. 9
2 Ebenda S. 10
3 Heidtman, H.: Kindercomics. In: Kindermedien. Stuttgart 1992, S. 15
4 Kegelmann, H. J.: Comics. Bad Heilbrunn 1976, S. 14
5 Maier, K. E.: Die Comics. In: Jugendliteratur. 10. Aufl. Bad Heilbrunn 1993, S. 213
6 Greiner, R.: a. a. O., S. 11
7 Heidtmann, H.: a. a. O., S. 18
8 Hoffmann, D. u. Rauch, S. (Hrsg.): Comics. Frankfurt/M. 1975, S. 19
9 Maier, K. E.: a. a. O., S. 214
10 Grünewald, D.: Vom Umgang mit Comics. Berlin 1991, S. 11 f.
11 Heidtmann, H.: a. a. O., S. 21
12 Künnemann, H.: Comics. In Kinder- und Jugendliteratur. Hrsg. von G. Haas. Stuttgart
   1974, S. 132
13 Heidtmann, H.: a. a. O., S. 21
14 Ebenda S. 23
15 Ebenda S. 22

Weiterführende Literatur

Bauer, E.: Der Comic. Strukturen – Vermarktung – Unterricht. Düsseldorf 1979.

Baumgärtner, A. C.: Die Welt der Abenteuer-Comics. Bochum 1979.

Comics. Arbeitstexte für den Unterricht. Hrsg. von R. Greiner. Stuttgart 1975.

Dolle-Weinkauff, B.: Comics. Geschichte einer populären Literaturform in Deutschland seit 1945. Weinheim und Basel 1990.

Dolle-Weinkauff, B.: Wie im Comic erzählt wird. In: Kindliches Erzählen – Erzählen für Kinder. Hrsg. von H.-H. Ewers. Weinheim und Basel 1991.

Dolle-Weinkauff, B.: Comics für Kinder und Jugendliche. In: Taschenbuch der Kinder- und Jugendliteratur. Hrsg. von G. Lange. Baltmannsweiler 2000.

Franzmann, B. und I. Hermann/H.-J. Kagelmann/R. Zitzlsperger (Hrsg.): Comics zwischen Lese- und Bildkultur. Comics Anno. Jahrbuch der Forschung zu populärvisuellen Medien, Vol. 2/1991. München und Wien 1991.

Fuchs, W. und R. Reitberger: Comics-Handbuch. Reinbek 1978.

Grünewald, D.: Comics – Kitsch oder Kunst? Weinheim 1982.

Grünewald, D.: Wie Kinder Comics lesen. Frankfurt 1984.

Grünewald, D.: Comics. In: Kinder- und Jugendmedien. Weinheim und Basel 1984.

Grünewald, D.: Vom Umgang mit Comics. Berlin 1991.

Grünewald, D.: Comics. Grundlagen der Medienkommunikation Bd. 8. Tübingen 2000.

Grünewald, D.: Zwischen banal und kongenial. Literarische Stoffe als Comic erzählt. In: Bilderwelten. Hrsg. von K. Franz und G. Lange. Hohengehren 2000.

Grasegger, H.: Sprachspiel und Übersetzung. Eine Studie anhand der Comic-Serie Asterix. Tübingen 1985.

Heidtmann, H.: Kindercomics: Von Bilderpossen zum Wellenreiten. In: Kindermedien. Stuttgart 1992.

Holtz, Chr.: Comics – ihre Entwicklung und Bedeutung. München 1980.

Kagelmann, H. J.: Comics, Aspekte zu Inhalt und Wirkung. Bad Heilbrunn 1976.

Kagelmann, H.–J. (Hrsg.): Comics Anno. Jahrbuch der Forschung zu populärvisuellen Medien, Vol. 1/1991. München 1991.

Kaps, J.: Comic Almanach 1992. Wimmelbach 1992.

Knigge, A. C.: Comics. Vom Massenblatt ins multimediale Abenteuer. Reinbek 1996.

Kübler, H.-D.: Comics: unverwüstliche Spaßtiraden? In: Medien für Kinder. Wiesbaden 2002.

Maier, K. E.: Die Comics. In: Jugendliteratur. 10., überarbeitete und erweiterte Auflage. Bad Heilbrunn 1993.

Platthaus, A.: Im Comic vereint. Eine Geschichte der Bildgeschichte. Berlin 1998.

Watzke, O. (Hrsg.): Bildergeschichten und Comics in der Grundschule. Donauwörth 1980.

Welke, M.: Die Sprache der Comics. Frankfurt 1974 (4. Aufl.).

Zimmermann, H. D. (Hrsg.): Vom Geist der Superhelden. Comics Strips. München 1975.

Kinder- und Jugendliteratur multimedial

Kinder- und Jugendliteratur auf Film/Video 188

Kinder- und Jugendliteratur zum Hören 189

Kinder- und Jugendliteratur auf CD-ROM 191

Zur Beurteilung von Filmen/Hörbüchern/CD-ROMs 192

Didaktisch-methodische Überlegungen zum Einsatz von
  Video/Hörbuch 192

Zusammenfassung 193

Diskussionsvorschläge 194

Anmerkungen 194

Weiterführende Literatur 195

Kinder- und Jugendliteratur multimedial

Ziel und Bedeutung

Neben der breiten Angebotspalette an Literatur hat sich inzwischen ein breites Medienangebot für Kinder- und Jugendliche etabliert, das neue Zugänge zur Literatur eröffnet. Zum Film ist das Hörbuch hinzugekommen, und in den letzten Jahren nimmt auch die Bedeutung der CD-ROM mit ihren vielfältigen interaktiven Möglichkeiten zu.

Die Studierenden sollen die multimedialen Produkte wie Film, Hörbuch und CD-ROM kennen lernen, die kinder- und jugendliterarische Stoffe darbieten, und Aspekte der Beurteilung gewinnen. Darüber hinaus sollen sie die pädagogischen Möglichkeiten dieser Medien erkennen, um sie später in der Praxis gezielt einzusetzen.

Kinder- und Jugendliteratur auf Film/Video

Der Film hat von Anbeginn Kinder und Erwachsene wie kaum ein anderes Medium fasziniert. Die ersten Produktionen (etwa ab 1910) waren Inszenierungen von Märchen- und Sagenstoffen. Später, als der Film zu einem wichtigen wirtschaftlichen Faktor wurde, wurden amerikanische Produktionen – Slapstick-Komödien und Trickfilme nach Comicfiguren – immer zahlreicher. Daneben entwickelte sich auch der Film nach erfolgreichen Literaturvorlagen. So waren Buchvorlagen seit Beginn der Filmgeschichte für dieses Medium bedeutsam. Viele Filme für Kinder und Jugendliche basieren auf literarischen Vorlagen, sind dabei aber nicht selten reduzierte Versionen der Bücher, auf denen sie beruhen. Eine originalgetreue Verfilmung wird schließlich durch die Faktoren Zeit und Kosten bestimmt, und so bleibt nicht selten der Film hinter dem Buch zurück. Gleichwohl gibt es auch hervorragend gemachte Filme, die durch ihre sorgfältige Machart und ihren künstlerischen Anspruch zu überzeugen vermögen. Nachfolgend aufgeführte Beispiele gehören zu diesen. Alle genannten Beispiele sind auf Video erhältlich und können somit leicht beschafft werden.

Nur Wolken bewegen die Sterne (Buch: T. Lian: Es sind die Wolken, die die Sterne bewegen, 1999.)
Video: Mathias-Film, Gänsheidestr.67, 70184 Stuttgart
Dieser Film ist zugleich traurig und lustig, er ist bewegend und ergreifend, da er zeigt, wie die kleine Marie die Trauer um ihren Bruder, der an Krebs gestorben ist, verarbeitet. Empfehlenswert ab 10 Jahren.

Pünktchen und Anton (Buch: E. Kästner: Pünktchen und Anton, 1931)
Video: Buena Vista
Anton muss sich um seine kranke Mutter kümmern, Pünktchen, seine Freundin, ist Tochter eines Chirurgen und einer mondänen Mutter, steht

ihrem Freund zur Seite. Eine gelungene Inszenierung, die witzig und temporeich für Kinder ab 6 Jahren empfohlen werden kann.

Käpt'n Blaubär (Buch: W. Moers: Die 13 ½ Leben des Käpt'n Blaubär, 1999)
Video: BMG Video, Neumarkter Str. 28, 81673 München
Spannendes Seemannsgarn vom blauen Seebären und seinem treuen Gefährten Hein Blöd sowie den drei kleinen Bärchen machen diesen Film, nicht zuletzt durch die hervorragenden Sprecher zu einem Spaß für alle Altersstufen. Empfehlenswert ab 5 Jahren.

Ein Fall für die Borger (Buch: M. Norten: Die Borgers, 1994)
Video: Universal Pictures, Kaiser-Wilhelm-Str. 93, 20355 Hamburg
Winzige kleine menschliche Wesen sind die Borger. Unter den Dielen eines Hauses wohnen sie und „borgen" sich alles, was sie zum Leben und ihrem Wohlbefinden benötigen. Eine friedliche Minifamilie, für die es richtig gefährlich wird, als ein skrupelloser Anwalt und Spekulant versucht, das Haus der „Gastfamilie" in seinen Besitz zu bringen. Außergewöhnlich phantasievoll mit kuriosen Einfälle und gelungenen Spezialeffekten. Empfehlenswert ab 6 Jahren.

Kinder- und Jugendliteratur zum Hören

Noch vor wenigen Jahren waren die meisten Tonträger (Schallplatten, Kassetten, CDs) in der überwiegenden Mehrzahl Billigproduktionen vornehmlich für Kinder. Heute hat sich das Hörmedium (vornehmlich CDs, aber auch noch Kassetten) zu einem dem Buch gleichwertig eingeschätzten Mediums für Kinder und Erwachsene entwickelt. Der neu eingeführte Begriff „Hörbuch" verdeutlicht diesen Aufstieg, der in der veränderten Qualität dieses Mediums liegt. Gleichwohl gibt es Literatur zum Hören schon sehr lange, genau seit es den Rundfunk gibt und dieser mit der Produktion von Hörspielen begann. Heute kann man unter den Hörbüchern alle wichtigen Titel aus der klassischen und modernen Kinder- und Jugendliteratur finden. Kinderlieder sowie Musik und Sachthemen werden zunehmend auch stärker in den sich entwickelnden Programmen angeboten. Nachfolgend einige der gelungenen Beispiele.

In einem tiefen, dunklen Wald (Universal Hamburg) 2000
Buch: P. Maar: In einem tiefen, dunklen Wald, 2000
Das Märchen des bekannten Kinderbuch-Schriftstellers Paul Maar wird mit viel Witz und Ironie dargeboten. Die kleinen menschlichen Schwächen der handelnden Figuren werden mit Komik und Verständnis gezeigt. Erzähler, Rollendialoge, Geräusche und Musik sind anspruchsvoll zusammengefügt. Empfehlenswert für Kinder ab 6 Jahren.

Paul trennt sich (Uccello Bad Lippspringe) 2001
Buch: M. Baltscheit: Paul trennt sich. Frankfurt/M. 1998
Es wird die Geschichte vom kleinen Paul erzählt, der damit fertig werden muss, dass sich seine Eltern sich getrennt haben. Mal rockig, mal mit sanfter Musik wird dieses befreiende Hörstück dargeboten, es macht auf eine phantasievolle und einfühlsame Weise Kindern Mut. Empfehlenswert für Kinder ab 5 Jahren.

Theos Reise – Folge 1–3 (Der HörVerlag München) 1998
Buch: C. Clement: Theos Reise, 1998
Theos Reise führt die Hörer rund um die Erde. Auf der Suche nach Ursprung und Ende der Welt, Leben und Tod begegnet Theo kompetenten Führern der verschiedenen Glaubensrichtungen. In interessanter Tongestaltung (Musik, Rollendialoge, Erzähler) werden vielerlei Denkanstöße und Diskussionsstoff in diesem hervorragend inszenierten Hörstück dargeboten. Empfehlenswert ab 14 Jahren.

Belgische Riesen – 2 CDs (Schöffling Frankfurt/M.) 2000
Buch: B. Spinnen: Belgische Riesen, 2000
Komisch, spannend und anrührend ist dieses Hörstück, dass das Thema Scheidung behandelt. Treffend gekennzeichnete Figuren, Milieu und Befindlichkeiten einer 10jährigen lenken den Blick auf das Wesentliche. Empfehlenswert ab 10 Jahren.

Löcher. Die Geheimnisse von Green Lake (Der HörVerlag München) 2001
Buch: L. Sachar: Die Geheimnisse von Green Lake, 2000
Stanley Yelnats, Hauptperson dieses Hörstücks, landet unschuldig in einem Straflager und muss dort mit anderen Jugendlichen Löcher ausheben. Nur langsam gibt dieses Hörspiel, das abenteuerlich, nachdenklich und komisch zugleich ist, seine Geheimnisse den Hörenden preis. Empfehlenswert für Kinder ab 12 Jahren.

Die Kinder-Uni (Folge 1–4) von U. Janssen und U. Steuernagel (Der Hörverlag München) 2004. Gelesen von Rufus Beck.
Diese Sachhörbücher vermitteln komplexe Sachverhalte kindgerecht, gut verständlich und engagiert. Komplexe Themen wie „Warum müssen Menschen sterben?", „Warum stammt der Mensch vom Affen ab?", Warum gibt es Arme und Reiche?" werden in inhaltlich aufeinander aufbauenden Einheiten so gut dargeboten, dass auch Kinder, die sich nicht so lange konzentrieren können, das Interesse nicht verlieren. Empfehlenswert ab 8 Jahren.

Kate DiCamillo: *Despereaux. Von einem der auszog das Fürchten zu verlernen* (HörCompany Hamburg) 2004. Gelesen von Rosemarie Fendel.
Auf den drei CDs wird die wunderschöne Geschichte der kleinen Maus Despereaux erzählt, die sich ins dunkle Verlies begibt, um die Prinzessin zu retten. Rosemarie Fendel erzählt die Geschichte einfühlsam und

voller Wärme. Die Buchausgabe ist im C. Dressler Verlag erschienenen. Empfehlenswert für Kinder ab 7 Jahren.

Kinder- und Jugendliteratur auf CD-ROM

Im Folgenden geht es nicht um die zahllosen Computerspiele für Kinder und Jugendliche, auch nicht um das fast unüberschaubare Angebot an Lernsoftware, sondern um das zuvor genannte vergleichsweise kleine Angebot, „das unter Bezeichnungen wie ‚living book' oder ‚Spielge-schichte firmiert. Es handelt sich dabei um Multimedia-Präsentationen auf CD-ROM, die in unterschiedlicher Gewichtung literarisch-erzäh-lende und spielerische Komponenten aufweisen."[1] Es geht also um multimediale Verarbeitungen aus dem Bereich der Kinder- und Jugend-literatur, in denen alle existierenden Darstellungsformen simuliert wer-den können. „Die Multimedia-CD vereinigt auditive Angebote von Musik und Text, Präsentationen mit Schriftzeichen, fotografischen Auf-nahmen, Grafiken ebenso wie Animations- und Realfilm."[2]

Klopf an! (Terzio München 1998)
Buch: A.-C. Tidholm: Klopf an, 1993.
Die Erkundung eines Hauses ist auf dieser CD-ROM mit Klanganimati-onen, Spielangeboten und Aufgaben eine kreative und behutsame Ein-führung in die Möglichkeiten dieses Mediums, das schon für Kinder ab 4 Jahren zu empfehlen ist.

Zilly, die Zauberin (Tivola Berlin 1998)
Buch: K. Paul u. V. Thomas: Zilly, die Zauberin, 1989
Zillys Schloss, mit seinen zahlreichen Räumen, bietet „Spielräume" für das Zaubern und Verwandeln. Es geht um Wünsche und das Abstim-men dieser mit der Wirklichkeit. Vielfältige interaktive Möglichkeiten machen diese Geschichten- und Spiele-CD-ROM für Kinder ab 5 Jah-ren zu einem originellen Angebot.

Eine Woche voller Samstage (Oetinger Hamburg /Terzio München) 1998
Buch: P. Maar: Eine Woche voller Samstage (Oetinger Hamburg) 1973
Diese Spielgeschichte bietet in sieben kleinen Szenen die Episoden des Buches, die vom Auftauchen des Sams im Leben des Herrn Taschenbier, als reduzierte Erzählung, aber mit vielen Spiel- und Bas-telanreizen, die Samsgeschichten auch als Buch zu lesen. Empfehlens-wert ab 5 Jahren.

Ronja Räubertochter (Oetinger interaktiv Hamburg) 2000
Buch: A. Lindgren: Ronja Räubertochter, 1982
Grafisch gut gestaltete Filmsequenzen bieten das erzählerische Gerüst dieses Multimedia-Abenteuers nach dem gleichnamigen Kinderbuch von Astrid Lindgren. Es ist ein Abenteuerspiel mit Rätsel, Kampf- und Geschicklichkeitsspielen, die den Fortgang des Geschehens voraus-

setzen. Etwas Erfahrung mit diesem Medium muss vorausgesetzt werden. Empfehlenswert ab 8 Jahren.

Zur Beurteilung von Filmen/Hörbüchern/CD-ROMs

Filme/Hörbücher/CD-ROMs sollten durch ihre sorgfältige Machart überzeugen. Mediengerechte und medienspezifische Produktionen zeichnen sich dadurch aus, dass sie ihre jeweiligen Ausdruckselemente in geeigneter Weise einsetzen. Nicht die Anzahl der technischen Möglichkeiten macht ihre Qualität aus, sondern das Zusammenspiel und die Nutzung der Mittel und Elemente im Sinne des Vorhabens.

Wesentlich ist auch die inhaltliche Komponente, also wird in den jeweiligen Medien die Lebenswelt der Kinder ernst genommen, werden ihnen phantasievolle Denk- und Handlungsmöglichkeiten bzw. Konfliktlösungsmöglichkeiten aufgezeigt. Neben der Unterhaltung können sie auch Lebens- und Entwicklungshilfe für Kinder und Jugendliche sein.

Bei den Hörbüchern ist bei der Beurteilung auf den Umgang mit den eingesetzten akustischen Mitteln (Wort, Klang, Musik, Geräusche) zu achten, die richtige Besetzung der Rollen und Sprecher ist auch von großer Bedeutung. Über das Hören kann sich ein (neuer) Zugang zur Literatur erschließen. Dieses gilt eingeschränkt auch für den Film und die CD-ROM, da diese Medien stärker die eigene Vorstellung und Phantasie einengen.

Didaktisch-methodische Überlegungen zum Einsatz von Video/Hörbuch

Für die pädagogische Arbeit ist es wichtig, dass der Erzieher die Möglichkeit erkennt, die ihm die Medien bieten, um sie schließlich für die Erreichung von Lernzielen im Kindergarten oder in Kindergruppen sinnvoll einzusetzen.

5 Punkte bilden den Bezugsrahmen für die pädagogische Arbeit

Fünf Punkte bilden in diesem Sinne den Bezugsrahmen für die Arbeit mit Video/Hörbuch.

1. Medien können den Erzieher nicht ersetzen. Dieses ist bisher oftmals missverstanden worden.

2. Die Videofilme und Hörbücher können (gleichwertig neben Bilderbüchern und Märchen) ein ernsthaftes Gestaltungselement beim Verlauf eines Vormittags im Kindergarten, einer Kindergartenbeschäftigung oder einer Kindergruppenstunde sein.

3. Die Hörbücher bieten gegenüber dem erzählenden und/oder vorlesenden Erzieher einige nicht unerhebliche Vorteile. Hörspiele und Geschichten auf Tonträgern können mit Musik und Geräuschen

unterlegt sein, nicht zu vergessen die Dialoge. Dadurch werden die auf den Tonträgern dargebotenen Geschichten erheblich lebendiger als die des erzählenden Erziehers.

4. Videofilme und Hörbücher können die Erlangung von Lernzielen neben anderen Medien und Methoden wirksam unterstützen. So können Tonmedien besonders die Kreativität, die Konzentrationsfähigkeit, Sprachfertigkeit und akustische Wahrnehmungsfähigkeit steigern und fördern helfen.

5. Videofilme und Hörbücher, die von ihren Inhalten her kritisch-emanzipatorisch sind, können die Kinder zur Selbstständigkeit im Lernprozess führen. Aus diesem Grunde sollten diese der großen Masse des Angebots vorgezogen und lernzielorientiert eingesetzt werden.

Zusammenfassung

■ Neben dem Kinder- und Jugendbuch hat sich ein breites Medienangebot etabliert.

■ Zum Film und Hörbuch ist die CD-ROM hinzugekommen, so dass sich heute vielfältige mediale Umsetzungen von kinder- und jugendliterarischen Stoffen vorfinden lassen.

■ Mediengerechte Umsetzungen in Film/Hörbuch und CD-ROM zeichnen sich dadurch aus, dass sie ihre jeweiligen Gestaltungselemente geeignet einsetzen. Nicht die Vielzahl der technischen Möglichkeiten ist entscheidend, sondern ihr jeweiliges Zusammenspiel macht ihre Qualität aus.

■ Videofilm und Hörbuch können die pädagogische Arbeit im Kindergarten und mit Kindergruppen sinnvoll unterstützen.

■ Problemorientierte Kindermedien sollten den rein unterhaltsamen Tonträgern vorgezogen werden, da sie sozialerzieherische Lernprozesse in Bewegung setzen können.

Diskussionsvorschläge

1. Welche erzieherischen Möglichkeiten bieten die Tonträger im Vergleich zu anderen Kindermedien?
2. Diskutieren Sie die Möglichkeiten und Grenzen der dramaturgischen Gestaltungselemente der Kassette.
3. Wie können Kinder zu einem kritischen Umgang mit den Kindermedien befähigt werden?
4. Wie kann man mit Hilfe der CD-ROM Aktivitäten und Kreativität bei Kindern anregen und fördern?

5. Warum erleben Kinder das Sehen von Filmen emotional eindringlicher und intensiver als das Bücherlesen? Diskutieren Sie vergleichend im Blick auf Vor- und Nachteile das Filmesehen mit dem Bücherlesen.

Anregungen für die weitere unterrichtliche Bearbeitung

Für die weitere Bearbeitung ist das Erproben der aufgestellten Beurteilungsfragen zu empfehlen. An einer Reihe von Medien können die Beurteilungsfragen nach gemeinsamen Anhören oder Sehen angewendet bzw. ausprobiert werden. Dabei können die Studierenden brauchbare Medien kennen lernen und deren möglichen Einsatz in der sozialpädagogischen Praxis diskutieren.

Weiterhin können die Studierenden mit Videorecorder und Tonband oder Kassettenrecorder selbst eigene Produkte herstellen. Dabei ließe sich erproben, wie mit einfachen Mitteln etwas in Szene gesetzt werden kann und wie eine Textvorlage in „Action" und „Dramatik" umgesetzt werden kann.

Anmerkungen

1 Dolle-Weinkauff, B.: Wenn der Computer erzählt ... In: Sehen, Hören, Klicken. München 2001, S. 35
2 Ebenda S. 35

Weiterführende Literatur

a) Film/Video

Brenner, G. und Niesyto, H. (Hrsg.): Handlungsorientierte Medienarbeit. Video, Film, Ton, Foto. Weinheim und München 1993.

Bundesverband Jugend und Film e.V. (Hrsg.): Filme für Kinder und Jugendliche. Verleihkatalog 2000.

Erlinger, H.-D.: Kinderfernsehen. In: Taschenbuch der Kinder- und Jugendliteratur. Hrsg. von G. Lange. Baltmannsweiler 2000.

Sahr, M.: Kinderfilm. In: Taschenbuch der Kinder- und Jugendliteratur. Hrsg. von G. Lange. Baltmannsweiler 2000.

Sahr, M.: Verfilmte Kinder- und Jugendliteratur. Hohengehren 2004.

Schäfer, H. (Hrsg.): Lexikon des Kinder- und Jugendfilms im Kino, im Fernsehen und auf Video. Meitingen 1998.

b) Hörbücher

Germann, H. u. a.: Töne für Kinder. Kassetten und CDs im kommentierten Überblick. 2003/2004. München 2004.

Kübler, H.-D.: Medien für Kinder. Wiesbaden 2002.

Rogge, J.-U. und R.: Zuhören macht Spaß. Die besten Kassetten und CDs, Hörclubs für Kids, Tipps zum Selbermachen. Reinbek 1999.

Rogge. J.-U.: Kinderfunk und Hörspiele für Kinder. In: Taschenbuch der Kinder- und Jugendliteratur. Hrs. von G. Lange. Baltmannsweiler 2000.

Treumann, K.-P.: Mit den Ohren sehen. Bielefeld 1995

c) CD-ROM

Denning, T.: Medien erleben und gestalten. Berlin 1999.

Dolle-Weinkauff, B.: Computerspiele – eine neue Form des Erzählens? In: Wundertüte und Zauberkasten. Hrsg. von I. Pohl u. a. Frankfurt/M. 2000.

Dolle-Weinkauff, B.: Erzählung und Interaktion. Zur Aufbereitung kinderliterarischer Szenarien als PC-Software. In: Kinder- und Jugendliteratur und Neue Medien. Hrsg. von K. Richter u. a.. Baltmannsweiler 2000.

Feibel, T.: Kinder-Software-Ratgeber. München 2001.

Kübler, H.-D.: Medien für Kinder. Wiesbaden 2002.

Rank, B.: Formen und Veränderungen des Erzählens in Bearbeitungen kinderliterarischer Szenarien auf CD-ROM. In: Bilderwelten. Hrsg. von K. Franz u. G. Lange. Baltmannsweiler 2000.

Steitz-Kallenbach, J. und Thiele, J. (Hrsg.): Medienumbrüche. Wie Kinder und Jugendliche mit alten und neuen Medien kommunizieren. Bremen/Oldenburg 2002.

Kinder- und Jugendzeitschriften

Zum Begriff Kinder- und Jugendzeitschriften 198

Zur Geschichte der Kinderzeitschriften 199

Zur Marktsituation der Kinderzeitschriften 201

Kioskzeitschriften 202

Abonnementzeitschriften 203

Zur Beurteilung der Kinderzeitschriften 203

Didaktisch-methodische Anregungen 204

Zusammenfassung 205

Zur Marktsituation der Jugendzeitschriften 206

Zur Beurteilung der Jugendzeitschriften 210

Didaktisch-methodische Anregungen 214

Zusammenfassung 214

Diskussionsvorschläge 215

Kinder- und Jugendzeitschriften

Ziel und Bedeutung

Kinder- und Jugendzeitschriften können als Kommunikationsmedien besonderer Art verstanden werden, da sie wie kein anderes jugendliterarisches Medium aktuelle Trends und Entwicklungen aufgreifen und verarbeiten. Sie versuchen, gegenwärtige Wünsche und Bedürfnisse kind- bzw. jugendgerecht zu thematisieren und aufzuarbeiten.

Die Studierenden sollen kommerzielle und nichtkommerzielle Kinder- und Jugendzeitschriften kennen lernen, einen Überblick über den Markt der Kinder- und Jugendzeitschriften gewinnen und Aspekte der Beurteilung und Analyse herausarbeiten. Sie sollen lernen, Kinder und Jugendliche zum kritischen Umgang mit den für sie gemachten Zeitschriften zu befähigen.

Zum Begriff Kinder- und Jugendzeitschriften

Kinder- und Jugendzeitschriften sind eine Mischung aus Unterhaltung, Wissensvermittlung und Verhaltensanleitung

Kinder- und Jugendzeitschriften sind zumeist selbstständige Publikationsorgane, die periodisch (wöchentlich, monatlich, zweimonatlich und vierteljährlich) erscheinen. Sie werden speziell für Kinder und Jugendliche produziert und enthalten in der Regel eine Mischung aus **Unterhaltung, Wissensvermittlung und Verhaltensanleitung.**

Kinder- und Jugendzeitschriften werden als kommerzielle oder nichtkommerzielle Periodika vertrieben, sie werden entweder von Erwachsenen oder gar vom Jugendlichen selbst redigiert und editiert. Weiterhin sind sie danach zu unterscheiden, „ob sie sich an Vorschüler oder Schüler wenden, ob sie frei verkäuflich oder an einzelne Träger (z. B. Kirchen, Gewerkschaften oder politische Parteien) gebunden sind".[1]

Kinderzeitschriften sind für Leser im Vor- und Grundschulalter

Im Folgenden sollen die **Kinderzeitschriften** getrennt von den **Jugendzeitschriften** behandelt werden, da beide Gruppen sowohl vom Inhalt als auch von der formalen Gestaltung ganz erheblich voneinander abweichen. Hierbei soll folgende Alterszuordnung im Auge behalten werden, die sich im individuellen Fall nach oben oder unten verschieben kann: Der Begriff „Kinderzeitschriften" meint die Publikationen für Leser im Vor- und Grundschulalter, der Begriff „Jugendzeitschriften" benennt die Publikationen für Leser ab ca. 11 Jahren.

Jugendzeitschriften für Leser ab ca. 11 Jahren

Die Comic-Hefte werden aus den weiteren Überlegungen ausgeklammert, da diese bereits als eigenständige jugendliterarische Erscheinungsform dargestellt wurden. Dabei wird freilich nicht übersehen, dass viele Kinderzeitschriften Comic-Elemente verwenden und nicht selten sogar einen obligatorischen Comic Strip einbauen. Insofern sind einige Publikationen sowohl Kinderzeitschriften als auch Comics.

Bei den **Kinderzeitschriften** lassen sich drei Erscheinungsformen unterscheiden[2]:

Kinderzeitschriften gibt es in drei Erscheinungsformen

1. Die selbstständig – in Heftform – erscheinenden Publikationsorgane wie *Die Maus-Lach-und-Sachgeschichten*, *Floh*, *Flohkiste, Benni, Bussi-Bär, Mücke, Teddy, Tierfreund, treff.*
2. Die kostenlosen Werbezeitschriften für Kinder, die in Banken, Drogerien, Apotheken und Geschäften zur Mitnahme ausliegen. Zu nennen sind z. B. *Lurchi's Abenteuer, Junior, Der kleine Pelikan, MEDI-ZINI.*
3. Die den Zeitungen und Zeitschriften der Erwachsenen beigelegten Kinderseiten.

Da für den Erzieher die erste Erscheinungsform am bedeutsamsten ist, geht es im Weiteren ausschließlich um diese.

Zur Geschichte der Kinderzeitschriften

„Kinderzeitschriften und Beilagen für Kinder in Presseerzeugnissen für Erwachsene sind in der Folge der europäischen Aufklärung des 18. Jahrhunderts und des Emanzipationskampfes des Bürgertums gegen den Feudaladel entstanden. Druckmedien waren im 18. Jahrhundert jene Produkte, mit der das fortschrittliche Bürgertum versuchte, sein Selbstverständnis auszudrücken und eine eigene, gegen den Adel gerichtete Form von Öffentlichkeit herzustellen."[3]

Mit der Entstehung der Kinderzeitschriften setzt überhaupt die Entwicklung der Kinder- und Jugendliteratur ein. Die beiden ersten selbstständigen Kinderzeitschriften im deutschen Sprachraum waren das *Leipziger Wochenblatt* für Kinder (1773–1775) von J. Chr. Adelung und der *Kinderfreund* (1775–1784) von Chr. F. Weiße. Vom Inhalt und der Gestaltung waren diese ersten Periodika für Kinder nach dem Vorbild der englischen moralischen Wochenschriften entstanden. „Einen eigenen ‚Kinderteil' mit Lesegut und -empfehlungen hängte aber z. B. schon der Nördlinger Diakonus C. G. Böckh seiner 1771/72 bei Cotta in Stuttgart herausgegebenen ‚Wochenschrift zum Besten der Erziehung und der Jugend' an."[4]

Die ersten Kinderzeitschriften entstanden nach dem Vorbild der englischen moralischen Wochenschriften

In den letzten 20 bis 25 Jahren des 18. Jahrhunderts entstanden zahlreiche (ca. 40) Kinderzeitschriften, von denen der *Kinderfreund* die erfolgreichste Zeitschrift war.

Gegen Ende des 18. Jahrhunderts wurden bereits 40 Kinderzeitschriften aufgelegt

Am Anfang des 19. Jahrhunderts traf dann eine gewisse Stagnation ein, die aber durch inhaltliche Veränderungen ab etwa 1830 beendet wurde. Die bislang vorwiegend belehrenden Erzählungen, zumeist moralisch-christlich orientiert, wurden durch populärwissenschaftliche, in der Regel naturwissenschaftliche, Themen aufgelockert oder gar abgelöst.

Im Laufe des 19. Jahrhunderts setzte sich allmählich ein Magazincharakter durch

„Inhaltlich änderten sich die Kinderzeitschriften in der zweiten Hälfte des 19. Jahrhunderts nicht wesentlich. Formal waren jedoch einige Wandlungen festzustellen. Da es nun technisch möglich war, Bilder zu reproduzieren, wurden sie in steigendem Maße in den Zeitschriften abgedruckt. Damit setzte sich allmählich ein Magazincharakter durch."[5]

Auch die zunehmende Verbreitung der Comics konnte die Existenz der Kinderzeitschriften nicht gefährden. Sie begannen vielmehr, Comic-Elemente und Comic Strips als integrative Elemente aufzunehmen, so dass heute die Grenzen zwischen Kinderzeitschriften und Comics nicht mehr genau zu ziehen sind.

Selbst das Fernsehen konnte die Kinderzeitschriften nicht verdrängen. Bereits 1967 wurden im *Handbuch der Jugendarbeit und Jugendpresse* (von Friesicke/Westphal) 174 Kinder- und Jugendzeitschriften gezählt. Die Entwicklung hat sich sprunghaft in den 70er Jahren fortgesetzt, so dass in der zuletzt erschienenen Analyse von Rogge und Jensen folgende Aussage gemacht wird: „Man kann wohl davon ausgehen, dass es über tausend periodisch erscheinende Publikationen für Kinder und Jugendliche gibt, deren Auflagenhöhe von einigen Hundert bis zu 1,7 Millionen Exemplaren reicht. Einen beachtlichen Anteil nehmen dabei die Zeitschriften von Interessenverbänden, Tierschutzvereinen, der Verkehrswacht, dem Jugend-Rotkreuz, den Gewerkschaften und den Kirchen ein."[6]

Vermittlung von Wissen und Verhaltensanleitung waren und sind die wesentlichen Schwerpunkte der Kinderzeitschriften

Zusammenfassend lässt sich feststellen, dass den Kinderzeitschriften eine wichtige, **die Erziehung begleitende Funktion** zuzuschreiben ist. „Auch wenn sich zunehmend unterhaltende Elemente in den Druck-Erzeugnissen durchsetzten, waren die Vermittlung von Wissen und Verhaltensanleitung die wesentlichen ‚Schwerpunkte' der Kinderzeitschriften bis in das 20. Jahrhundert hinein. Obgleich die Bedeutung der Kinderzeitschrift als Sozialisationsinstanz gegenüber dem 18. und 19. Jahrhundert zurückgegangen ist, haben sich doch ihre Intentionen bis in die 70er Jahre des 20. Jahrhunderts hinein fortgesetzt."[7] In dieser Zeit entstanden folgende Zeitschriften: *Deutsche Jugend, Die Jugendlaube, Der gute Kamerad, Das Kränzchen* und *Der heitere Fridolin*. Die letzten drei Titel existierten bis weit in das 20. Jahrhundert hinein.

Die Zielgruppe der Kinderzeitschriften des 18./19. Jahrhunderts waren die Kinder des Bürgertums. Mit dem Erstarken der Arbeiterbewegung gegen Ende des 19. Jahrhunderts wurden zu Beginn des 20. Jahrhunderts auch proletarische Kinderzeitschriften herausgegeben. Nennenswerte Beispiele: *Die Hütte, Arbeitende Jugend, Junge Garde und ArbeiterJugend*. Den meisten dieser Beispiele war allerdings nur ein kurzes Erscheinen beschieden.

Zielgruppe der Kinderzeitschriften des 18./19. Jahrhunderts waren die Kinder des Bürgertums

„Erst in der Weimarer Republik kam den sozialdemokratischen und kommunistischen Kinder- und Jugendzeitschriften mit ihrem explizit sozialistischen Bildungs- und Erziehungsprogramm wieder eine relevante politische Sozialisationsfunktion zu. Ähnliches ist aber auch von der bürgerlichen Kinderpresse zu berichten. So waren allein 1931 449 Kinder- und Jugendzeitschriften mit einer Gesamtauflage von 18 Millionen Exemplaren auf dem Markt."[8]

Erst zu Beginn des 20. Jahrhunderts wurden auch proletarische Kinderzeitschriften aufgelegt

Zur Zeit des NS-Regimes wurden fast alle diese Kinder- und Jugendzeitschriften eingestellt. Presseerzeugnisse wie *Hilf mit* (vom NS-Lehrerbund herausgegebene Schülerzeitung) und *Junge Welt* (Organ der Hitler-Jugend) traten an ihre Stelle, propagierten die Ziele und Inhalte der nationalsozialistischen (Jugend-)Politik.

Nach dem Kriege waren schon sehr schnell wieder neue Kinderzeitschriften auf dem Markt. Sie setzten inhaltlich und formal dort wieder ein, „wo sie 1933 aufgehört hatten: mit naturwissenschaftlichen und technischen Themen, Unterhaltung und Humor".[9]

Die **Kritik an den Kinderzeitschriften** ist fast genauso alt wie ihre Existenz. „Hatte schon F. Gedicke 1787 die Kinderzeitungen, -almanache und -journale als ‚literarischen Puppenkram' abzutun versucht, brachte die Jugendschriftenbewegung (H. Wolgast, O. Hild) die Kritik an den kinder- und jugendeigenen Periodika zum Kulminationspunkt (‚Gegen die spezifische Jugendliteratur')."[10] Doch auch die grundlegende Kritik der Jugendschriftenbewegung, die in der Wende vom 19. zum 20. Jahrhundert einsetzte, und die Reformpädagogik konnten den Erfolg der Kinderzeitschriften nicht stoppen. „Sie hatten sich im 19. Jahrhundert (neben der Kinderliteratur) zu einer wichtigen Sozialisationsinstanz entwickelt und blieben dies auch im 20. Jahrhundert."[11]

Kritik an den Kinderzeitschriften

Zur Marktsituation der Kinderzeitschriften

Durch die unübersichtliche Marktlage, bedingt durch Neugründungen, Fusionen und Einstellungen des Pressemarktes für Kinder, ist es außerordentlich schwer, sich einen Überblick zu verschaffen. Trotz dieser Einschränkungen lassen sich aber doch die Trends auf dem Pressemarkt für Kinder aufzeigen, so dass daran zumindest die wichtigsten Strukturen und Tendenzen ableitbar sind.

Der Kinderpressemarkt ist unübersichtlich

Die herausragenden
Strategien auf dem
Kinderpressemarkt

„Pädagogische Absichten, Comics mit viel Klamauk, Zerstreuung durch Basteltipps, Rätsel und Witze oder die kostenlose Vorpromotion durch fernsehbekannte Stoffe sind die herausragenden Strategien im Zeitschriftenmarkt für Kinder."[12]

Die jeweiligen Untertitel wie „pädagogisch empfohlen", „Lernen mit Spaß", „wissenschaftlich empfohlene Vorschule", „Raten, knobeln, malen und suchen" machen ihre jeweilige Einordnung im Blick auf die Absichten leicht.

Alle diese Kinderzeitschriften sind eindeutig kommerzielle Kinderzeitschriften, man kann sie auch treffend Kioskzeitschriften nennen. Sie werden im Vergleich zu anderen wie z. B. *Treff, Spatz* und *Stafette,* die nur im Abonnement zu erwerben sind, am Kiosk bzw. an Zeitschriftenständen in Warenhäusern verkauft.

Kioskzeitschriften

Die Kioskzeitschriften sind in den letzten 30 Jahren aufgekommen. „Sie verdanken ihre Entstehung der Vorschuldiskussion in den 60er Jahren, den Auseinandersetzungen um die kompensatorische Erziehung, der Weiterverwertung von beliebten Fernsehfiguren in Druckmedien, der zunehmenden Bedeutung des Kindermedienverbunds, aber auch dem wachsenden Stellenwert der Kinder als marktrelevantem Faktor und, damit zusammenhängend, einem veränderten Bild von Kindheit. Diese Entstehungszusammenhänge lassen sich ebenso an ‚Bussi Bär' ablesen wie an der ‚Sesamstraße', an der ‚Spielzeitung' wie an ‚Heidi', ‚Biene Maja' oder ‚Wickie'. Gerade bei den Zeitschriften für die 6 – 8jährigen wird durch die Art der Ansprache versucht, den Kindern eine gewisse Selbstständigkeit zuzumessen."[13]

Die erfolgreichen TV-
Kinderserien werden
in den Kiosk-
Kinderzeitschriften
weiter verwertet

Entschieden weiterentwickelt wurde die Auswertung von erfolgreichen Kinderstoffen im Medienverbund. Denn nur so gelingt es vielen Kiosk-Kinderzeitschriften, sich für längere Zeit erfolgreich auf dem Kinderpressemarkt zu behaupten. Als Beispiel können die *Sesamstraße* und *Die Maus-Lach-und-Sachgeschichten* genannt werden, die sich ja ganz an den Erfolg der gleichnamigen TV-Vorschulserie gehängt haben. Auch die Kinderzeitschriften, wie z. B. *Die Glücksbärchis,* die nach den bekannten gleichnamigen TV-(und Kino-) Trickfilmfiguren benannt sind, mischen Bastel- und Rätselspaß zwischen die Comic-Abenteuer.

Allerdings bringt das Anhängen an eine bekannte Kinderfernsehserie allein in der Regel kein längerfristiges Bestehen einer Zeitschrift zustande. Als die erfolgreichen TV-Serien *Biene Maja, Heidi, Pinocchio* nicht mehr im Fernsehen zu sehen waren, stellten die gleichnamigen Zeitschriften ihr Erscheinen ein, da der Verkauf merklich zurückging. Doch die Macher dieser Kinderzeitschriften sind so flexibel, wie der

Markt es erfordert. Bekanntlich folgt nach dem Auslaufen einer alten Serie in der Regel eine neue.

Abonnementzeitschriften

Im Gegensatz zu den Kioskzeitschriften können die Abonnementzeitschriften auf eine erheblich längere Tradition ihres Erscheinens zurückblicken. *Der Sommergarten* erscheint bereits seit 1919, inzwischen allerdings als Schülermagazin *Flohkiste 1* und *Flohkiste 2*. Der *Teddy* erscheint seit 1949 und, um ein jüngeres Beispiel zu nennen, das Schülermagazin *Treff,* das seit Anfang der 70er Jahre existiert. Die Abonnementzeitschriften sind nicht nur durchweg billiger, sie sind auch zum größten Teil sorgfältiger und anspruchsvoller aufgemacht. Ihre Auflagenzlffern liegen in der Regel unter denen der Kioskzeitschriften, von einigen Ausnahmen einmal abgesehen.

Die Abonnementzeitschriften müssen beim Verkauf den Weg über die Erwachsenen gehen, insofern ist es kaum verwunderlich, dass sie qualitativ besser sind und stärker pädagogisch zu überzeugen versuchen. Sie empfehlen sich besonders bei Lehrern und Erziehern, die dann ihrerseits wieder die Eltern auf das Angebot dieser Zeitschriften aufmerksam machen sollen. Hinzuzufügen wäre noch, dass eine ganze Reihe der Abonnementzeitungen von Verbänden mitgetragen bzw. herausgegeben wird, so wird z. B. der *Tierfreund* vom Deutschen Tierschutzbund mitgetragen, *Weite Welt* vom Steyler Missionswerk verlegt, *Die junge Schar* vom CVJM herausgegeben. Insofern können diese Zeitschriften nicht als kommerzielle Kinderzeitschriften eingestuft werden, da ihre Zielsetzung (ob pädagogisch, politisch oder konfessionell) den ökonomischen Interessen der herausgebenden Verlage in der Regel übergeordnet ist.

Die Abonnementzeitschriften sind anspruchsvoller und sorgfältiger aufgemacht

Zur Beurteilung der Kinderzeitschriften

Bei genauer Betrachtung der meisten Kinderzeitschriften, bei den Kioskzeitschriften wie bei den Abonnementzeitschriften, kann man sehr schnell feststellen, dass nach **einheitlichem Erfolgsrezept** verfahren wird: „Man nehme zwei oder drei Comics bzw. Bildergeschichten, gebe ein paar Kurzgeschichten, Lieder und Gedichte hinzu, würze das Ganze mit Freizeittipps, garniere es mit Rätseln und Witzen und serviere alles im Vierfarbdruck – fertig ist die Kinderzeitschrift."[14] Aber auch in inhaltlicher Hinsicht lassen sich übergreifende Tendenzen erkennen. Bei fast allen Kinderzeitschriften dominieren technische und naturwissenschaftliche Themen, als Weiteres folgen geschichtliche Themen, nicht selten an spektakulären Ereignissen aufgezogen. Ausgespart wird allzu oft die kindliche Lebensumwelt mit ihren besonderen Anforderungen an die Kinder, so dass in diesem Sinne viele Kinderzeitschriften emanzipatorischen Ansprüchen in keiner Weise genügen

Bei den meisten Kiosk- und Abonnementzeitschriften lassen sich viele inhaltliche und formale Ähnlichkeiten feststellen

können. Rogge bemerkt dazu treffend: „Kinderzeitschriften tun zwar einiges, um Wissen zu verbreiten; sie tun aber wenig, um Kinder zurr Nachdenken anzuregen."[15]

Die **Sprache** in den meisten Kinderzeitschriften ist kindgemäß, gekennzeichnet durch einen einfachen Satzbau und durch Wort- und Begriffserklärungen verständlich aufgebaut.

Bilder sind das entscheidende Gestaltungselement der Kinderzeitschriften

Das entscheidende Gestaltungselement bei den Kinderzeitschriften sind die **Bilder**, an ihnen lassen sich die Qualität und der ästhetische Standard einer Kinderzeitschrift messen und beurteilen. Obwohl die Bildgestaltung bei den einzelnen Kinderzeitschriften naturgemäß recht unterschiedlich ist, herrschen insgesamt eher anspruchslose Abbildungen vor, die verniedlichend, kitschig und kindertümelnd (besonders *Bussi Bär*) die jeweiligen Themen aufbereiten. Ausnahmen in positiver Hinsicht lassen sich allerdings in der Gruppe der Abonnementzeitschriften durchaus finden.

Insgesamt lässt sich Folgendes zusammenfassen:

„Nur wenige Kinderzeitschriften kommen dem Anspruch nahe, Kinder nicht als Objekte eingreifender Belehrung und Verhaltensanleitung oder kindertümelnden Klamauks zu begreifen, sondern als Subjekte zu respektieren, gemeinsam mit ihnen ihre Probleme anzusprechen, sie öffentlich zu machen und zu lösen; nicht oberflächliches Wissen und isolierte Fakten zu vermitteln, sondern soziale Handlungsfähigkeit, Phantasie und Kreativität in den Vordergrund zu rücken; nicht oberflächlichen Klamauk zu verbreiten, sondern hintergründige, phantasievolle Unterhaltung."[16]

Abschließend möchte ich zwar keine einzelne Kinderzeitschrift besonders empfehlen, dafür aber herausstellen, daß die Abonnementkinderzeitschriften dem vorgenannten Anspruch näher kommen als die Kioskzeitschriften; insofern ist es gut, wenn möglichst viele Eltern, Erzieher und Lehrer sich selbst einen Angebotsüberblick dieser Zeitschriften verschaffen, um dadurch zu einem einschätzenden Urteil zu gelangen. Kurzportraits der Abonnementzeitschriften für Kinder und Jugendliche können auf der Internetseite der Stiftung Lesen (Fischtorplatz 23, 55116 Mainz) unter der Adresse *www. stiftunglesen,de* aufgerufen und ausgedruckt werden. Wichtige Angaben zum Inhalt und zur pädagogischen Nutzung sämtlicher Abonnementszeitschriften geben eine gute Orientierung.

Didaktisch-methodische Anregungen

Abonnementzeitschriften für den Kindergarten/Hort/ Heim/Freizeitheim bestellen

Da die **Abonnementzeitschriften** in den privaten Haushalten gegenüber den Kioskzeitschriften eine eindeutig untergeordnete Rolle spielen, bietet es sich für den Erzieher an, eine oder besser mehrere Abonnementkinderzeitschriften über den Träger seines Kindergartens (Hort/

Freizeitheim) zu bestellen. So wird erreicht, dass den Kindern die Möglichkeit geboten wird, einige pädagogisch-anspruchsvollere Kinderzeitschriften kennen zu lernen. Durch das Auslegen der Zeitschriften in einer Leseecke können die Kinder motiviert werden, diese Zeitschriften ohne den Erzieher durchzublättern und als „Lückenfüller" zwischendurch zu nutzen.

Bei der Planung und Durchführung einer didaktischen Einheit lassen sich bestimmte Themen, gerade auch wegen der dazu angebotenen Bilder, aus den Kinderzeitschriften gut einbauen. Die zu den Einzelbeiträgen dann noch notwendigen Ergänzungen können von den Kindern selbst mit Hilfe des Erziehers erarbeitet werden. In diesem Fall wird die Kinderzeitschrift nicht nur Stifter für ein Gruppenerlebnis, es ergibt sich auch die Möglichkeit, die dargebotenen Themen in direkte Beziehung zur Lebenswirklichkeit der Kinder zu bringen.

Kinderzeitschriften in didaktische Einheiten einplanen

Bei den **Kiosk-Kinderzeitschriften** ist es sicher wichtig, die Kinder zu einem etwas kritischeren Umgang zu befähigen. Es bietet sich von daher an, die Kinder aufzufordern, ihre Kinderzeitschriften von zu Hause mitzubringen. Dadurch erfährt der Erzieher zunächst schon eine ganze Menge über den Zeitschriftenkonsum seiner Kindergruppe. Darauf aufbauend kann er im Gespräch und in Übungen von den Kindern selbst herausfinden lassen, ob diese Zeitschriften eigentlich ihre Bedürfnisse, Ängste und Träume, kurzum ihre Lebenswirklichkeit angemessen berücksichtigen.

Kioskzeitschriften mit Kindern analysieren

Falls die Zeit dazu reicht, kann der Erzieher von seiner Kindergruppe selbst eine Zeitung oder Zeitschrift zusammenstellen lassen. Dieses sollte allerdings erst nach längerer Behandlung und Auseinandersetzung mit den Kinderzeitschriften erfolgen, da sonst die Gefahr besteht, dass die Kinder nach dem gängigen Rezept ihrer Kioskzeitschriften verfahren.

Mit der Kindergruppe eine Kinderzeitung herstellen

Zusammenfassung

■ Kinderzeitschriften sind selbstständige Publikationsorgane, die periodisch erscheinen. Sie werden speziell für Kinder produziert und enthalten in der Regel eine Mischung aus Verhaltensanleitung, Wissensvermittlung und Unterhaltung.

■ Die ersten Kinderzeitschriften erschienen bereits im 18. Jahrhundert. Fast genauso alt wie ihre Existenz ist aber auch die Kritik an ihnen.

■ Zu unterscheiden sind: die Kiosk-Kinderzeitschriften und die Abonnement-Kinderzeitschriften.

■ Die Kioskzeitschriften sind kommerzielle Kinderzeitschriften. Sie werden hauptsächlich aus ökonomischen Gründen verlegt. Die Abonnementzeitschriften sind in ihrer Mehrzahl nichtkommerzielle Kinderzeitschriften, da bei ihnen die ökonomischen Interessen der jeweiligen politischen, pädagogischen oder konfessionellen Zielrichtung untergeordnet bleiben.

■ Bei den meisten Kinderzeitschriften dominieren technische und naturwissenschaftliche Themen.

■ Nur wenige Kinderzeitschriften können emanzipatorischen Ansprüchen genügen, da bei den meisten Zeitschriften die kindliche Lebensumwelt mit ihren besonderen Anforderungen an die Kinder ausgespart wird.

■ Die Abonnement-Kinderzeitschriften sollten den Kioskzeitschriften vorgezogen werden.

■ Erzieher sollten die Abonnementzeitschriften in ihre pädagogische Arbeit, z. B. bei der Planung und Durchführung einer didaktischen Einheit, einbeziehen.

■ Erzieher sollten durch gezielte Übungen und Gespräche die Kinder zu einem kritischen Umgang mit den Kioskzeitschriften befähigen.

Zur Marktsituation der Jugendzeitschriften

Die beiden Grundtypen der Jugendzeitschriften: kommerziell und nichtkommerziell

Auch bei den Jugendzeitschriften muss zwischen den **kommerziellen** und **nichtkommerziellen Zeitschriften** unterschieden werden, um eine differenzierte Betrachtung zu ermöglichen. Folgende Definition ermöglicht die Unterscheidung: „Als kommerziell gelten Verlagsobjekte wie ‚Bravo‘, die primär unter dem Gesichtspunkt der Gewinnerzielung herausgebracht werden und demzufolge Marktmechanismen unterworfen sind, die eine Orientierung an Anzeigenkunden und Konsumgewohnheiten jugendlicher Leser erfordern. Demgegenüber gelten als nichtkommerzielle Jugendzeitschriften diejenigen Publikationen, die ohne Gewinnerzielungsabsicht zum Beispiel mit dem Ziel der politischen Bildung, der Interessenvertretung, der kulturellen und politischen Information, der Selbstdarstellung und -artikulation von Jugendlichen beziehungsweise ihren Organisationen herausgegeben werden."[17]

Die beiden Grundtypen kommerziell und nichtkommerziell reichen nun aber für eine Differenzierung des Marktes noch nicht aus, da es eine ganze Reihe von Jugendzeitschriften gibt, die Elemente von beiden Grundtypen in sich vereinigen, quasi eine Art Mitteltyp darstellen. Es sind die Abonnementzeitschriften wie z. B. *Junge Zeit* und *Jugend in Schule und Beruf* die hinsichtlich ihrer Produktionsweise (u. a. Verlag als Herausgeber), Gestaltung und Anzeigenorientiertheit den kommerziellen Jugendzeitschriften nahe kommen. Trotzdem ist eine Zuordnung dieser Zeitschriften zu den kommerziellen Jugendzeitschriften nicht gerechtfertigt, genausowenig wie bei den Kinderzeitschriften, da sie über klar ersichtliche politische, pädagogische oder konfessionelle Zielsetzungen verfügen. „Die Popszene ist kein zentrales Thema; sie wird allenfalls eher kritisch betrachtet. Entscheidendes Kriterium für die Zuordnung dieser Titel zum nichtkommerziellen Bereich ist allerdings, dass die ökonomischen Interessen der herausgebenden Verlage den publizistischen Zielsetzungen der Publikationen untergeordnet bleiben. Das hat zur Folge, dass die für die kommerziellen Produkte charakteristische Anzeigen- und Konsumorientierung nicht vorhanden ist."[18]

Mitteltypen zwischen kommerziell und nichtkommerziell

Die kommerziellen Jugendzeitschriften

Die kommerziellen Jugendzeitschriften sind von der äußeren Aufmachung und von der inhaltlichen Gestaltung relativ ähnlich. „Sie erscheinen alle im Magazinformat in bunter Aufmachung und präsentieren auf der Titelseite zumeist Pop- oder Filmstars. Auch in ihrer inhaltlichen Gestaltung gleichen sie sich insofern, als ihr Schwergewicht auf der Präsentation von Musik-, Film- und Sportstars liegt."[19]

Beispiele für kommerzielle Jugendzeitschriften

Unterscheiden lassen sich derzeit 6 Gruppierungen:

Sechs Gruppierungen lassen sich unterscheiden

1. *Bravo, Popcorn, Yam, Pop Rocky Young*
   Berichte über Popstars stehen im Mittelpunkt, ergänzt durch Berichte über Film- und Sportstars. Daneben werden Geschichten, Berichte und Ratschläge zur Liebe und Sexualität gebracht. Als ständige Rubriken erscheinen Freundschaftsanzeigen, Psycho-Tests, Foto-Comics, Witze/Rätsel/Horoskop, Fortsetzungsromane, TV- und Filmkritiken, Mode und Reportagen. In der Mitte der Hefte sind auseinander faltbare Star-Poster.

2. *Musik-Express/Sounds, Rock Hard, Spox Hard Rock International*
   Diese Zeitschriften lassen sich zur Gruppe der Musikzeitschriften zusammenfassen. Obwohl auch in diesen Starberichte und entsprechende Fotos, teilweise auch auseinander faltbare Star-Poster, vorherrschen, werden hier in längeren Artikeln genauere Informationen über die Pop-, Rock- und Jazzszene gegeben. Vieles knüpft insofern an die Bravo-Masche an, doch sind in diesen Heften ältere Jugendliche und junge Erwachsene die Zielgruppe. Ausführliche Musiktitelbesprechungen (CDs und MCs), aber auch TV-, Video- und Filmkritiken runden das Bild (neben den üblichen Rubriken) ab.

3. *Mädchen, Bravo Girl, Brigitte Young Miss*
   Aufmachung und Inhalt orientieren sich an den kommerziellen Frauenzeit-schriften. Themen wie Mode, Schönheit, Kosmetik, Kochen und Aufklärung/Liebe/Partnerschaft dominieren. Weiterhin folgen Reportagen/Interviews, Psycho-Tests, Horoskop, Kochtipps und Fortsetzungsgeschichten.

4. *Mad, Don Martin*
   Diese beiden Zeitschriften beinhalten überwiegend Comics und Cartoons. Mad wendet sich an Leser ab etwa 14 Jahren mit einer Mischung aus derbem Humor, Parodie und Satire. Don Martin versteht sich als Gag-Comic-Maga-zin und spricht von Aufmachung und Inhalt in etwa den gleichen Leserkreis an.

5. *Video Games, Game Star, PC Player, PC Games, PC Aktion*
   Diese Zeitschriften lassen sich zur Gruppe der Computer- und Videospiel-zeitschriften zusammenfassen. In ihnen geht es vorwiegend um Spielbe-schreibungen, Spieltests und Spielkritiken. Teilweise sind diesen Zeitschrif-ten auch Demoversionen von PC-Spielen beigefügt.

6. *Bravo Sport, Bike – Das Mountain Bike Magazin, Mountain Bike, Skate*
   Diese Zeitschriften lassen sich zur Gruppe der Sportzeitschriften – im wei-testen Sinne – zusammenfassen. In diesen Zeitschriften werden insbeson-dere Sport- und Freizeitinteressen von Jugendlichen aufgegriffen, um den jeweiligen Trend mit aktueller Unterhaltung, aber auch praktischen Tipps und Informationen zu unterstützen.

Hohe Auflagen

„Die kommerziellen Jugendzeitschriften werden überwiegend in hohen Auflagen gedruckt, jedoch ist eine relativ große Differenz zwischen der gedruckten und verkauften Auflage festzustellen.

Der Anteil der Remissionsexemplare liegt zwischen 20 Prozent *(Bravo)* und 54 Prozent *(Popcorn)* der Druckauflage. Hierin zeigt sich das Risiko des Einzelverkaufs über den Handel mit geringem Anteil an festen Abonnements. Dabei ist für *Bravo* als dem konstantesten Faktor (Grün-dungsjahr: 1956) auf dem ansonsten sehr bewegten Jugendzeitschrif-tenmarkt (Einstellungen, Fusionen, Neugründungen) die geringste Remissionsquote verzeichnet."[20]

Bravo nimmt in jeder Beziehung eine Spitzenstellung ein. Mit ca. 1,5 Millionen verkauften Exemplaren (wöchentlich) erreicht diese Jugend-zeitschrift einen Marktanteil von gut 50 Prozent. Die anderen Jugend-zeitschriften erreichen jeweils nur Marktanteile unter 10 Prozent, mit Ausnahme von *Pop Rocky*, die an die 20 Prozent erobern konnte.[21]

Entsprechend der hohen Auflagen- und Verkaufsziffer sind die Reich-weiten-Werte: „*Bravo* erreicht 31 Prozent aller Jugendlichen in der Bun-desrepublik als Leser pro Ausgabe bzw. 58,6 Prozent im weitesten Leserkreis, die entsprechenden Werte für den *Musik Express* liegen bei 3,7 Prozent und 13,4 Prozent."[22]

Die nichtkommerziellen Jugendzeitschriften

Bei der nichtkommerziellen Jugendpresse bedarf es einer Unterscheidung zwischen zwei Zeitschriften-Gruppen:

> 1. Die Verbandsjugendpresse
> 2. Die jugendeigene Presse

Zur **1. Gruppe** gehören die Jugendzeitschriften der Jugendverbände, der Jugendringe auf Länder-, Kreis- und Stadtebene; die Jugendzeitschriften der konfessionellen, politischen, gewerkschaftlichen und sonstigen Jugendorganisationen.

Zur **2. Gruppe** gehören die Schüler und Lehrlingszeitungen, kurzum alle die Jugendpublikationen, die von Jugendlichen selbst in eigener Regie ohne Verbindung zu Organisationen herausgegeben werden.

„Nichtkommerzielle Jugendzeitschriften erscheinen vielfach nicht in festen zeitlichen Intervallen; bei jeder dritten variiert die Erscheinungshäufigkeit auch von Jahr zu Jahr. Dies ist vor allem bei der jugendeigenen Presse der Fall. Von den Zeitschriften, die regelmäßig erscheinen, werden die meisten vierteljährlich herausgebracht. Die für die kommerzielle Jugendpresse charakteristische monatliche Erscheinungsweise wird nur selten erreicht und dann nur im Verbandsbereich. Eine wöchentliche Erscheinungsweise wie von *Bravo, Mädchen, Rocky, Das Freizeit Magazin* und *Zack* gibt es im nichtkommerziellen Bereich nicht."[23]

Unregelmäßige Erscheinungsweise

Ein weiteres Merkmal der nichtkommerziellen Zeitschriften ist, dass die Auflagenhöhe ganz deutlich unter der der kommerziellen Jugendpresse liegt. Es dominieren Klein- und Kleinstauflagen.

Kleinere Auflagen

Viele der nichtkommerziellen Zeitschriften werden gratis verteilt, besonders die Schülerzeitungen, insofern spielen bei diesen Anzeigeneinnahmen als Finanzierungsquelle eine wichtige Rolle. Aber auch die verbandlichen Jugendzeitschriften finanzieren sich nicht durch den Verkauf, sie werden zum größten Teil aus den Mitteln der herausgebenden Organisationen gefördert und finanziert. Alles in allem kann so die nichtkommerzielle Jugendpresse kaum als Konkurrenz der kommerziellen eingeschätzt werden. Dieses wollen die Redakteure dieser Zeitschriften nach eigenem Bekunden auch nicht. Sie sehen die Funktion und Chance der nichtkommerziellen Publikationen darin, „dass sie Jugendlichen Artikulationsmöglichkeiten bieten, die ihnen die übrigen Massenmedien weitgehend nicht zur Verfügung stellen".[24]

Beispiele für nicht-kommerzielle Jugendzeitschriften

Verbandliche
Jugendzeitschriften

Turnerjugend (Deutscher Turner-Bund/Deutsche Turnerjugend)
Jugend unter dem Wort (CVJM Gesamtverband Deutschland)
Mitteilungen Der Kath. Jugend (Erzbischöfliches Jugendamt Freiburg)
Der Hammer (DGB)
Jugendpost (DAG Bundesjugendleitung)
JRK-Magazin (Deutsches Rotes Kreuz)
JO, das Jugendmagazin (Allgemeine Ortskrankenkasse)
Aha! (Deutsche Angestellten Krankenkasse)

Jugendeigene
Zeitschriften

'sBladl (Schülerzeitung des Gymnasiums Schongau)
Die Buche (Landjugend Bünsdorf für den Kreis Rendsburg-Eckernförde)
Copyright (Jugendclub KLA-DA-RA-DATSCH)

Wie zu Beginn des Abschnittes Jugendzeitschriften bereits ausgeführt, gehören weiterhin zu den nichtkommerziellen Jugendzeitschriften, die nichtkommerziellen Verlagspublikationen wie z. B. *Junge Zeit* und *G – Geschichte mit Pfiff*.

„Sie erscheinen alle in Verlagen mit vergleichsweise hohen Auflagen, werden professionell hergestellt und haben Magazincharakter.“[25] Ihre Erscheinungsweise ist regelmäßig, zumeist monatlich, sie werden aber ebenso wie die nichtkommerziellen Kinderzeitschriften überwiegend im Abonnement vertrieben.

Zur Beurteilung der Jugendzeitschriften

Die Hauptthemen
Kiosk-
Jugendzeitschriften

Die Hauptthemen der kommerziellen Jugendzeitschriften bzw. der Kioskzeitschriften sind die **Popmusik, Stars, Mode** und das **Erwachsenwerden** der Jugendlichen, zumeist reduziert auf **Sexualität**. Die Spitzenstellung nimmt die Zeitschrift *Bravo* ein, die alle vorgenannten Themen konsumorientiert aufbereitet.

Bei allen Kiosk-Jugendzeitschriften lässt sich das Zeitschriftenprogramm schon aus der Gestaltung der jeweiligen Titelseiten entnehmen. Diese Zeitschriften müssen sich von Woche zu Woche (bzw. von Monat zu Monat) neu verkaufen und die schnell wechselnden (Mode-)Strömungen und Trends der Jugend aktuell verarbeiten, um die jugendlichen Leser immer wieder neu an sich zu binden.

Zusätzliche Kaufanreize werden durch so genannte „Extras“ bewirkt, die den Heften beigelegt sind. So ist z. B. ein Ohrhörer (Bravo Nr. 32) oder ein Schweißband (Yam Nr. 32) den Heften beigefügt, die zusätzlich zu den Postern oder Starschnitten als Kaufanreize wirken sollen.

An folgenden Beispielen wird deutlich, dass die Überschriften und Schlagzeilen bereits das allgemeine Programm der Kioskzeitschriften offenlegen:

Bravo – Nr. 32, 28. Juli 20...   Preis: € 1,30

Bravo erscheint wöchentlich

BRAVO Musik
Star-Schnappschüsse / Stars exklusiv / Stars aktuell

BRAVO Fun
Comics, Witze, Gewinnspiele

BRAVO Life
Psychotest, Horoskop, Report, Fotoroman

BRAVO Love
Dr. Sommers-Sprechstunde, Bodycheck Melanie 19, Florian 18

BRAVO Kino / BRAVO TV

POSTER
Orlando Bloom, Christina Aguilera, The Black Eyed Peas

EXTRAS
Kopfhörer, 2 Kino-Tickets, Spucky als Starschnitt

Yam! – Nr. 32, 28. Juli 20...   Preis: € 1,30

Yam! erscheint wöchentlich

Stars & Storys
Hot News, News Check, Best Pix, Starsarchiv

Movie
Filmstrip, Movie, DVD-Tipp

Service
Charts, Song der Woche, CD-Check, TV-Guide, SMS-Quickies
Mission: Liebe, Bodytalk, Sextalk, Test, Horoskop, Quiz

Comedy
Witze und Cartoons

Report
Mister & Miss Yam! So lief das Fotoshooting ...

Fotoroman
Staralarm Auf Ibiza, Safari mit Folgen

POSTER
SPIDER-MAN, SHRECK 2, Daniel Radcliffe, Sportfreunde Stiller,
Die Fantastischen Vier, Anastacia, Overground, Amy Lee

EXTRA
Riesenschweißband

Die **Leser** der kommerziellen Jugendzeitschriften sind Mädchen und
Jungen zwischen 10 und 18 Jahren. In der Regel wird kurz vor dem Eintritt in die Pubertät mit der Lektüre begonnen. Beendet wird sie, wenn
diese Phase weitgehend abgeschlossen ist.

Sozialisation und die Sexualität sind beiden Problembereiche der Jugendlichen

„Die Problembereiche des Pubertierenden lassen sich mit zwei
Schlagworten kennzeichnen: Sozialisation und Sexualität. Das Sexual-
leben des Heranwachsenden ist geprägt von der Diskrepanz zwischen
dem physischen Vermögen zur Sexualität und den gesellschaftlichen
Verboten, sie tatsächlich auszuleben. Dazu kommt noch die Angst vor
dem Unbekannten, die Angst, es nicht richtig zu machen, die Angst vor
den scheinbar unübersehbaren Folgen. Die Folgen sind Unsicherheit
und allgemeine Hilflosigkeit, die wiederum die Sozialisation des Heranwachsenden bestimmen, das zweite Schwergewicht in dieser Phase.
Er verlässt nun den engen Kreis der Familie und orientiert sich an seiner
sozialen Umwelt. Die Normen und Regeln, die bisher anerkannt wurden, dominieren nicht mehr. Eltern, bislang Schutz und Unterdrückung
zugleich, verlieren ihre absolute Vormachtstellung. Andere Bezugspersonen gewinnen an Bedeutung. Die Folge ist Flucht aus dem Elternhaus, Orientierung in Jugendgruppen und Cliquen, fremde Erwachsene werden zum Vorbild."[26]

Lernen ist das wesentlichste Merkmal der Pubertät

Wesentliches Merkmal der Pubertät ist das **Lernen**, das Lernen, „mit
der eigenen Sexualität umzugehen, Partnerbeziehungen an zuknüpfen,
sich in Gruppen einzufügen, sich unterzuordnen und dennoch seine
Stellung zu behaupten, Verantwortung zu übernehmen für sich und
andere, ohne die Hilfestellung und den Schutz von Vater und Mutter zu
leben und eigene Entscheidungen, sei es in religiöser, beruflicher oder
emotionaler Hinsicht, zu fällen."[27]

In diesem Sinne ist der Jugendliche im **Stadium des Überganges**.
„Sein Gesamtverhalten ist deshalb geprägt von Unsicherheit und Min-

derwertigkeitsgefühlen, ein Zustand, der allzu leicht Aggressionen, Trotzhaltungen und starke Stimmungsschwankungen hervorruft. Mit Problemen belastet, ohne Autoritäten, an die er sich halten kann, ohne festes Normensystem und Orientierungsmaßstab fühlt er sich häufig unverstanden und allein gelassen."[28]

Genau hier setzen die Themen der kommerziellen Jugendzeitschriften ein. Sie bieten dem Jugendlichen eine Form von „Lebenshilfe", die er ganz offensichtlich braucht. So werden durch die spezifische Aufbereitung der Themen Ideologien vermittelt, Vorbilder geschaffen und Konsumverhalten propagiert. Die „Stars" sind dabei ein wichtiges Hilfsmittel, sie geben den Jugendlichen Orientierungsmöglichkeiten und setzen ihnen Verhaltensmaßstäbe. Die Identifikation mit dem Idol führt zur Flucht aus der Realität, bietet dem Jugendlichen die Möglichkeit zum Nacherleben von Luxus und Glück, so wie es die Stars vorleben oder vorzuleben scheinen.

Die Kioskzeitschriften bieten fragwürdige Orientierung und Lebenshilfe

Themen aus dem realen Umfeld der Jugendlichen wie z. B. berufliche Zukunftsängste, Jugendarbeitslosigkeit, Konkurrenz und Leistungsdruck in der Schule werden ausgeklammert. Zwar werden die Sozialisation des Jugendlichen und seine Sexualität in fast jedem Heft behandelt, doch kaum in ernst zu nehmender Weise. Das Thema Sexualität wird fast durchweg nur konsumorientiert aufbereitet, um den Verkaufserfolg des Heftes zu garantieren. So können die kommerziellen Kiosk-Jugendzeitschriften emanzipatorischen Ansprüchen kaum genügen.

Die Kioskzeitschriften bieten Realitätsflucht und nicht Ansätze zur Realitätsbewältigung

Alternativen Charakter kann man der Jugendzeitschrift *Junge Zeit* zuschreiben. In ihr stehen Themen aus dem gesellschaftlichen Umfeld der Jugendlichen im Mittelpunkt. So werden Themen aus der Arbeitswelt, Schule, Drogen, Partnerschaft usw. angesprochen. Der Jugendliche wird in seiner spezifischen Lebenssituation ernst genommen.

Empfehlenswert sind die nichtkommerziellen Jugendzeitschriften

Popmusik und Stars werden nicht ausgenommen, allerdings mit veränderter Akzentsetzung, nämlich in kritischer und distanzierter Weise.

Didaktisch-methodische Anregungen

Der Erzieher sollte die Jugendzeitschriften selbst lesen

Für Erzieher und Lehrer ist es wichtig, ab und zu die neuesten Hefte der kommerziellen Jugendzeitschriften durchzuschauen und möglichst gründlich durchzulesen. „Auch wenn inhaltliche Tendenzen vieler Artikel verärgern, so muss er dennoch wissen, welche Inhalte und Präsentationsformen das sind, die viele Jugendliche begierig aufnehmen und als wichtig/unterhaltend betrachten. Nur wer genau Inhalt und Machart kennt, kann über das Akzeptieren (und nicht das Dulden oder Verbannen) dieser Zeitschriften in einen offenen Dialog mit Jugendlichen kommen. Und daraus können sich Motivationen ergeben, mit Text- und Bildcollagen mal selbst eine Zeitschrift zu machen oder gar regelmäßig eine jugendeigene und unabhängige Zeitschrift erscheinen zu lassen. Denn beherrschen Jugendliche dieses ‚Medien-Handwerk' des Zeitschriftenmachens, können sie die großen Produkte viel besser beurteilen (finden beispielsweise heraus, welcher Teil einer Nachricht erfunden ist oder aus Meinung besteht) und sehen diese mit ganz anderen Augen. Ein lohnendes Ziel."[29]

Zusammenfassung

- ■ Bei den Jugendzeitschriften muss zwischen kommerziellen und nichtkommerziellen Zeitschriften unterschieden werden.
- ■ Die nichtkommerziellen Jugendzeitschriften lassen sich in drei Untergruppen aufteilen:
  1. Die Verbandsjugendpresse
  2. Die jugendeigene Presse
  3. Die nichtkommerziellen Verlagspublikationen
- ■ Die kommerziellen Jugendzeitschriften behandeln hauptsächlich folgende Themen: Popmusik, Stars, Mode, Erwachsenwerden und Sexualität.
- ■ Die Zielgruppe der Jugendzeitschriften sind Mädchen und Jungen zwischen 10 und 18 Jahren. Die Lektüre wird kurz vor Eintritt in die Pubertät begonnen und endet in der Regel, wenn diese Phase überwunden worden ist.
- ■ Die hauptsächlichen Problembereiche des Pubertierenden sind die Sozialisation und Sexualität. Beide Bereiche sind gekennzeichnet von Unsicherheit und Suche nach Orientierung.
- ■ Die kommerziellen Kiosk-Jugendzeitschriften bieten den Jugendlichen eine sehr fragwürdige Orientierung und Lebenshilfe an. Sie können in keiner Weise emanzipatorischen Ansprüchen genügen, da sie durch ihre konsumorientierte Themenaufbereitung und Themenauswahl eine Realitätsflucht der Jugendlichen begünstigen.

■ Die nichtkommerziellen Jugendzeitschriften wie z. B. *Junge Zeit* klammern nicht die für die Jugendlichen wichtigen Themen aus und sind von daher eindeutig den kommerziellen Jugendzeitschriften vorzuziehen. Sie bemühen sich, den Jugendlichen Ansätze zur Realitätsbewältigung zu liefern.

■ Der Erzieher sollte die kommerziellen Jugendzeitschriften weder dulden noch verbannen, er sollte einen offenen Dialog über die Inhalte und Machart dieser Zeitschriften mit den Jugendlichen führen, um über diesen Weg die Jugendlichen zu einem kritischeren Umgang mit diesen Produkten zu bewegen.

Diskussionsvorschläge

Thema: Kinderzeitschriften

1. Vergleichen Sie Form und Inhalt der Kiosk-Kinderzeitschriften mit den Comics.

2. Wie erklären Sie sich die Tatsache, dass in fast allen Kinderzeitschriften technische und naturwissenschaftliche Themen dominieren?

3. Inwiefern kommt der Magazincharakter der Kinderzeitschriften den Wahrnehmungsmustern des Fernsehens nahe?

4. Untersuchen Sie anhand von Textbeispielen, wo und wie Kinderzeitschriften versuchen, ihre Leser zu belehren.

Thema: Jugendzeitschriften

1. Arbeiten Sie die spezifische Bedürfnisstruktur des Jugendlichen in der Pubertät heraus.

2. Warum kommen politische Themen in den Kiosk-Jugendzeitschriften nur am Rand vor?

3. Untersuchen Sie (Textbeispiele), inwieweit die Kioskzeitschriften das gegenwärtige und auch zukünftige Verhalten der Jugendlichen zu beeinflussen vermögen.

Thema: Kinderzeitschriften

Wichtig ist es, bekannte Kinderzeitschriften zu analysieren, etwa nach folgenden Kriterien:

● Wie ist die Sprache und Textform gestaltet, wie der Sprachduktus (Wortwahl, Stil, „Kindgemäßheit" der Sprache)?
● Welche Funktion haben die Bilder?
● Welche Interessen und Motivationen stehen hinter dem verlegerischen Konzept der verschiedenen Zeitschriften?

Thema: Jugendzeitschriften

Auch hier ist es wichtig, die bekannten Kiosk-Jugendzeitschriften genauer zu untersuchen, zunächst nach den o. a. Gesichtspunkten und noch nach folgenden weiteren:

● Welche Funktion haben die Starberichte für den lesenden Jugendlichen?
● Welche Themen werden bewusst nicht angesprochen und aufbereitet?
● Welche Informationen und Orientierungshilfen werden zum Thema „Erwachsenwerden und Sexualität des Jugendlichen" gegeben?
● Wie ist das Verhältnis des redaktionellen Teils zum Anzeigenteil?

Im Weiteren wäre es dann noch gut, dass die Studierenden bestimmte „jugendeigene" Blätter (z. B. Schülerzeitungen) von ihrer Themenwahl und vom Inhalt mit den kommerziellen Jugendzeitschriften vergleichen.

Anmerkungen

1   Rogge, Jan-Uwe/Jensen, Klaus: Kinderzeitschriften. In: Der Medienmarkt für Kinder in der Bundesrepublik. Tübingen 1980, S. 178
2   Vgl. Ebenda S. 178
3   Rogge, Jan-Uwe: Zur Geschichte der Kinderzeitschriften. In: a. a. O., S. 170
4   Gärtner, Hans: Kinder- und Jugendzeitschrift. In: Klaus Doderer (Hrsg.): Lexikon der Kinder- und Jugendliteratur. Bd. 2. Weinheim 1977, S. 166
5   Rogge, Jan-Uwe/Jensen, Klaus: Zur Geschichte der Kinderzeitschriften. In: a. a. O., S. 173
6   Ebenda S.179
7   Ebenda S. 177
8   Rogge, Jan-Uwe/Jensen, Klaus: Kinderzeitschriften. In: a. a. O., S. 174
9   Rogge, Jan-Uwe/Jensen, Klaus: Zur Geschichte der Kinderzeitschriften. In: a. a. O., S. 176
10 Gärtner, Hans: a. a. O., S. 166
11 Rogge, Jan-Uwe/Jensen, Klaus: Zur Geschichte der Kinderzeitschriften. In: a. a. O., S. 173
12 Rogge, Jan-Uwe/Jensen, Klaus: a. a. O., S. 187
13 Ebenda S. 187
14 Ebenda S. 188 f.
15 Ebenda 5.192
16 Ebenda S. 194
17 Lindgens, Monika: Kommerzielle und nichtkommerzielle Jugendpresse in der Bundesrepublik Deutschland. In: Media Perspektiven Nr. 5/1980, S. 289
18 Ebenda S. 298
19 Ebenda S. 290
20 Ebenda S. 290

21 Die Zahlen sind von 1980, insofern haben sie jetzt nur noch Hinweischarakter.
22 Lindgens, Monika: a. a. O., S. 292
23 Ebenda S. 295
24 Ebenda S. 296
25 Ebenda S. 296 f.
26 Neißer, Horst: Kommerzielle Jugendpresse – eine pädagogische Alternative? In: Furian,
    M. (Hrsg.): Kinder und Jugendliche im Spannungsfeld der Massenmedien. Stuttgart
    1977, S. 120
27 Ebenda S. 120
28 Ebenda S. 121
29 Plenz, Ralf: Der Jugendzeitschriftenmarkt. In: Kinder und Medien. Beiheft zum Bulletin
    Jugend + Literatur. Nr. 15. Hardebek 1981, S. 151

Weiterführende Literatur

Bieger u. a.: Kinder- und Jugendzeitschriften. In: Medienpädagogik. Köln 1993
    (4. Auflage).
Birner, H.: Jugendzeitschriften unter der Lupe. München 1983.
Bleis, T.: Erfolgsfaktoren neuer Zeitschriften. München 1996.
Bremenfeld, E.: Fachwissen Zeitungs- und Zeitschriftenverlage. Düsseldorf
    1998.
Deutsches Jugendmedienwerk (Hrsg.): Kinder- und Jugendzeitschriften. Mainz
    1998.
Gärtner, Hans: Kinder- und Jugendzeitschriften. In: Doderer, K. (Hrsg.): Lexikon
    der Kinder- und Jugendliteratur. Band 2. Weinheim 1977.
Grünewald, Dietrich: Zeitung/Zeitschriften. In: Bauer, K. und Hengst, H. (Hrsg.):
    Kinderkultur. Reihe Kritische Stichwörter. München 1978.
Heidtmann, H.: Kinderzeitschriften. In: Kindermedien. Stuttgart 1992.
Jensen, Klaus und Rogge, Jan-Uwe: Der Medienmarkt für Kinder in der Bundes-
    republik, Tübingen 1980.
Knoche, M. und Lindgens. M.: Erscheinungsbild und Inhaltsstruktur von
    Jugendzeitschriften. Frankfurt 1983.
Kohlhammer, Michael: Lebenshilfe durch Jugendpresse – aus der Sicht der
    Jugendpresse. In: Furian, M. (Hrsg.): Kinder und Jugendliche im Spannungs-
    feld der Massenmedien. Stuttgart 1977.
Lange, R. und Didzuweit, R.: Kinder, Werbung, Konsum. Frankfurt/M. 1997.
Leuschner, H. und Solter, S.: Was raschelt da im Blätterwald? Einblicke in Kinder-
    und Jugendzeitschriften. In: Bulletin Jugend und Literatur 1998. H. 9, 15–21.
Lindgens, Monika: Kommerzielle und nichtkommerzielle Jugendpresse in der
    Bundesrepublik Deutschland. In: Media Perspektiven 5/1980.
Meier, B.: Zeitschriften für Kinder und Jugendliche. In: Taschenbuch der Kinder-
    und Jugendliteratur. Hrsg. von G. Lange. Baltmannsweiler 2000.
Meier, B: Zwischen Pädagogik und Kommerz. Zeitschriften für Jugendliche. In:
    Jugendliteratur Hrsg. von W. Kaminski und B. Scharioth. München 1986.
Metzger, Werner: Star und Schlager im Leben der Jugendlichen. In: Furian M.
    (Hrsg.): Kinder und Jugendliche im Spannungsfeld der Massenmedien. Stutt-
    gart 1977.
Neißer, Horst: Die Jugendzeitschrift – Ihr Einfluß dargestellt am Beispiel Bravo.
    Fellbach Ocffingen 1975.
Neißer, Horst: Kommerzielle Jugendpresse – eine pädagogische Alternative? In:
    Furian, M. (Hrsg.) Kinder und Jugendliche im Spannungsfeld der Massenme-
    dien. Stuttgart 1977.
Thoma, Chr.: Das wohltemperierte Kind. Wie Kinderzeitschriften Kindheit
    form(t)en. Frankfurt 1992.

Kinder- und Jugendtheater

Geschichte des Theaters für Kinder und
    Jugendliche 220
Gegenwärtige Situation des Kindertheaters 223
Aspekte der pädagogischen Beurteilung 223
Zusammenfassung 225
Diskussionsvorschläge 226
Anmerkungen 226
Weiterführende Literatur 227

Kinder- und Jugendtheater

Ziel und Bedeutung

Das Kinder- und Jugendtheater meint szenische Darbietungen mit den Mitteln Sprache, Gestik, Masken, Kostümen, Kulissen und Requisiten für Heranwachsende. Das Kinder- und Jugendtheater bietet eindrucksvolle und bildhafte Erlebnisse, die durch kein anderes Medium in seiner Unmittelbarkeit der Ansprache und Wirkung ersetzt werden können. Es ermöglicht den spielerischen Umgang mit der Wirklichkeit, thematisiert dabei Probleme, Träume, Ängste und Sehnsüchte der Heranwachsenden, ist dabei vergnügliche Anschauung und Unterhaltung und kann in diesem Sinne sozialisieren helfen und Medium für soziale Phantasie sein.

Die Studierenden sollen die Geschichte und die Möglichkeiten des Kinder- und Jugendtheaters sowie theaterpädagogische Aspekte der Beurteilung kennen lernen, die in Anregungen für die sozialpädagogische Praxis einmünden.

Geschichte des Theaters für Kinder und Jugendliche

Die Anfänge wurzeln im didaktischen Theater, dem Schultheater

Die Anfänge des Kinder- und Jugendtheaters wurzeln im *didaktischen* Theater und reichen bis in die vorchristliche Antike zurück, als man durch die szenische Aufarbeitung des Schulunterrichts diesen zu veranschaulichen und zu bereichern versuchte. „Für das spätmittelalterliche wie für das frühbarocke Schulwesen gehört Schultheater zu den gängigen pädagogischen Hilfsmitteln. Aus den von und für Schülern deklamierten Dramen entwickeln sich Dramolette, kürzere Kinderschauspiele, in denen naturwissenschaftliche oder moralische Belehrung häufig in Dialogform abgehandelt wird."[1] Die Kinderpantomime lässt sich als zweite Entwicklungslinie neben diesem rein didaktischen Theater benennen, in der bis ins späte 19. Jahrhundert hinein meist reine Kindertruppen die Akteure waren, die romantische Ballette und choreographische Ausstattungsstücke mit Musik darboten.

Im 19. Jahrhundert wird das Weihnachtsmärchen prägend für das Kindertheater

Etwa in der Mitte des 19. Jahrhunderts wird das rein didaktische Kinder- und Jugendtheater durch die *Kinderkomödie* abgelöst. „Theater dient dem bürgerlichen Publikum weniger als Medium der Selbstverständigung, sondern vorrangig zur Unterhaltung, zum Zeitvertreib. Für die Kinder, die neben den Erwachsenen an den normalen Dramen- oder Komödienaufführungen teilnehmen, bietet als erster der Hamburger Theaterdirektor, Autor und Regisseur Carl August Görner die Form intentionalen Kindertheaters, die bis heute für die Gattung prägend bleiben soll: das Weihnachtsmärchen."[2] Die Kinderpantomime mündet auch „in das Märchentheater des 19. Jahrhunderts ein und bleibt als Element in ihm vertreten."[3] Die Popularität des Märchentheaters zur

Weihnachtszeit entwickelt sich im biedermeierlichen Deutschland durch das Weihnachtsfest, das zunehmend zum Ausdruck von heilem Familienleben ritualisiert wird. „Görner wie anderen Theaterprinzipalen gelingt es, in den ‚kahlen Wochen vor Weihnachten', in denen zuvor die Theater leer standen, mit Märchenaufführungen die ganze bürgerliche Familie ins Theater zu holen."[4]

Parallel entwickelt sich das Figuren- und Puppentheater im 19. Jahrhundert zu einer besonderen Art von Theater für Kinder und Jugendliche. Zuvor war das Figuren- und Puppentheater jahrhundertelang Theater für Erwachsene, „an dem, besonders in der Ausprägung als Volkstheater und damit verbundener Vorführsituationen (öffentliche Plätze, Jahrmarkt), auch Kinder teilhatten."[5] Einflüsse der Romantik, vor allem aber wirtschaftliche Gründe führten im 19. Jahrhundert dazu, dass die Puppenspieler sich zunehmend den Heranwachsenden als Publikum zuwandten. Überregionale Bedeutung erlangte das 1858 in München eröffnete Marionettentheater von Josef (Papa) Schmid, für das Franz Graf von Pocci über 40 literarisch anspruchsvolle, teils possenhafte, teils märchenhaft-romantisierende Stücke schrieb, die mit beachtlichem Erfolg aufgeführt wurden. „Mit Sprachwitz, Kontrastkomik und satirischen Anspielungen hat Pocci die Volkskomödienfigur des Kasperl Larifari wieder auferstehen lassen. Von sexuellen und makabren Zweideutigkeiten befreit, triumphierte der stets fress- und trinklustige Held nun auch vor einem spezifischen Kinderpublikum."[6]

Im 19. Jahrhundert entwickelt sich das Figuren- und Puppentheater zunehmend zum Theater für Heranwachsende

Reformpädagogik und Jugendbewegung um die Jahrhundertwende nehmen in den folgenden Jahrzehnten auch auf das Theater für Kinder und Jugendliche erheblichen Einfluss. „Das ‚unschuldige' Kind, seine Naivität und Kreativität sollen gefördert werden, damit es als Erwachsener eine harmonische Gesellschaft schaffen kann. Reformpädagogisch beeinflusste Stücke bieten den Kindern scheinbar eigene, doch realitätsferne Kinderwelten: In *Peterchens Mondfahrt* (1911/12, von Gerdt von Bassewitz) brechen zwei Kinder aus dem nächtlichen Kinderzimmer auf, um auf fernen Sternenwiesen und Milchstraßen das verlorene Bein des Maikäfers Sumsemann zu suchen."[7] In dieser Darbietung eines heilen Kinderreiches stilisiert von Bassewitz selbst den Kosmos noch heimelig und das Weltall zur Käferwiese. *Peterchens Mondfahrt* wird das am häufigsten aufgeführte Kindertheaterstück bis gegen Ende der 60er Jahre in Deutschland, wo schließlich noch eine flächendeckende Verbreitung (zur Weihnachtszeit!) über das zunehmend bedeutender werdende Kinderfernsehen erfolgt. „Eine noch deutlicher verklärte Kinderwelt, ein ‚Land Nirgendwo', in dem Kinder fernab der Erwachsenenwelt leben und das ‚Großwerden' verweigern, liefert zur gleichen Zeit James Matthew Barries Peter Pan."[8] Ein Erfolgsstück, das bis heute (auch in verschiedenen Fernseh- und Filmversionen) ein breites Publikum gefunden hat.

Zu Beginn des 20. Jahrhunderts nehmen auch Reformpädagogik und Jugendbewegung Einfluss auf das Kindertheater

In der Weimarer Zeit entstehen auch realistische Theaterstücke: 1930 kommt Erich Kästners „Emil und die Detektive" zur Aufführung

In der Folge von Reformpädagogik und Jugendbewegung sind in der Weimarer Republik aber auch realistische Theaterstücke für Kinder und Jugendliche entstanden: „1930 bringt das Theater am Schiffbauerdamm Erich Kästners kurz zuvor erschienenen Kinderbuchbestseller *Emil und die Detektive* zur Aufführung, 1931 wird ebenfalls in Berlin Kästners zweiter Kinderroman, *Pünktchen und Anton*, für die Bühne eingerichtet."[9] Auch die politisch organisierte Arbeiterbewegung setzt das Kindertheater in der Weimarer Republik für ihre Zwecke ein, hat aber mit ihren Stücken nur eine begrenzte Reichweite.

Gegen Ende der Weimarer Zeit ist das Theater für Kinder und Jugendliche bereits zunehmend stärker der Konkurrenz von Film und Rundfunk ausgesetzt, die ein breites Spektrum an Unterhaltung für Heranwachsende bieten. Nach 1933 bemächtigen sich die Nationalsozialisten auch des Kindertheaters und transportieren ausschließlich nationalsozialistisches Gedankengut.

Nach dem 2. Weltkrieg etabliert sich das Kindertheater vornehmlich wieder als Märchentheater

Ab 1945 etabliert sich das Kindertheater vornehmlich wieder „als Märchentheater, das um die Weihnachtszeit herum von allen städtischen Bühnen gepflegt wird."[10] Bis in die Gegenwart basieren die auf bundesdeutschen Bühnen meistaufgeführten Kinderstücke auf Volks- oder Kunstmärchenvorlagen.

Während sich nach 1945 das Theater für Erwachsene im Westen wie im Osten Deutschlands neu entfalten kann, bleibt das ständig für Kinder und Jugendliche spielende Theater die Ausnahme in der BRD. Anders in der DDR, wo das Theater für Kinder und Jugendliche von Anfang an, wenn auch durch die SED instrumentalisiert, gezielt gefördert wird.

Ende der 60er' Beginn der 70er Jahre beginnt eine neue Zeit für das bundesdeutsche Kinder- und Jugendtheater

In der zweiten Hälfte der 60er Jahre bleibt die gesellschaftliche Aufbruchsituation, die durch die Studentenbewegung und außerparlamentarische Opposition geprägt ist, nicht ohne Wirkung auf das Kinder- und Jugendtheater. Szenische Darbietungen, auch speziell für Heranwachsende, werden als Mittel der Information und Agitation eingesetzt, um auf gesellschaftliche Veränderungen hinzuwirken. In dieser Situation entsteht 1966 das GRIPS-Theater, gegründet durch das Reichskabarett in West-Berlin, das Kindern und Jugendlichen eigene Stücke bieten will. „Mit ‚Otokkerlok und Millipilli', ‚Maximilian Pfeiferling' und ‚Die Mugnog-Kinder' beginnt eine neue Welle im bundesdeutschen Kindertheater, die sich mit Alltagsproblemen auseinandersetzt und für die Kinder Partei ergreift."[11] Zahlreiche weitere selbstständige Kinder- und Jugendtheaterbühnen werden in den ausgehenden 60er und beginnenden 70er Jahren gegründet, die Aufklärung und Sozialkritik mit neuen Konzepten zu vermitteln suchen.

Aufklärung und Sozialkritik bestimmen die Theaterszene

Gegen Ende der 70er Jahre löst sich diese Ausrichtung des Kinder- und Jugendtheaters zunehmend von der antiautoritären Grundhaltung, es änderte sich die ästhetische Beurteilung. „Die Elemente der vergnüglichen Zuschauervorstellung, des spaßigen, lustvollen Vorführens wurden wiederentdeckt und damit der anfänglichen didaktisch-pädagogisch-aufklärerischen Strenge wieder abgeschworen. Das ursprünglich naiv-antiautoritäre Spiel wich nun mehr und mehr einem vergnüglichen Lerntheater, das Witz und Komik ebenso benutzte wie die geistvolle Auseinandersetzung in verbaler Form."[12]

Gegenwärtige Situation des Kindertheaters

Dieser Aufbruch des neuen Kinder- und Jugendtheaters wurde schrittweise durch Streichung öffentlicher Mittel, mit Ausnahme des Bundeslandes Baden-Württemberg, gebremst. „In Hamburg musste deshalb 1990 selbst das traditionsreichste, ehemals antiautoritäre Klecks-Theater schließen."[13] Trotzdem darf der Aufbruch des Kinder- und Jugendtheaters in den 70er Jahren hinsichtlich seiner weiter wirkenden Schubkraft nicht unterschätzt werden, denn „es gibt eine Vielzahl freier Gruppen, die sich mit Auftritten an alternativen Spielstätten, Jugendhäusern, Schulen ‚über Wasser' hält, auch Staatstheater, die Stücke von GRIPS oder der ROTEN GRÜTZE nachspielen."[14] An nicht wenigen Bühnen sind in den letzten Spielzeiten Adaptionen bekannterer Kinderbücher und anspruchsvolle Jugendliteraturbearbeitungen aufgeführt worden, „doch am Ende eines jeden Jahres bestimmen nach wie vor traditionell bearbeitete Märchenstoffe die Welt des Kindertheaters.[15]

Das neue realistische Kinder- und Jugendtheater lässt sich als aufklärerisches Mitmachtheater kennzeichnen

Das Figuren- und Puppentheater wird seit Ende der 60er, Beginn der 70er Jahre zunehmend durch das Fernsehen vermittelt. So hat die *Augsburger Puppenkiste* seit den 60er Jahren (z. B. *Jim Knopf und die Wilde 13, Schlupp vom grünen Stern, die Opodeldoks, die Dschungeldetektive*) bis heute zahlreiche Fernsehfassungen inszeniert und mit großem Erfolg einem breitem Fernsehpublikum vorführen können. Die Kindervorschulserie *Sesamstraße* ist ohne die agierenden Puppen Ernie und Bert, Samson und Tiffi, Krümelmonster u. v. a. kaum so erfolgreich vorstellbar. Jim Hensons *Muppets-Show* gehörte jahrelang zu den beliebtesten Fernsehserien. Mit dem von ihm geschaffenen *Sinclair-Clan* (Dinosaurierpuppen) wurde ein noch überzeugenderer Treffer für das Fernsehen gelandet. *Käpt'n Blaubär* und seine drei Bärenenkel sowie *Hein Blöd* (Figuren von Walter Moers) begeistern schließlich seit geraumer Zeit mit nicht enden wollendem Seemannsgarn die großen und kleinen Fernsehzuschauer: Das Fernsehen hat insofern Funktionen des Kindertheaters übernommen, trägt aber gleichzeitig auch zu seiner Vermittlung bei.

Das Figuren- und Puppentheater wird vornehmlich durch das Fernsehen vermittelt

Aspekte der pädagogischen Beurteilung

Wer als Kind und Jugendlicher Theater erlebt und/oder spielt, wird das Theater auch als Erwachsener zu schätzen wissen. Denn und das Theater ist eine Kunstform, die eindrucksvolle, sinnliche und bildhafte

Kinder- und Jugendtheater bietet eindrucksvolle, sinnliche bildhafte Erlebnisse

Erlebnisse vermitteln kann und das in seiner Unmittelbarkeit durch kein anderes Medium zu ersetzen ist. „Theater ist gemeinsam erlebte, vergnügliche Anschauung des Lebens, Spiegel der Zeit, Anstoß zu einem spielerischen Umgang mit der Wirklichkeit."[16]

In diesem Sinne kann gutes Theater für Kinder und Jugendliche ein Medium für soziale Phantasie sein, um mutig die zukünftigen Lebensfragen anzugehen, ohne dabei Unterhaltung und Humor auszuklammern.

Das Theater für oder mit Kindern und Jugendlichen wird häufig genug ausschließlich unter pädagogischen Gesichtspunkten gesehen und beurteilt.

„Um so wichtiger sind Fragen nach den ästhetischen Bewertungskriterien. Zugleich aber kann mit guten Gründen die pädagogische Bedeutung und Wirksamkeit einer Theaterarbeit mit Kindern, die die Aufführung als ‚ästhetisches' Endprodukt zum Ziel hat, hervorgehoben werden und zwar unter dem Aspekt des sozialen wie des ästhetischen Lernens."[17]

Wichtig sind neben den pädagogischen auch die ästhetischen Aspekte der Beurteilung

Erzieher und Lehrer, die mit Kindern und Jugendlichen Theaterspielen wollen, kommen ohne Kenntnisse der Theaterkunst und Theaterpädagogik nicht aus, sie müssen sich diesbezüglich bilden bzw. fort- und weiterbilden, um in diesem Wirkungsbereich die Möglichkeiten des sozialen und ästhetischen Lernens tatsächlich zur Entfaltung zu bringen. So verstanden wird das Theater für und mit Kindern und Jugendlichen nicht nur eine vergnügliche Abwechslung, sondern zu einer unerlässlichen Notwendigkeit.

Nachstehend werden einige gute Bücher vorgestellt, die Grundlagenwissen, vor allem aber praktische Anregungen für die Theaterarbeit mit Kindern und Jugendlichen geben.

Das Werk- und Spielbuch *Kinder machen Theater* von Thomas Joseph Landa und Michael Landa (Christophorus Freiburg) enthält Anregungen für Spiele und Stücke, Kostüme und Kulissen und ist für den Kindergarten, die Grundschule und Arbeit mit Kindergruppen sehr anregend und hilfreich. In diesem Buch wird darauf eingegangen, wie Kinder lernen sich über das Rollenspiel zu artikulieren und dabei ihre Gefühle mitzuteilen. Es werden Anregungen gegeben, wie Bewegung, Musik, Tanz, Gesang und Pantomime den Kindern als Ausdrucksformen spielerisch vermittelt werden können.

Tatort Theater von Wolfgang Mettenberger (Deutscher Theaterverlag Weinheim) ist hilfreicher Leitfaden für die Amateurtheaterarbeit. Das Buch enthält Anregungen für praktische Übungen, vom ersten Aufwärmen bis zur Mimik, Gestik, Atemführung und Stimmbildung. Es gibt Tipps und Hinweise für die Regie und beschreibt Probenabläufe. Der Autor zeigt, wie man vom Körperlichen ausgehend zur Sprache gelangt, wie Bewegung ins Spiel übergeht. Dieses Buch kann Erziehern/Sozialpädagogen eine gute Hilfe sein, ob in der Arbeit mit Kindern und Jugendlichen oder in der Erwachsenengruppe.

Puppenspiele aus aller Welt für die Jüngsten (Luchterhand Neuwied) von Inge Borde-Klein und Marga Arndt (Hrsg.) enthält viele Anregungen für Puppenspiele sowie über 100 Puppenspielstücke und Spielideen für die Jüngsten. Zahlreiche Illustrationen zeigen Möglichkeiten zur vielfältigen Puppengestaltung, verweisen auf Figuren, wie sie im Fingerpuppenspiel, im Bilder- und Spielzeugtheater oder im Schatten-, Handpuppen- und Marionettenspiel auftreten.

In *Schlipperdibix sagt der Kasper* von Ole Schultheis (Gerstenberg Hildesheim) werden Tipps und Anregungen für das Kasperletheater gegeben. Es enthält 6 Kasperlestücke für Kinder unterschiedlicher Altersstufen zur Aufführung im Kindergarten und in der Schule.

In *Kasperle & Co* von Monika Neubacher-Fesser (Christophorus Freiburg) werden Anleitungen zur Herstellung von Handpuppen gegeben, die aus verschiedenen Materialien von Kindern gebastelt werden können. Genaue Materialbeschreibungen und Hinweise für die charakteristische Gestaltung der Puppen machen dieses Buch zu einer guten Arbeitshilfe.

In *Keine Angst vor dem Theater. Werkstattbuch mit 100 Spielideen und mehr* von Stephanie Vortisch (Beltz Weinheim) sind zahlreiche Spielideen für Schulkinder praxisnah für Erzieher, Lehrer und Eltern zusammengestellt. Ein Theaterbuch mit dem der Einstieg in das Spiel auch den noch wenig erfahrenen pädagogischen Fachkräften gelingt, Hinweise zur Kostümierung und zum Schminken ergänzen dieses Werkstattbuch einer erfahrenen Theaterpädagogin.

Zusammenfassung

- Die Anfänge des Theaters für Kinder- und Jugendliche wurzeln im didaktischen Theater, dem Schultheater.
- Im 19. Jahrhundert wird das didaktische Kinder- und Jugendtheater durch die Kinderkomödie abgelöst.
- Prägend für die Gattung wird im 19. Jahrhundert das Weihnachtsmärchen und bleibt es auch bis heute.
- Seit Beginn der 70er Jahre des 20. Jahrhunderts bestimmen Aufklärung und Sozialkritik auch die Theaterszene.
- Das Figuren- und Puppentheater entwickelt sich im 19. Jahrhundert vom Theater für Erwachsene und Kinder zu einem Theater für Kinder. Heute wird das Figuren- und Puppentheater vornehmlich durch das Fernsehen vermittelt.

Diskussionsvorschläge

1. Mit welchen Stücken (z. B. auch Kinder- und Jugendbuchvor-
   lagen) kann Kinder- und Jugendtheater Mut machen, Toleranz
   vorführen, Weltaneignung ermöglichen?

2. Diskutieren Sie die Voraussetzungen, unter denen das Kinder-
   und Jugendtheater ein eindrucksvolles Erlebnis für die Heranwachsenden wird, das die Phantasie anregt und Gesprächsanlässe bietet.

3. Warum sollte das Kinder- und Jugendtheater didaktisch eher
   unauffällig sein?

4. Ist das Figuren- und Puppentheater die Theaterform, die mit
   ihren griffigen Verkleinerungen am kindgemäßesten ist?

Anregungen für die weitere unterrichtliche Bearbeitung

Die Studierenden sollten selbst Erfahrungen bei speziellen Kinder- und Jugendaufführungen sammeln, um Eindrücke aus der Erwachsenen-perspektive über die gegenwärtigen Themen und Stücke zu erleben und diese nachbereitend zu diskutieren und zu reflektieren. Falls die Zeit nicht reicht, so können auch eine oder mehrere Videoaufzeichnungen von Theateraufführungen diesen Zweck erfüllen. Es fehlt dabei freilich dann die Unmittelbarkeit einer richtigen Aufführung.

Wenn es zeitlich möglich ist, wäre sicher auch die Entwicklung eines eigenen Stückes (ggfs. unter Heranziehung einer Kinder- oder Jugendbuchvorlage) ein sehr motivierendes Unterfangen, dieses Thema auch aus der Darstellersicht zu bearbeiten.

Zahlreiche pädagogische Überlegungen und Anregungen zum Puppenspiel als künstlerisches Genre und pädagogisches Mittel enthält das Buch *Puppenspiel im Kindergarten* (Volk und Wissen/Luchterhand)[17].

Anmerkungen

1   Heidtmann, Horst: Kindertheater: Vom Lehrstück zum Zeitvertreib. In: Kindermedien.
    Stuttgart 1992, S. 27
2   Ebenda S. 27
3   Hass, Ingeborg/Blumensath, Heinz: Theater für Kinder und Jugendliche. In: Kinder- und
    Jugendliteratur, hrsg. von Gerhard Haas. Stuttgart 1984, S. 250
4   Heidtmann, Horst: a. a. O., S. 27
5   Ram, Detlef: Figurentheater. In: Kinder- und Jugendmedien, hrsg. von Dietrich Grü-
    newald und Winfred Kaminski. Weinheim und Basel 1984, S. 267
6   Ebenda S. 271
7   Heidtmann, Horst: a. a. O., S. 29
8   Ebenda S. 29
9   Ebenda S. 29

10 Ebenda S. 30
11 Schneider, Wolfgang: Szenisches Theater. In: Kinder- und Jugendmedien, hrsg. von Dietrich Grünewald und Winfred Kaminski. Weinheim und Basel 1984, S. 259
12 Schneider, Wolfgang: Kinder brauchen Theater. In: Kinderliteratur und Kindertheater. Überlingen 1991, S. 6
13 Heidtmann, Horst: a. a. O., S. 33
14 Ebenda S. 33
15 Vgl. Ebenda S. 33
16 Schneider, Wolfgang: Kinder brauchen Theater. A. a. O., S. 7
17 Hannemann, Brigitte u. a.: Puppenspiel im Kindergarten. Berlin 1989.

Weiterführende Literatur

ASSITEJ e.V. (Hrsg.): Grimm & Grips 5. Jahrbuch für Kinder- und Jugendtheater 1991/92. Darmstadt 1992.

Hass, Ingeborg und Heinz Blumensath: Theater für Kinder und Jugendliche. In: Kinder- und Jugendliteratur, hrsg. von Gerhard Haas. Stuttgart 1984.

Heidtmann, Horst: Kindertheater: Vom Lehrstück zum Zeitvertreib. In: Kindermedien. Stuttgart 1992.

Eder, S., Neuß, N., Zipf, J.: Medienprojekte in Kindergarten und Hort. Berlin 1999.

Enge, Herbert/Jeske, Marlies/Schneider, Wolfgang (Hrsg.): Jugendclubs an Theatern, Bd. 6 der Reihe „Kinder-, Schul- und Jugendtheater – Beiträge zu Theorie und Praxis". Frankfurt 1991.

Hoffmann, Chr. und Israel, A. (Hrsg.): Theater spielen mit Kindern und Jugendlichen. Weinheim 1999.

Richard, J. (Hrsg.): Theater im Generationenverhältnis. Frankfurt/M. 1999.

Kinder- und Jugendtheaterzentrum in der Bundesrepublik Deutschland (Hrsg.): Kulturzentrum Theater. Berlin 1993.

Materialien Jugendliteratur und Medien – Schriftenreihe der Arbeitsgemeinschaft Jugendliteratur und Medien in der GEW, Heft 24: Kinderliteratur und Kindertheater. Überlingen 1991.

Oehlmann, Chr.: Einfach erzählen. Paderborn 2001.

Ram, Detlef: Figurentheater. In: Kinder und Jugendmedien, hrsg. von Dietrich Grünewald und Winfred Kaminski. Weinheim und Basel 1984.

Rellstab, F.: Handbuch Theaterspielen. Wädenswill 1998.

Ruping, B. (Hrsg.): Theater, Trotz & Therapie. Lingen (Ems) 1999.

Ruping, Bernd (Hrsg.): Gebraucht das Theater. Die Vorschläge Augusto Baals: Erfahrungen, Varianten, Kritik. Schriftenreihe der Bundesvereinigung Kulturelle Jugendbildung Band 17. Lingen-Remscheid 1991.

Ruping, Bernd und Wolfgang Schneider: Theater mit Kindern. Weinheim und München 1991.

Schneider, Wolfgang: Szenisches Theater. In: Kinder und Jugendmedien. In: Kinder und Jugendmedien, hrsg. von Dietrich Grünewald und Winfred Kaminski. Narr Verlag Weinheim und Basel 1984.

Taube, G.: Kinder- und Jugendtheater. In: Taschenbuch der Kinder- und Jugendliteratur. Hrsg. von G. Lange. Baltmannsweiler 2000.

Wegner, Manfred (Hrsg.): Die Spiele der Puppe. Beiträge zur Kunst- und Sozialgeschichte des Figurentheaters im 19. und 20. Jahrhundert. Köln 1989.

Bildquellenverzeichnis

Carrer, Chiara: Otto Karotto. Wien: Picus Verlag 2000; S. 25

Curtis, Jamie Lee: Glücklich, traurig, ärgerlich...so fühl ich mich. Hamburg: Edition Riesenrad 2001; S. 26

Dahimène, Adelheid / Stöllinger, Heide: Spinne Spinnerin. St. Pölten: NP Buchverlag 2004; S. 26

MEV Verlag GmbH. Augsburg; S. 73

Müller, Jörg / Steiner, Jörg: Aufstand der Tiere oder Die neuen Stadtmusikanten. Frankfurt a.M.: Verlag Sauerländer 1989; S. 24

Buchcover:

Aliki / Schönfeldt, Sybil (Übers.): Sag es, tu es – aber freundlich. München: arsEdition 2000

Bakker / Gerbrand (Übers.): Birnbäume blühen weiß. Düsseldorf: Patmos Verlag 2001

Bauer, Joan: Amor, Herzkönig und ich. München: Omnibus Verlag / Bertelsmann, 1998

Berner, Rotraut Susanne: Apfel, Nuss und Schneeballschlacht. Das große Winter-Weihnachtsbuch. Hildesheim: Gerstenberg Verlag 2001

Boehme, Julia / Leberer, Sven: 3 Minuten Geschichten. Lach mit uns kleiner Bär. Loewe Verlag 2000

Carle, Eric: Die Biene und der Räuber. Hildesheim: Gerstenberg Verlag 1994

Carle, Eric: Dies und das. Hildesheim: Gerstenberg Verlag 1987

Cartwright, Chris / Röll, Thomas: Ich sehe was, was du nicht siehst: Fahrzeuge. München: arsEdition 2001

Cartwright, Chris / Röll, Thomas: Ich sehe was, was du nicht siehst: Tiere. München: arsEdition 2001

Cave, Kathryn / Riddell, Chris: Irgendwie Anders. Hamburg: Oetinger Verlag 1994

Crowther, Robert: Farben – klappen, ziehen, spielen. München: arsEdition 2001

Dijk, Lutz van: Town Ship Blues. Elefanten Press 2000

Glaser, Pernilla: Tanz auf dünnem Eis. Hamburg: Carlsen Verlag 1999

Meißner-Johannknecht, Doris: Roadmovie. Eine Story. Wien: Carl Ueberreuter Verlag 2001

Moost, Nele / Schober, Michael: Mini Maulwurf hat Geburtstag, Bindlach: Loewe Verlag 2000

Raith, Werner: Verräterkind. Berlin: Elefanten Press 1997

Riepe, Mathias: Flucht aus der Alten Stadt. Berlin: Elefanten Press 1999

Riha, Susanne: Etwas Blaues. Wien: Dachs Verlag 1996

Riha, Susanne: Etwas Gelbes. Wien: Dachs Verlag 1996

Riha, Susanne: Etwas Hartes. Wien: Dachs Verlag 1997

Riha, Susanne: Etwas Warmes. Wien: Dachs Verlag 1997

Riha, Susanne: Etwas Lautes. Wien: Dachs Verlag 1998

Riha, Susanne: Etwas Rundes. Wien: Dachs Verlag 1998

Schober, Michael: Hier kommt die Wilde Feuerwehr. Loewe Verlag 2000

Treiber, Jutta: Felsen küssen mit der Nase. Bennis amerikanisches Reisetagebuch. Wien: Dachs Verlag 2000

Weitze, Monika / Battut, Eric: Wie der kleine rosa Elefant einmal sehr traurig war und wie es ihm wieder gut ging. Zürich: bohem press 1999

Leider konnten wir nicht von allen Abbildungen die Inhaber der Bildrechte ermitteln. Sollte jemand hiervon betroffen sein, bitten wir ihn, sich zu melden.